高职交通运输与土建类专业规划教材

Tielu Jixiehua Yanglu
铁路机械化养路

汪 奕　刘 冰　主　编
　　　　宋宝忠　副主编
　　　　胡传亮　主　审

人民交通出版社

内 容 提 要

本书主要介绍国内外大型养路机械的发展状况以及大型养路机械的工作原理、构造、运用和管理,内容包括:机械基础、液压与气压传动基础、柴油机、常用大型养路机械、机械化养路的组织实施、机械化养路安全管理等内容。本书以培养高端技能型人才为目标,注重系统性、实用性,密切联系生产实际。

本书适于作为高职高专铁道工程技术、高速铁道工程技术、铁道机械化维修技术等专业的教学用书,也可作为培训教材以及从事大型养路机械专业人士的参考用书。

图书在版编目(CIP)数据

铁路机械化养路/汪奕,刘冰主编.—北京:人民交通出版社,2013.8
 ISBN 978-7-114-10564-7

Ⅰ.①铁⋯ Ⅱ.①汪⋯②刘⋯ Ⅲ.①机械化养路—高等职业教育—教材 Ⅳ.①U418.4

中国版本图书馆CIP数据核字(2013)第079337号

高职交通运输与土建类专业规划教材
书　　名:	**铁路机械化养路**
著 作 者:	汪　奕　刘　冰
责任编辑:	杜　琛
出版发行:	人民交通出版社
地　　址:	(100011)北京市朝阳区安定门外外馆斜街3号
网　　址:	http://www.ccpcl.com.cn
销售电话:	(010)59757973
总 经 销:	人民交通出版社发行部
经　　销:	各地新华书店
印　　刷:	北京虎彩文化传播有限公司
开　　本:	787×1092　1/16
印　　张:	13.75
字　　数:	350千
版　　次:	2013年8月　第1版
印　　次:	2024年7月　第8次印刷
书　　号:	ISBN 978-7-114-10564-7
定　　价:	38.00元

(有印刷、装订质量问题的图书由本社负责调换)

前　言

　　现代化的大型养路机械在铁道线路养护中的广泛运用,使铁路工务系统的作业方式和维修体制发生了根本性的改变。这种变化对促进线路养护修理水平的提高、保证质量、减轻繁重劳动起到了极大的推动作用。随着国产养路机械不断的更新换代和国外先进养路机械的引进,新的机械种类不断增多,科技水平不断提高,了解和熟悉各种大型的养路机械,正确掌握大型养路机械的选用方法,已是高等职业院校铁道工程技术、高速铁道工程技术、铁道机械化维修技术等专业学生必须掌握的专业知识。本书编写的目的,就是让读者了解铁路常用的大型养路机械的类型、工作原理、施工组织和选用的方法。

　　本书根据高等职业教育对人才培养目标和岗位技能要求,按照铁路职业教育铁道工程技术、高速铁道工程技术、铁道机械化维修技术等专业教学计划"机械化养路"课程教学大纲编写而成。本书适于高职铁道工程技术、高速铁道工程技术、铁道机械化维修技术等专业学生作为教学用书,亦可供中等职业院校铁道工程相关专业学生选作教材使用,或作为相关技术人员的参考书。

　　根据职业教育铁道工程技术、高速铁道工程技术、铁道机械化维修技术等专业学生及同层次工程技术人员的特点,本书设计内容包括:机械基础、液压与气压传动基础、柴油机、常用大型养路机械及作业特点、机械化养路的组织实施和安全管理等内容,以介绍各种大型的养路机械为主,并在最后附上机械化线路维修的施工组织案例,以供读者实践参考。

　　由于大型养路机械是技术密集型的现代化设备,其涉及面广、类型繁多,为了便于教学,本书在编写时力求突出重点、简明扼要,着重叙述基本概念、基本原理、性能特点和作业中的选用,并尽量反映国内应用的主流设备和新机种、新技术。

　　本书由天津铁道职业技术学院汪奕、包头铁道职业技术学院刘冰任主编,北京大型养路机械运用检修段宋宝忠任副主编。参加编写的有:包头职业技术学院闫莉敏(第一章第三节之二,第六节;第二章),包头铁道职业技术学院刘冰(绪论,第一章一、二节,第三节之一、三,第四、五节),北京大型养路机械运用检修段谭晓天(第三章)、北京大型养路机械运用检修段王国恩(第四章第五节之一、三、五)、北京大型养路机械运用检修段宋宝忠(第四章第二节、第六章第二节),郑州工务机械段史林恒(第五章),其他章节及知识链接、拓展延伸、阅读材料由天津铁道职业技术学院汪奕编写,全书由汪奕统稿。北京铁路局北京大型养路机械运用检修段胡传亮总工程师对全书进行了审阅工作,提出了中肯的修改意见和建议,在此表示衷心感谢。

　　限于编者水平,书中难免存在不足之处,恳请各位同仁及读者批评指正。

编　者
2013 年 4 月

目 录

绪论 ··· 1
 思考题与习题 ························· 4

第一章 机械基础 ························ 5
 第一节 机械常识 ························ 6
 第二节 平面连杆机构 ·················· 9
 第三节 其他常用机构 ················· 15
 第四节 带传动与链传动 ·············· 22
 第五节 齿轮传动 ······················ 29
 第六节 联轴器和离合器 ·············· 39
 思考题与习题 ···························· 45

第二章 液压与气压传动基础 ········ 47
 第一节 液压传动概述 ················· 48
 第二节 液压元件 ······················· 51
 第三节 液压基本回路 ················· 59
 第四节 液力传动 ······················· 64
 第五节 气压传动 ······················· 66
 思考题与习题 ···························· 71

第三章 柴油机 ··························· 72
 第一节 柴油机分类及工作原理 ····· 73
 第二节 柴油机的基本构造 ·········· 76
 第三节 柴油机的性能指标、型号与转向 ··· 88
 第四节 道依茨柴油机简介 ·········· 90
 思考题与习题 ···························· 95

第四章 常用大型养路机械 ··········· 97
 第一节 清筛机 ·························· 98
 第二节 配砟整形车 ··················· 103
 第三节 抄平起拨道捣固车 ·········· 107
 第四节 动力稳定车 ··················· 134
 第五节 钢轨打磨列车 ················ 137
 第六节 几种新型养路机械 ·········· 161
 思考题与习题 ·························· 167

第五章 机械化养路的组织实施 ···· 168
 第一节 国内外线路养护维修概况 ··· 169
 第二节 大型机械化养路施工管理 ··· 172
 第三节 线路设备维修作业 ·········· 179
 第四节 线路设备大中修作业 ······· 182
 思考题与习题 ·························· 184

第六章 机械化养路安全管理 ······· 185
 第一节 安全生产概述 ················ 186
 第二节 机械化施工安全管理 ······· 188
 思考题与习题 ·························· 193

附录一 机械化线路维修（精确法）施工组织 ······ 194

附录二 机械化维修施工程序表 ················· 209

附录三 大型养路机械线路维修机组施工程序网络图 ··· 211

参考文献 ······························· 213

绪 论

一、铁路及养护机械概述

1. 铁路的作用

我国铁路始建于1876年,迄今已有100多年的历史。铁路运输线是我国国民经济的大动脉,在我国交通运输体系中居于主导地位,它在国家的建设中占有重要地位。加快构建符合科学发展观要求的综合交通运输体系,是促进我国经济社会又快又好发展的迫切需要。铁路作为大能力、节能环保的"绿色"交通工具,必须认清使命,肩负重任,在建设资源节约型、环境友好型社会中,发挥更加重要的作用。

近年来,我国铁路坚持用科学发展观统领各项工作,通过全面深入推进和谐铁路建设,铁路在国民经济中的地位更加突出,这主要体现在:

(1) 铁路运输取得显著成绩,为国民经济持续快速稳定发展提供了有力支持。

(2) 路网建设进入新阶段。

(3) 大力推进技术装备现代化,具体表现为:

大力发展60kg/m及以上钢轨的跨区间或全区间无缝线路以及提速道岔;全面采用高强优质钢轨、Ⅱ型和Ⅲ型混凝土枕及相应弹性扣件;实施路基、桥隧设备改造;提高线桥的整体强度、安全度和平稳度,减少维修工作量。实现线桥结构现代化。

我国铁路实施六次大面积提速调图;开行了牵引质量最高达5800t的货物列车或25t轴重的双层集装箱列车;出台了一系列相关的新技术政策,建立安全标准体系、养护维修体系,建设动态安全检测网络,保证了列车运行安全,提升了我国铁路运输安全管理水平。

2. 铁路线路病害

铁路线路,由路基、桥隧建筑物和轨道三部分组成。其中,路基以上的部分称为轨道,是行车的基础。轨道的基本结构,主要由道床、轨枕、钢轨及道岔等组成。轨道是一个整体性的工程结构,由力学性质各不相同的材料所组成。由于长期受到列车运行动力的作用,以及气候变化所造成的影响,轨道会产生线路残余变形,包括:

(1) 线路在横向、竖向和纵向方向内几何形位的改变。

(2) 钢轨及其他组成部件的疲劳伤损和磨耗伤损。

线路残余变形将影响线路的平顺度,残余变形往往又带有明显的不均匀性和不一致性,从而造成线路的不平顺。这种线路的不平顺性,即使是微小的,亦将显著增加机车车辆对线路的附加动力作用。不平顺性越大,则附加动力作用越大,钢轨及其轨下基础负担越重,残余变形的幅度及其积累越快,线路承载能力越低。

钢轨直接支撑着列车,并引导列车运行方向,列车轮对因而不可避免地会对钢轨产生磨损。当磨损超过一定限度时,轨头断面与车轮踏面失去匹配,将会严重影响铁路行车的平稳性,对行车安全造成极大的危害。

在钢轨下面起支撑作用的其他轨道结构,由于列车载荷的反复作用和自然因素的影响,也会经常发生永久性变形,形成轨道几何偏差。这种偏差可以通过测量轨道的高低、轨向、水平、三角坑(扭曲)以及轨距等轨道几何参数来量化,又称轨道不平顺。轨道不平顺可以引起列车各种振动,使轮轨作用力发生变化。这是轨道方面影响列车运行安全性和平稳性的控制因素,也是轨道结构部件损伤和失效的重要原因。

另外,由于地质变化、自然灾害,如大雨山洪等造成的滑坡、运行车辆的动力冲击、落物以及设施的非正常突出和缺失等,轨道、道床、隧道、桥梁等基础设施经常发生变形、侵限现象,严重威胁到轨道交通的畅通和安全。

3. 线路的养护维修

为保证列车的正常运行,线路必须经常保持规定的技术完好状态。因此,有计划性、系统性、经常性地对线路进行检查和维修是线路养护维修工作的基本任务和奋斗目标。

因而,需建立线路维修管理体系,完善检测、计量设备,制订轨道修理计划。通过养护维修作业,提高线路的稳定性,提高线路的平顺性及轨道结构的强度,保持线路设备处于完好状态,延长使用寿命,争取更好的效益。

随着铁路提速、重载运输的发展和行车密度的不断加大,一方面,对线路质量和安全生产的要求越来越高;另一方面,无论是从作业安全、作业时间,还是从作业效率等角度考虑,采用利用行车间隔进行线路维修作业的方式在现代铁路运输形势下已不可能,因此线路维修要实行天窗修制度。

无缝线路,特别是超长无缝线路,都是高速、重载的干线,行车速度高、车流密度大、作业时间少,手工作业、半机械化作业很难保证质量与效率。大型机械作业,因其线路综合维修作业质量好、效率高等特点更适于此类线路作业。

目前,我国铁路在高速、重载和舒适化的快速发展趋势下,线路验收标准逐步提高。再加上近年来各种新建铁路、客运专线和改、扩建线路的大量竣工,大大增加了我国铁路的运营里程,以往传统的维修手段,已经根本无法满足维修要求,大力发展大型养路机械事业已成为解决这个矛盾的必然。

4. 大型养路机械的作用

现代化的大型养路机械在铁道线路养护中的广泛运用,使铁路工务系统的作业方式和维修体制发生了根本性的改变,对促进线路养护修理水平的提高、保证质量、减轻繁重劳动起着极大的作用。随着国产养路机械不断更新换代和国外先进养路机械的引进,新的机械种类不断增多、科技水平不断提高。

机械化养路的发展,在繁忙干线上,以捣固车、动力稳定车、配砟整形车、钢轨打磨列车、道岔打磨车、清筛机等大型养路机械为手段,进行线路修理作业,已经成为必然。这不仅解决了繁忙干线由于上道作业困难造成的线路欠修、失修问题,杜绝了人员挡道或撞机事故,增大了安全可靠性,而且明显提高了生产效率和线路质量,保证了轨道的平顺性和稳定性,为提高工务作业质量、效率、安全管理水平和科技含量作出了重大的贡献。

二 大型养路机械的应用与组成

1. 大型养路机械的应用

对铁道线路,包括桥涵、隧道,进行养护维修的机械设备,统称为养路机械,它包括:起道、拨道、捣固、清筛、扒砟、回填、夯拍、钻孔、锯轨等一系列养路作业机械。

目前,我国使用的大型养路机械,主要有:线路捣固车、道岔捣固车、动力稳定车、清筛机、配砟整形车、钢轨打磨列车等。

残余变形对线路或道岔造成横向、竖向和纵向几何形位发生改变的病害时,可通过线路或道岔捣固车进行起道、拨道、捣固和砟肩夯拍,作业后可使线路或道岔水平、高低、轨向和三角坑扭曲量等参数都在验收范围内,砟肩夯拍后还可提高道床的横向阻力,增强道床的稳定性;

残余变形造成钢轨及其他组成部件的疲劳伤损和磨耗伤损时,也可通过线路或道岔捣固车加强病害部位(例如接头处)的捣固,消除病害部位的空吊板和翻浆冒泥现象。钢轨波浪形磨耗、钢轨肥边、马鞍形磨耗、焊缝凹陷及鱼鳞裂纹等病害,可通过钢轨打磨列车进行打磨。道床结硬和溜坍时可通过清筛机对道床石砟进行彻底清筛或者更换新砟,并且捣固坚实。此外,动力稳定车还可跟进捣固车作业,以巩固捣固效果,增强道砟的密实度,提高道床的稳定性。配砟整形车作业后可使道床布砟均匀,并按线路的技术要求使道床断面成型。组合后的大修列车车组可完成线路换轨、换枕、清筛等大修工程。

因此,发展大型养路机械已成为铁路快速发展的重要内容,并且被确定为表征我国铁路技术进步的重要标志。目前,我国铁路大型养路机械已进入了持续、规范发展的新阶段。

2. 大型养路机械的组成

大型养路机械是集机械、液压、电气、气动为一体的机械,采用了大量先进的技术,如电液伺服控制技术、自动检测技术、微机控制技术、激光准直技术等。

大型养路机械,一般由动力系统、传动系统、制动系统、走行系统、操控系统(电气系统、液压系统、检测装置)、工作装置等部分构成。

(1)动力系统。动力系统是养路机械动力的来源,提供或进行能量的转换。常采用内燃机、电动机、空气压缩机等作为原动机。

(2)传动系统。传动系统是将动力系统产生的运动和动力传递给工作装置部分的中间环节。有机械传动(常用带传动、链传动、齿轮传动等)、液压传动、液力传动、气压传动以及电力传动等形式。

(3)工作装置部分。工作装置部分是完成机械设备预定目的的动作,是整个传动的终端部分,其结构形式因养路机械的自身用途而定。

(4)操控系统。操控系统是养路机械作业的控制中心。主要采用机械操控、电液伺服控制技术以及包括反应线路状态的各种检测装置(自动检测技术、微机控制技术、激光准直技术)等。

三 本课程的性质和任务

本课程是铁道工程技术专业的一门专业技术基础课,为培养铁道工程技术专业人员提供必备的理论知识和基本技能。通过本课程的学习,可以使学习者了解常用的机械、液压、气动的类型,工作原理,结构,特点,并且具有分析的能力,熟悉各种大型养路机械设备及用途、机械化养路的组织实施和安全管理等方面的知识,为今后的实际工作打下一定的基础。

思考题与习题

1. 大型养路机械的作用是什么?
2. 大型养路机械的组成部分有哪些?

第一章

机械基础

第一节 机 械 常 识

一、机械的概念

机械的类型很多,用途也各不相同,但都具有以下共同特征:
(1) 都是人为的实物组合体。
(2) 各实物间具有完全确定的相对运动。
(3) 能够帮助或代替人类的劳动,即可以完成机械功或转换成机械能。

如图 1-1 所示的内燃机,主要由汽缸(机体)1、活塞2、连杆3、曲轴4、齿轮5、6、凸轮7、气阀推杆8等组成,燃气推动活塞2在汽缸1中做直线运动,通过连杆3使曲轴4做连续转动,从而将燃气产生的热能转换为机械能。

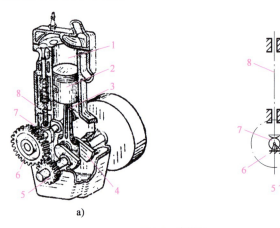

图 1-1 内燃机
1-汽缸(机体);2-活塞;3-连杆;4-曲轴;5、6-齿轮;7-凸轮;8-气阀推杆

具有以上三个特征的装置称为机器,它是执行机械运动的装置,用来变换或传递能量等;仅有前两个特征的装置则称为机构,其作用是传递运动和力,它是机器的主要组成部分。

机器和机构统称为机械。

组成机构的各个实体,是运动的单元,称为构件。它可以是单一的整体,也可以是由几个零件组成的。而零件是制造的最小单元体,它是单一的,不可分的。

所有构件都在同一平面内或相互平行的平面内运动的机构称为平面机构,反之称为空间机构。常用机构大多数都是平面机构。

二、运动副及分类

(一) 运动副的概念

机构是由构件组合而成的,其中每个构件都以一定的方式至少与另一构件相连接,这种两个构件既直接接触又能产生相对运动的连接称为运动副。如齿轮与齿轮之间的接触、凸轮和滚子间的接触等,都构成了运动副。

(二)运动副的分类

根据连接的两构件之间的运动是平面的还是空间的,运动副可分为平面运动副和空间运动副。这里只介绍平面运动副。

构成运动副的两构件间的接触有点、线、面三种形式。根据接触形式的不同,平面运动副可分为低副和高副。

1. 低副

两构件通过面接触组成的运动副称为低副。平面低副按构件间相对运动形式不同,可分为转动副和移动副。两构件间具有相对转动的运动副称为转动副,也称铰链,如图 1-2a) 所示。两构件间具有相对移动的运动副称为移动副,如图 1-2b) 所示。

2. 高副

两构件通过点或线接触构成的运动副称为高副。图 1-3a) 中凸轮 1 和从动杆 2、图 1-3b) 中齿轮 3 和齿轮 4 的接触,在接触点 A 处构成高副。

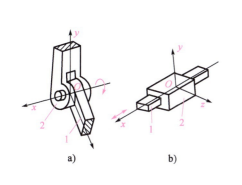

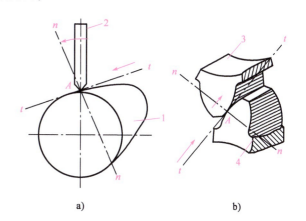

图 1-2 转动副和移动副
a) 转动副;b) 移动副
1-构件 1;2-构件 2

图 1-3 平面高副
1-凸轮;2-从动杆;3、4-齿轮

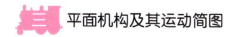

平面机构及其运动简图

(一)平面机构的组成

机构是一个构件组合体,各构件之间通过一定的连接方式组成一个机构,是由机架、主动件和从动件通过运动副连接而成的系统,为了传递运动和动力,机构中各构件之间的连接必须是可动的,且这种相互运动必须是确定的。

在组成机构的各构件中,相对固定不动的构件称为机架(即固定构件),机架在机构中支撑活动构件,任何一个机构中必定有一个构件为机架。机构中作用有驱动力(力矩)或已知运动规律的构件称为主动件(或原动件)。机构中除了主动件以外的所有活动构件称为从动件,从动件由主动件带动并随之运动。

(二) 平面机构运动简图

用国标规定的简单符号和线条代表运动副和构件,并按一定比例表示机构的相互位置尺寸,绘制出的图形,称为机构运动简图,它可以完全表达原机械具体的运动特性。若只为表明机构的结构特性和运动情况,而不严格按比例绘制的简图,称为机构示意图。

机构运动简图中,构件及运动副的表达方法见表 1-1。

机构运动简图符号(摘自 GB 4460—84)　　　　表 1-1

名 称		简 图 符 号	名 称		简 图 符 号
构件	轴、杆		机架		
	三副元素构件	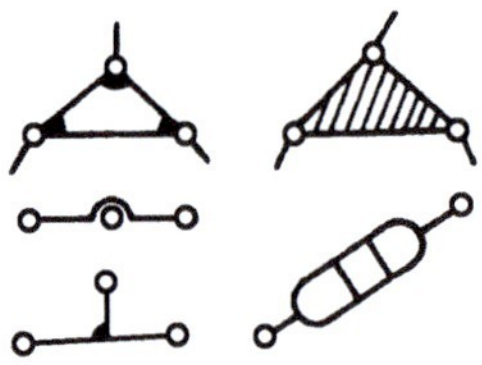	机架	机架是转动副的一部分	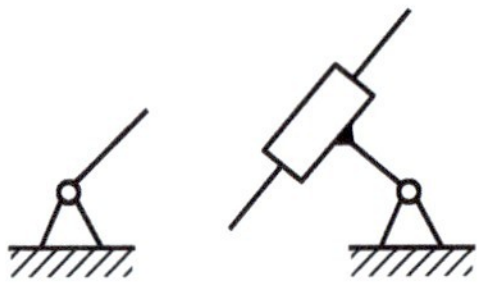
	构件的永久连接	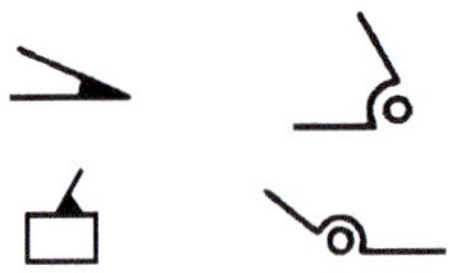		机架是移动副的一部分	
平面低副	转动副	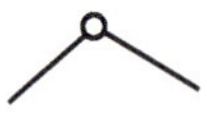	平面高副	齿轮副 外啮合 内啮合	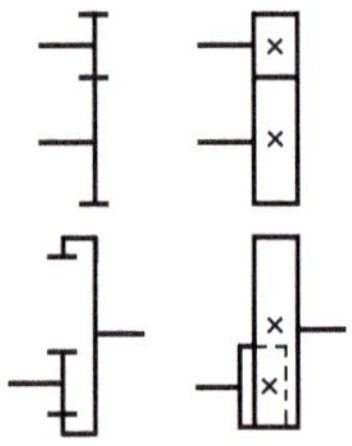
	移动副	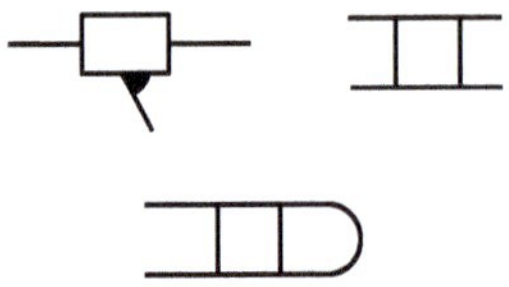		凸轮副	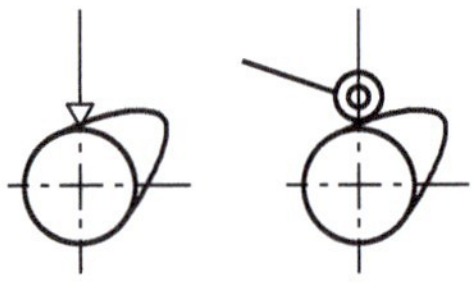

牛头刨床示意,如图1-4所示。

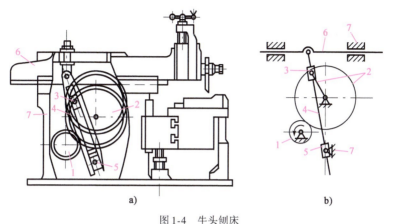

图1-4 牛头刨床
a)牛头刨床主体运动机构;b)运动示意图
1、2-齿轮;3-滑块;4-导杆;5-摇块;6-滑枕;7-床身

第二节 平面连杆机构

在平面机构中,若各构件均用低副连接,该机构称为平面连杆机构。平面连杆机构是养路机械中常用的机构之一,常用于传递运动和操作系统中。平面连杆机构最基本、最常用的是四杆机构,它是组成多杆机构的基础。

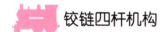 铰链四杆机构

(一)铰链四杆机构的基本类型和应用

各构件之间都用转动副连接的平面四杆机构,称为铰链四杆机构。

铰链四杆机构,如图1-5所示。机构中固定杆件4称为机架;与机架相连的杆件1和杆件3称为连架杆;连接两连架杆的杆件2称为连杆。在连架杆中,如果杆件1和杆件3能绕固定铰链做整周转动,称为曲柄;只能在小于360°的某一角度内摆动,则称为摇杆。

铰链四杆机构中,根据机构中有无曲柄存在,两连架杆运动形式的不同分为三种基本形式,即曲柄摇杆机构、双曲柄机构和双摇杆机构。

1. 曲柄摇杆机构

若两连架杆一个是曲柄,另一个是摇杆,则此机构称为曲柄摇杆机构。

图1-5 铰链四杆机构
1、3-连架杆;2-连杆;4-机架

在曲柄摇杆机构中,将曲柄作为主动件,当曲柄等速回转时,摇杆做变速的往复摆动。

如图1-6所示雷达天线俯仰角调整机构,其中曲柄1做等速转动,天线固定在摇杆3上,做变速的往复摆动,实现天线的俯仰运动。

在曲柄摇杆机构中,也可将摇杆作为主动件,可将摇杆的往复摆动转变为曲柄的回转运动。

如图1-7所示缝纫机脚踏驱动机构,是将摇杆(脚踏板)的摆动转换为曲柄(大带轮)的转动。

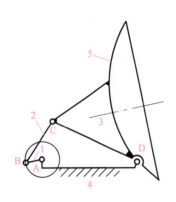

图1-6 雷达天线俯仰角调整机构
1-曲柄;2-连杆;3-摇杆;4-机架;5-天线

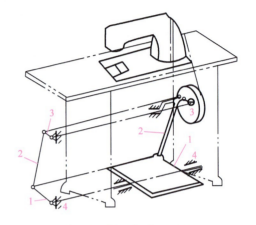

图1-7 缝纫机脚踏驱动机构
1-曲柄;2-连杆;3-摇杆;4-机架

2. 双曲柄机构

两连架杆均为曲柄的铰链四杆机构,称为双曲柄机构。双曲柄机构通常将主动曲柄的连续等速转动,转换为从动曲柄的变速转动,如图1-8所示。

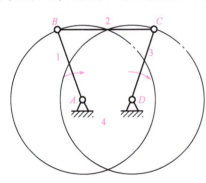

图1-8 双曲柄机构
1、3-曲柄;2-连杆;4-机架

在双曲柄机构中,若杆件1与杆件2长度不同时,则两杆旋转的转速则不同。即当杆件1做匀速转动时,杆件2做变速运动。

惯性筛就是利用了双曲柄机构的这种运动特点,使筛子的速度有较大的变化,从而使得被筛材料在惯性的作用下进行筛分。

在双曲柄机构中,若两对边构件长度相等且平行,则称为平行四边形机构。该机构的特点是从动曲柄与主动曲柄以相同的角速度转动,而连杆则做平行移动。

如图1-9所示机车车轮联动机构,就利用了连杆做平动的特性。它能使被联动的车轮具有与主动轮完全相同的运动速度。

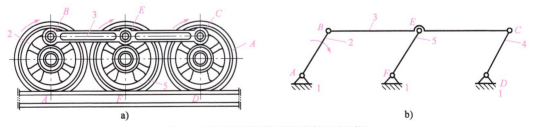

图1-9 平行四边形机构(机车车轮联动机构)
1-机架;2、4、5-曲柄;3-连杆

若连杆与机架长度相等,两曲柄长度相等但转向相反,称为逆平行四边形机构,如图1-10a)所示;图1-10b)为汽车车门开启机构。

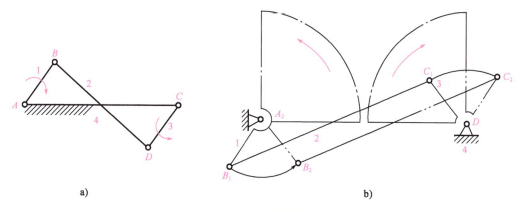

图1-10 逆平行四边形机构及应用
a)逆平行四边形机构;b)汽车车门开启机构
1、3-曲柄;2-连杆;4-机架

3. 双摇杆机构

两连架杆都为摇杆的铰链四杆机构,称为双摇杆机构。双摇杆机构可将主动件的往复摆动,经连杆转变为从动杆的往复摆动。如图1-11所示港口起重机的变幅机构,可实现货物的水平移动,以减少功率损耗。

在双摇杆机构中,如果两摇杆长度相等,则称为等腰梯形机构。如图1-12所示,汽车前轮转向机构中 $ABCD$ 即为等腰梯形机构。

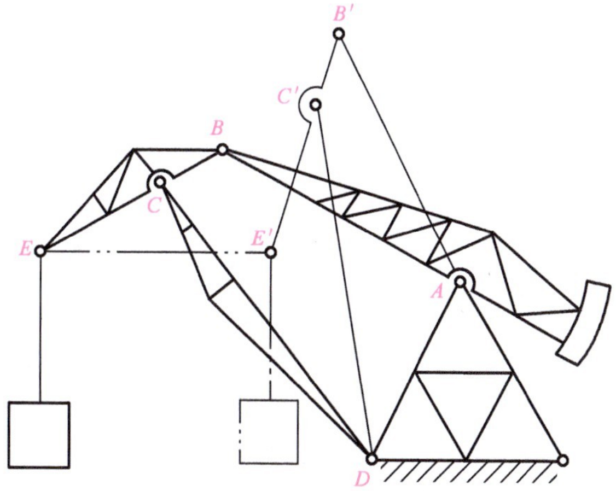

图1-11 港口起重机的变幅机构

(二)四杆机构的基本性质

1. 急回特性

图1-13所示曲柄摇杆机构,曲柄 AB 为主动件,摇杆 CD 为从动件,曲柄以等角速度 ω 顺时针方向转动。曲柄转动一周,有两次与连杆共线,这时摇杆分别处于左右两个极限位置 C_1D、C_2D。θ 为摇杆位于两极限位置时,曲柄所夹的锐角 θ,称为极位夹角。

当曲柄从位置 AB_1 顺时针转过 $\varphi_1 = 180° + \theta$ 角到达 AB_2 时,摇杆由 C_1D 摆到 C_2D (工作行程),摆角为 ψ,所用时间为 t_1,摇杆的平均速度 $\overline{v}_1 = \dfrac{\psi l_{CD}}{t_1}$。当曲柄从位置 AB_2 顺时针转过 $\varphi_2 = 180° - \theta$ 角到达 AB_1 时,摇杆由 C_2D 摆到 C_1D (空回程),摆角也为 ψ,所用时间为 t_2,摇杆的平均速度 $\overline{v}_2 = \dfrac{\psi l_{CD}}{t_2}$。由于 $\varphi_1 > \varphi_2$,因此曲柄以等角速度 ω 转过这两个角度时,对应的时间 $t_1 > t_2$,显然 $\overline{v}_1 < \overline{v}_2$,即从动摇杆空回程的平均速度大于工作行程的平均速度,机构的这种

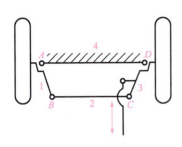
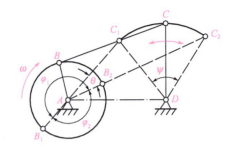

图 1-12　汽车前轮转向机构
1、3-摇杆；2-连杆；4-机架

图 1-13　曲柄摇杆机构的极限位置

特性称为急回特性。通常用行程速比变化系数 K 来衡量急回运动的相对程度。即：

$$K = \frac{\bar{v}_2}{\bar{v}_1} = \frac{\dfrac{\psi l_{CD}}{t_2}}{\dfrac{\psi l_{CD}}{t_1}} = \frac{t_1}{t_2} = \frac{\varphi_1}{\varphi_2} = \frac{180° + \theta}{180° - \theta} \tag{1-1}$$

上述分析表明：机构有无急回作用取决于机构有无极位夹角。当机构在运动过程中具有不为零的极位夹角 θ 时，则机构具有急回特性，而且 θ 角越大，K 值越大，机构的急回特性越显著。

在实际生产中，利用具有急回特性的机构可以缩短非生产时间，提高生产率。

2．压力角和传动角

图 1-14 所示曲柄摇杆机构，如不计各杆质量和运动副中的摩擦，则连杆 BC 作用于从动杆 3 上的力 F 是沿杆 BC 方向。力 F 与摇杆上作用点 C 的速度 v_C 方向所夹的锐角称为机构的压力角，用 α 表示。压力角的余角 $\gamma = 90° - \alpha$，称为机构的传动角。压力角 α 越小，传动角 γ 越大，力 F 在 v_C 方向的有效分力 $F' = F \cdot \cos\alpha$ 越大，机构传动性能越好，效率越高。反之，压力角 α 越大，传动角 γ 越小，传动性能越差。

对于一般机械，为了保证机构具有良好的传动性能，通常 $\gamma_{\min} = 40° \sim 50°$。$\gamma_{\min}$ 出现在曲柄 AB 与机架 AD 两次共线位置之一。

3．死点位置

如图 1-15 所示，在曲柄摇杆机构中，取摇杆 CD 为主动杆，当摇杆处在两极限位置时，连杆与曲柄共线，出现了传动角 $\gamma = 0°$ 的情况。此时，无论摇杆上加多大驱动力也不能使曲柄转动，机构的此种位置称为死点位置。

当机构处在死点位置时，从动件将卡死或出现运动不确定现象。

为了使机构能顺利通过死点，继续正常运转，通常采用在从动件上安装飞轮增大惯性力和采用机构错位排列的方法来使机构通过死点位置。

在工程实践中，不少场合也利用死点来实现一定的工作要求，如图 1-16 所示夹紧装置。

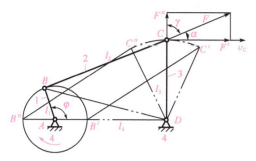
图1-14 压力角和传动角
1-曲柄;2-连杆;3-摇杆;4-机架

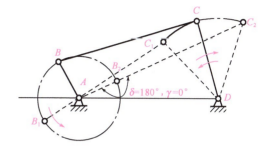
图1-15 死点位置

铰链四杆机构的演化及常见的应用类型

1. 将转动副转化为移动副

如图1-17a)所示为一曲柄摇杆机构,转动副中心 C 点的运动轨迹是以 D 为圆心,CD 为半径的圆弧。如图1-17b)所示,现将摇杆3做成滑块的形状,并使它在一个以 D 为圆心的圆弧形的导槽中运动。如图1-17c)所示,若将圆弧的中心 D 移至无穷远处,则 C 点的轨迹就变成直线,圆弧形导槽也相应地变为直线导槽。这样,曲柄摇杆机构就演化为曲柄滑块机构。

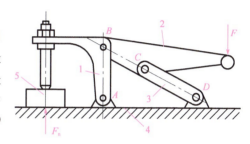
图1-16 夹紧机构
1-夹头;2-连杆;3-连架杆;4-机架;5-工件

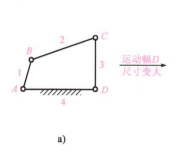
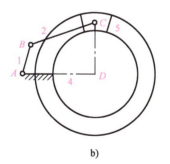
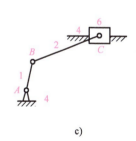

a)　　　　　　　b)　　　　　　　c)

图1-17 转动副转化为移动副
1-曲柄;2-连杆;3-摇杆;4-机架;5、6-滑块

曲柄滑块机构,在锻压机、空压机、内燃机及各种冲压机器中,得到广泛应用。如前述的内燃机中的活塞连杆机构,就是曲柄滑块机构。

改变运动副尺寸,将转动副 B 扩大并超过杆1的长度,杆1变成了圆盘1,可得到偏心轮机构,如图1-18所示。

2. 选取不同构件为机架实现机构的演化

一个机构可以通过选取不同的构件作为机架,而演化为不同的机构。

图1-19a)所示的曲柄滑块机构,若选取构件1作为机架,构件2、4就成为连架杆,分别以 B、A 为回转中心做转动,由于构件4为滑块3提供导向作用,称为导杆,此机构称为

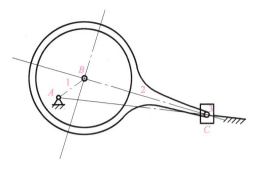

图 1-18 偏心轮机构
1-圆盘；2-连杆；3-滑块

导杆机构,如图 1-19b)所示。当 $l_1 < l_2$ 时,可得转动导杆机构；当 $l_2 < l_1$ 时,可得摆动导杆机构。

导杆机构具有很好的传力性能,常用于插床、牛头刨床和送料装置等机械设备中,图 1-20 所示分别为插床主机构和刨床主机构。

在图 1-19 中,若选取构件 2 作为机架,则构件 1、滑块 3 与机架相连,这时滑块 3 将以 C 点为回转中心来回摆动,该机构称为曲柄摇块机构,如图 1-19c)所示。摇块机构常用于摆缸式原动机和气、液压驱动装置中,如图 1-21 所示的货车翻斗机构。

在图 1-19 中,若选取构件 3 作为机架,则构件 2、4 与机架相连,这时机构就演化为直动导杆机构(又称定块机构),如图 1-19d)所示。图 1-22 所示的手动压水机为定块机构的应用实例。

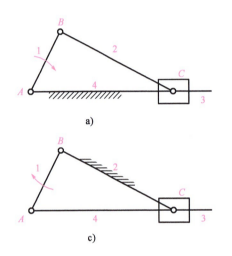
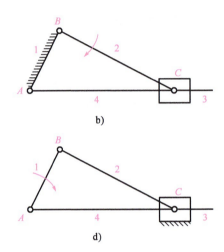

图 1-19 选取不同构件为机架实现机构的演化
a)曲柄滑块机构；b)导杆机构；c)曲柄摇块机构；d)定块机构

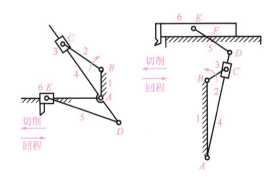

图 1-20 插床主机构和刨床主机构
1-机架；2-曲柄；3、6-滑块；4-导杆；5-连杆

图 1-21 货车翻斗机构

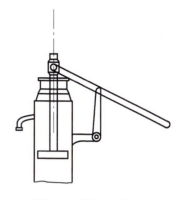

图 1-22 手动压水机

第三节 其他常用机构

一、凸轮机构

凸轮机构是由具有曲线轮廓或曲线凹槽的凸轮、与凸轮直接接触的从动件、机架等组成的高副机构，它可将凸轮的连续转动或往复移动转变为从动件的往复移动或摆动。

如图 1-23 所示的内燃机配气机构，当凸轮 1 匀速转动时，其曲线轮廓通过与气阀 2 的平底接触，使气阀有规律地开启和闭合进气口或排气口。图 1-24 所示为自动车床靠模机构，从动杆 2 的滚子在弹簧作用下始终与凸轮接触，当刀架 3 移动时，凸轮 1 轮廓迫使刀具 4 随凸轮 1 轮廓凸线变化，切出与凸轮轮廓相同的旋转曲面。

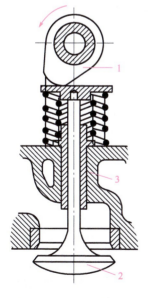

图 1-23 内燃机的配气机构
1-凸轮；2-从动件(气阀)；3-机架

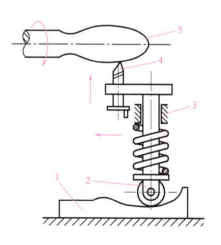

图 1-24 自动车床靠模机构
1-凸轮；2-从动杆；3-刀架；4-刀具；5-工件

凸轮机构广泛地应用于各种机械,特别是在印刷机、纺织机、内燃机以及各种自动化和半自动化机械中应用更加普遍。在机械设计中,当需要某从动件必须准确地实现各种预期运动规律时,常采用凸轮机构。

(一) 凸轮机构的类型

凸轮机构形式多种多样,常用的分类方法有以下几种。

1. 按凸轮的形状分

(1) 盘形凸轮。凸轮呈盘状,并且具有变化的向径,如图 1-23 所示。当其绕固定轴转动时,可推动从动件在垂直于凸轮转轴的平面内运动。它是凸轮最基本的形式。盘形凸轮结构简单,应用广泛。

(2) 移动凸轮。移动凸轮呈板状,它相对于机架做直线移动,如图 1-24 所示。

(3) 圆柱凸轮。圆柱凸轮是一个具有曲线凹槽或凸缘的圆柱形构件,如图 1-25 所示缝纫机挑线机构。

2. 按从动件形状分

(1) 尖顶从动件。如图 1-26a) 所示,尖顶从动件端部制成尖顶与凸轮轮廓接触的形式。这种从动件结构简单,但尖端处易磨损,故只适用于速度较低和传力不大的场合。

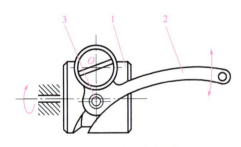

图 1-25 缝纫机挑线机构
1-圆柱凸轮;2-摆动从动件;3-滚子

(2) 滚子从动件。如图 1-26b) 所示,滚子从动件端部装有可以自由转动的滚子,借以减少摩擦和磨损,能传递较大的动力。但端部结构复杂,质量较大,不易润滑,故不适于高速。

(3) 平底从动件。如图 1-26c) 所示,平底从动件端部制成较大的平底与凸轮轮廓接触形式。平底从动件传力性能好,凸轮与从动件之间为线接触,承载能力较大;接触处易形成油膜,润滑状况好,故多用于高速和载荷较大的凸轮机构中,但不能用于轮廓曲线内凹的凸轮机构中。

3. 按从动件的运动形式分

无论凸轮与从动件形状如何,从动件运动形式只有两种:做往复直线运动的直动从动件和做往复摆动的摆动从动件(图 1-26b)。直动从动件又可分为对心式(图 1-26c)和偏置式(图 1-26a)。

(二) 凸轮机构的工作过程分析

如图 1-27 所示,为尖顶对心直动从动件盘形凸轮机构,以凸轮轮廓最小向径 r_b 为半径所做的圆称为基圆,从动件与基圆上 A 点接触时处于"最低"位置,此位置为从动件上升的起始位置。当凸轮以等角速度 ω_1 逆时针转过 δ_0 角时,从动件尖端与凸轮轮廓 AB 段接触,凸轮向径逐渐增大,从动件将按某一运动规律上升 h 至最高位置 B',这个过程称为推程。凸轮转过 δ_s 角时,从动件与凸轮轮廓 BC 段接触,凸轮向径不变,从动件在最高处静止不动,这个过程为远程休止过程。当凸轮转过 δ'_0 角时,从动件尖端与凸轮轮廓上 CD 段接触,凸轮向径逐渐减小,从动件按某一运动规律下降 h,这个过程为回程。当凸轮转过 δ'_s 时,从动件尖端与凸轮轮廓上 DA 段接触,凸轮向径不变,从动件在最低处静止不动,为近程休止过程。凸轮连续回转时,从动杆重复上述"升—停—降—停"的运动循环。

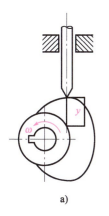 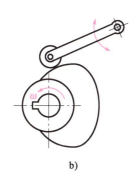 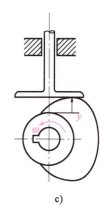

图 1-26 从动件的类型
a) 尖顶从动件;b) 滚子从动件;c) 平底从动件

通常,推程为凸轮机构的工作行程,回程则是其空回行程,远、近程休止过程则根据需要确定,也可以没有或只有一个。

间歇运动机构

在许多机械中,常常要求某些机构主动件连续运动,而从动件做周期性的运动和停歇,如机床中的进给运动、分度转位运动等。能完成这种运动的机构称为间歇运动机构。

(一) 棘轮机构

1. 组成和工作原理

图 1-28 所示,为常见的齿式棘轮机构,主要由棘轮 3、主动棘爪 4、止回棘爪 5 和机架 2 组成。当主动摇杆 1 逆时针方向摆动时,摇杆上铰接的主动棘爪 4 插入棘轮的齿槽内并推动棘轮同向转动一个角度。当主动摇杆顺时针方向摆动时,止回棘爪 5 阻止棘轮反向转动,此时主动棘爪在棘轮的齿背上滑回原位,棘轮静止不动,从而实现主动件的往复摆动转换为从动件的间歇运动。

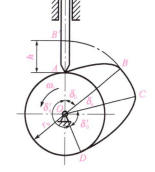

图 1-27 凸轮机构及其运动

2. 类型、特点和应用

按照棘轮机构的工作原理和结构特点,棘轮机构可分为齿式棘轮机构和摩擦式棘轮机构两大类。

1) 齿式棘轮机构

齿式棘轮机构是在棘轮的外缘(或内缘)上具有刚性轮齿,依靠棘爪推动棘轮轮齿,使其作间歇运动。棘轮的齿加工在棘轮的外缘上,称为外棘轮机构,如图 1-28 所示;棘轮的齿加工在棘轮的内缘上,称为内棘轮机构,如图 1-29 所示。

齿式棘轮机构根据运动情况不同,又可分为、单动式、双动式、可变向三种。

(1) 单动式棘轮机构。如图 1-28、图 1-29 所示,单动式棘轮机构棘轮的齿多数为锯齿形,当摇杆向一个方向摆动时,棘轮向同一方向转过一个角度;当摇杆反向摆动时,棘轮则静止不动。此机构多用于输送、制动等机构中。

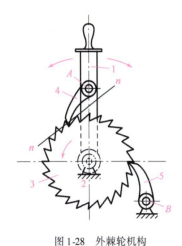

图1-28 外棘轮机构

1-摇杆;2-机架;3-棘轮;4-主动棘爪;5-止回棘爪

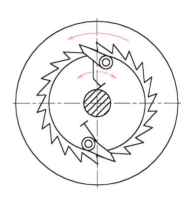

图1-29 内棘轮机构

(2)双动式棘轮机构。如图1-30所示,此种棘轮机构的棘轮轮齿仍为锯齿形,棘爪可制成钩头的或直头的。当摇杆往复摆动一次时,棘轮沿同一方向做两次间歇运动。这种棘轮机构每次停歇的时间较短,棘轮每次转角也较小。

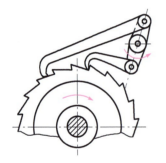 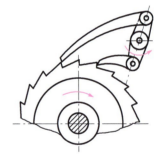

图1-30 双动式棘轮机构

(3)可变向棘轮机构。如图1-31a)所示,棘轮机构的齿形为矩形或梯形,与之配用的棘爪为对称形状。当棘爪在实线位置时,棘轮可实现逆时针的单向间歇运动;而当棘爪绕其销轴A翻转到虚线位置时,棘轮可获得顺时针的单向间歇运动。图1-31b)为另一种可变向的棘轮机构,若将棘爪1提起并绕其轴线转动180°后放下,即可改变棘轮2的转动方向。可变向棘轮机构的齿形一般采用对称齿形。

齿式棘轮机构结构简单、制造方便、运动可靠,而且棘轮每次转过角度的大小可以调节(改变摇杆摆角、用遮片遮盖部分轮齿),故在各类机械中有广泛的应用。但是由于在运动开始和停歇时有冲击,运动平稳性较差,不宜应用于高速和运动精度要求较高的场合。如图1-32所示为浇注自动线的输送装置,如图1-33所示为提升机中使用的棘轮制动器。

2)摩擦式棘轮机构

如图1-34所示,摩擦式棘轮机构的棘爪为一扇形凸块,棘轮为一摩擦轮,通过凸块与从动轮之间的摩擦力推动从动轮间歇转动。摩擦式棘轮机构冲击、振动小,棘轮每次转过的角度可实现无级调节,但其运动准确性较差。

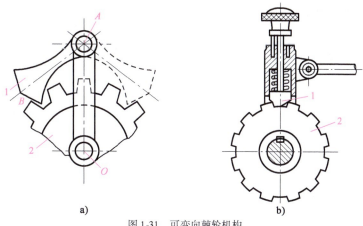

图 1-31 可变向棘轮机构
1-棘爪；2-棘轮；A-销轴

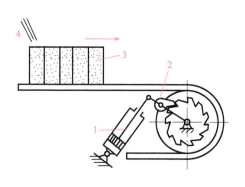

图 1-32 浇注自动线的输送装置
1-活塞；2-摇杆；3-砂型；4-浇注

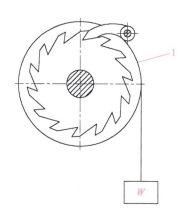

图 1-33 棘轮制动器
1-卷筒

（二）槽轮机构

槽轮机构，主要由装有圆销 A 的主动拨盘 1、带径向槽的从动槽轮 2 和机架组成，如图 1-35 所示为外槽轮机构。当拨盘做连续的匀速转动，拨盘圆销 A 进入槽轮的径向槽时，圆销驱使槽轮转动；拨盘的圆销脱出槽轮的径向槽时，槽轮内凹弧 S_2 被拨盘的外凸弧 S_1 锁住，槽轮静止不动。直到圆销 A 再进入槽轮的另一径向槽时，槽轮才再开始转动，这样就将拨盘的连续转动转换为槽轮的间歇运动。

图 1-36 所示为内槽轮机构，拨盘 1 与槽轮 2 转向相同。

槽轮机构结构简单，转位方便，但转角大小不能调节，且有冲击，只能用于低速自动机构的转位或分度机构。

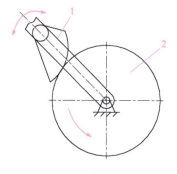

图 1-34 摩擦式棘轮机构
1-凸块；2-摩擦轮

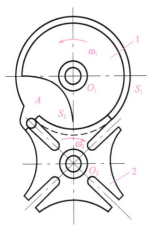
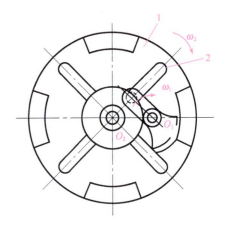

图 1-35 外槽轮机构
1-主动拨盘；2-从动槽轮；A-圆销

图 1-36 内槽轮机构
1-拨盘；2-槽轮

螺旋传动机构

如图 1-37 所示,螺旋传动机构由螺杆和螺母组成,主要用于将主动件的回转运动转变为从动件的直线运动,同时传递运动和动力。其螺旋副表示符号,如图 1-38 所示。

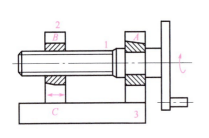
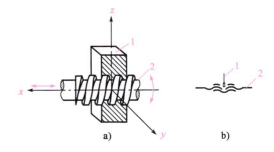

图 1-37 螺旋传动机构
1-螺杆；2-螺母；3-机架

图 1-38 螺旋副
1-螺母；2-螺杆

按螺旋副的用途,螺旋传动可分为传力、传导、调整螺旋三种类型。

(1) 传力螺旋

以传递动力为主,要求低速、间歇工作、传递轴向力大、具有自锁功能。例如,举重器、螺旋千斤顶(图 1-39)、加压螺旋等。

(2) 传导螺旋

它主要用来传递运动,要求速度高、连续工作、传动精度高。如图 1-40 所示的车床进给丝杠传动。

(3) 调整螺旋

它主要用于调整零件之间的相互位置,受力较小且不经常转动。例如,机床、仪器及测试装置中的微调螺旋(图 1-41);又如图 1-42 所示的张紧装置。

螺旋传动按螺旋副的摩擦性质,分为滑动螺旋(滑动摩擦)、滚动螺旋(滚动摩擦)和静压螺旋(流体摩擦)。

(1) 滑动螺旋

常用梯形、锯齿形和矩形螺纹。滑动螺旋机构结构简单,制造方便,工作平稳,易于自锁。但磨损较快,传动效率低。如图1-43所示。滑动螺旋广泛用于对传动精度和效率要求不高的场合。

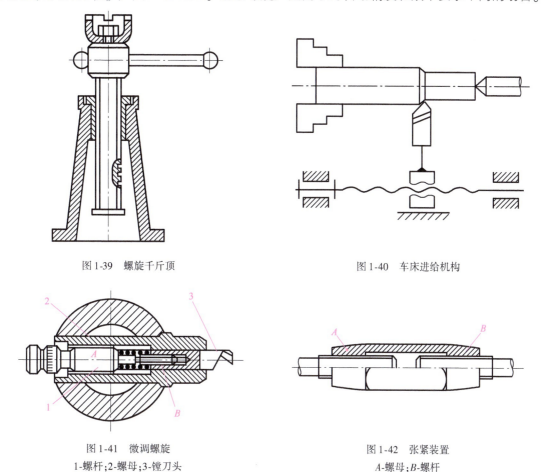

图1-39 螺旋千斤顶

图1-40 车床进给机构

图1-41 微调螺旋
1-螺杆;2-螺母;3-镗刀头

图1-42 张紧装置
A-螺母;B-螺杆

(2) 滚动螺旋

滚动螺旋传动机构与滑动螺旋传动机构的主要区别是在螺杆1和螺母2之间增加滚动体(一般均为滚子),如图1-44所示。这样使螺杆和螺母不直接接触,而且将原来接触表面间的滑动摩擦变为滚动摩擦。

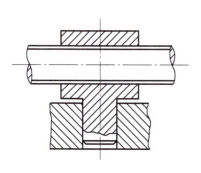

图1-43 滑动螺旋

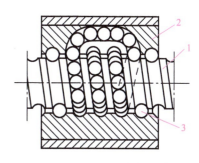

图1-44 滚动螺旋
1-螺杆;2-螺母;3-滚子

滚动螺旋传动具有摩擦小、传动效率高、起动力矩小、传动灵活、平稳、工作寿命长等优点。滚动螺旋传动在机床、航空航天、汽车等领域中得到越来越广泛的应用。但滚动螺旋机构结构较复杂，径向尺寸比一般螺旋传动大，制造成本高，没有自锁作用。

(3) 静压螺旋

静压螺旋是在螺旋副中注入高压油。其传动效率高，抗振性能好，承载力高，传动平稳，传动精确性高，但需要复杂的供油系统，一般用于精密机床进给和分度机构中。

第四节　带传动与链传动

带传动与链传动都是借助于主动轮、从动轮和中间挠性件(带、链条)来传递运动和动力的机械传动装置。它们的主要特点是具有缓冲、吸振作用，传动平稳；结构简单，易于制造，安装要求低；制造成本低，适用于中心距较大的场合。

一、带传动

带传动是一种应用十分广泛的机械传动装置，它由主动带轮 1、从动带轮 2 和具有挠性的传动带 3 组成，如图 1-45 所示。

(一) 带传动的类型、特点和应用

1. 带传动的类型

按工作原理的不同，带传动可分为摩擦型带传动和啮合型带传动两大类。摩擦型带传是把一根或几根环形带张紧在带轮上，使带与带轮接触面间产生正压力，当主动带轮转动时，带与带轮之间产生的摩擦力带动从动带轮转动，如图 1-45a) 所示。啮合型带传动是依靠带内侧齿与带轮轮齿的啮合传递运动和动力，其传动比恒定，但制造安装精度高，中心距要求严格，如图 1-45b) 所示。下面主要介绍摩擦型带传动。

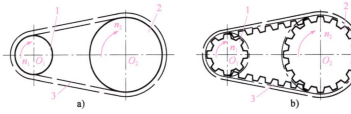

图 1-45　带传动
a) 摩擦型；b) 啮合型
1-主动轮；2-从动轮；3-传动带

摩擦型带传动按传动带的截面形状可分为平带传动、V 带传动、多楔带传动和圆带传动。带的截面形状如图 1-46 所示。

(1) 平带。平带的截面为矩形，其工作面是与带轮接触的内表面，如图 1-46a) 所示。平带有橡胶帆布带、皮革带、棉布带和化纤带等，常用橡胶帆布带。其结构简单、制造容易、效率高，多用于中心距较大的传动、高速传动、物料输送等。

(2) V 带。V 带的截面为等腰梯形，其工作面是与轮槽相接触的两侧面，带与轮槽底面不

接触,如图 1-46b)所示。V 带有普通 V 带、窄 V 带、宽 V 带和接头 V 带等,常用普通 V 带。在相同的张紧力下,V 带能比平带产生更大的摩擦力,传动能力比平带高,在一般机械传动中多用 V 带传动。

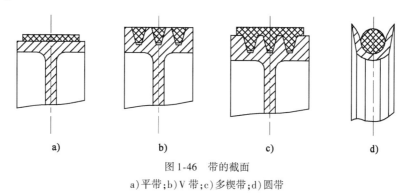

图 1-46 带的截面
a)平带;b)V 带;c)多楔带;d)圆带

(3) 多楔带。多楔带是在平带的基体上连接有若干个纵向 V 带组成的环形带,如图 1-46c)所示。多楔带兼有平带和 V 带的优点,并克服了两者的缺点。用于要求传递功率大、结构紧凑的传动。

(4) 圆带。圆带截面为圆形,如图 1-46d)所示。结构简单,用于低速、小功率传动。

2. 摩擦型带传动的特点和应用

摩擦型带传动是利用具有弹性的挠性带与带轮间的摩擦来传递运动和动力的,故具有以下特点:

(1) 弹性带能缓和冲击、吸收振动,故传动平稳、无噪声。

(2) 过载时,带在轮上打滑,不致损伤从动零件,能起到过载保护作用。但不能保证传动比恒定,传动效率也较低。

(3) 中心距大,整机尺寸大,但结构简单,制造成本低,维护也方便。

(4) 带传动不宜用于易燃、易爆和环境恶劣(如风吹、雨淋、日晒等)的场合。

工业上用得最多的是普通 V 带传动,多用于要求中心距大,传动平稳,但传动比不严格的场合。一般多用于高速级,起减速作用。

(二) 带传动的工作情况分析

1. 带传动的受力分析

安装传动带时,需将传动带紧套在两个带轮的轮缘上。这时,传动带两边的拉力均等于 F_0,如图 1-47a)所示。工作时,由于带与带轮接触面间产生摩擦力,带两边的拉力发生变化而不再相等,进入主动轮的一边被拉紧,拉力由 F_0 增至 F_1,称为紧边;而另一边被放松,拉力由 F_0 减至 F_2,称为松边,如图 1-47b)所示。

紧边和松边的拉力差 $F_1 - F_2$ 称为带传动的有效圆周力(也称有效拉力),用 F 表示,当工作负荷增大,即带所传递的圆周力 F 增大时,带和带轮间的摩擦力也相应增大,由摩擦的特点可知,在初拉力 F_0 一定的情况下,带与带轮之间摩擦力是有限的。当传递的圆周力 F 超过摩擦力的限值 F_{fmax} 时,带将沿轮面产生显著的相对滑动,这种现象称为打滑。打滑将使带的磨损严重,从动轮转速急剧下降,导致带丧失工作能力。

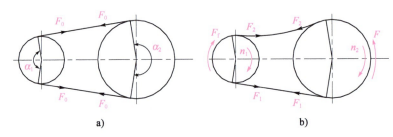

图 1-47 带传动的受力分析

2. 带的弹性滑动

带在工作中，由于紧边和松边的拉力不同，故弹性变形量也不同。如图 1-48 所示，带从绕入主动轮点 A_1 到离开点 B_1 的过程中，所受的拉力由 F_1 降至 F_2，其弹性伸长量也相应由 ΔL_1

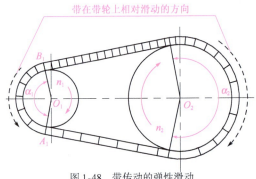

图 1-48 带传动的弹性滑动

减小为 ΔL_2，带相对于带轮向后收缩了 $\Delta L_1 - \Delta L_2$，带与带轮之间产生了相对滑动，导致带的速度 v 低于主动轮的圆周速度 v_1。同样的相对滑动也将发生在从动带轮上，但情况相反，拉力逐渐增加，带逐渐伸长，这时带的速度 v 高于从动带轮的圆周速度 v_2。这种由于带两边拉力不相等使带两边弹性变形不同，从而引起带与带轮间的相对滑动，称为带的弹性滑动。弹性滑动使从动轮转速低于计算值，当系统的载荷增大，即拉力差变大

时，弹性滑动也随之变大。所以，弹性滑动不是定值，它是随着载荷的变化而变化的，弹性滑动使带传动不能保证准确的传动比。

弹性滑动和打滑是两种不同的概念。打滑是由于过载而引起的带与轮之间的全面滑动，只要不过载，打滑是可以避免的；弹性滑动是由拉力差和带的弹性变形引起的，只要传递圆周力，便有拉力差和弹性变形，必然产生弹性滑动。所以，弹性滑动是不可避免的。

（三）普通 V 带与 V 带轮

1. 普通 V 带

普通 V 带由顶胶 1、抗拉体 2、底胶 3 和包布 4 组成，如图 1-49 所示。包布为橡胶帆布，主要起保护作用。顶胶和底胶的材料为橡胶；抗拉体是承受基本拉力的主体，分帘布芯结构和线绳芯结构两种类型。

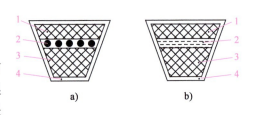

图 1-49 普通 V 带的结构
1-顶胶；2-抗拉体；3-底胶；4-包布

根据国家标准《普通 V 带和窄 V 带尺寸》(GB 11544—1997) 规定，普通 V 带按截面尺寸不同，共分为 Y、Z、A、B、C、D、E 七种型号。Y 型 V 带的截面积最小，E 型的截面积最大。V 带的截面积愈大，其传递的功率也愈大。

普通 V 带绕在带轮上产生弯曲，顶胶伸长，底胶缩短，两者之间的中性层长度和宽度均保持不变，截面内中性层的宽度称为节宽，用 b_d 表示。在规定的张紧力作用下，V 带位于带轮基准直径上的周线长度作为带的基准长度，用 L_d 表示。

V 带的规格由带的型号和带的基准长度表示，例如 Y224，表示基准长度为 224mm 的 Y 型

V 带。常用 V 带的基准长度 L_d 的标准系列值和每种型号带的长度范围如表 1-2 所示。

普通 V 带带长修正系数 K_L（GB/T 13575.1—2008） 表 1-2

Y L_d	K_L	Z L_d	K_L	A L_d	K_L	B L_d	K_L	C L_d	K_L	D L_d	K_L	E L_d	K_L
200	0.81	405	0.87	630	0.81	930	0.83	1565	0.82	2740	0.82	4660	0.91
224	0.82	475	0.90	700	0.83	1000	0.84	1760	0.85	3100	0.86	5040	0.92
250	0.84	530	0.93	790	0.85	1100	0.86	1950	0.87	3330	0.87	5420	0.94
280	0.87	625	0.96	890	0.87	1210	0.87	2195	0.90	3730	0.90	6100	0.96
315	0.89	700	0.99	990	0.89	1370	0.90	2420	0.92	4080	0.91	6850	0.99
355	0.92	780	1.00	1100	0.91	1560	0.92	2715	0.94	4620	0.94	7650	1.01
400	0.96	920	1.04	1250	0.93	1760	0.94	2880	0.95	5400	0.97	9150	1.05
450	1.00	1080	1.07	1430	0.96	1950	0.97	3080	0.97	6100	0.99	12230	1.00
500	1.02	1330	1.13	1550	0.98	2180	0.99	3520	0.99	6840	1.02	13750	1.15
		1420	1.14	1640	0.99	2300	1.01	4060	1.02	7620	1.05	15280	1.17
		1540	1.54	1750	1.00	2500	1.03	4600	1.05	9140	1.08	16800	1.19
				1940	1.02	2700	1.04	5380	1.08	10700	1.13		
				2050	1.04	2870	1.05	6100	1.11	12200	1.16		
				2200	1.06	3200	1.07	6815	1.14	13700	1.19		
				2300	1.07	3600	1.09	7600	1.17	15200	1.21		
				2480	1.09	4060	1.13	9100	1.21				
				2700	1.10	4430	1.15	10700	1.24				
						4820	1.17						
						5370	1.20						
						6070	1.24						

2. 普通 V 带轮

V 带轮是高速旋转的零件，因此，V 带轮的质量要尽量轻，且要具有较大的摩擦因数。通常带轮常用材料为铸铁（HT150 或 HT200），允许的最大速度为 25m/s；高速带轮材料多为钢；低速或传递较小功率时，可采用塑料或铝合金。

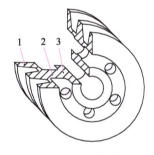

图 1-50　V 带轮
1-轮缘；2-轮辐；3-轮毂

带轮由轮缘、轮毂和轮辐三部分组成，如图 1-50 所示。根据带轮直径的不同，带轮可制成实心式、腹板式或孔板式、轮辐式，如图 1-51 所示。其中，实心式用于直径较小的场合，腹板式或孔板式用于中等直径的场合，轮辐式用于直径较大的场合。

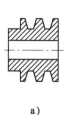 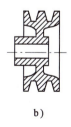 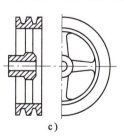

a)　　　　　b)　　　　　c)

图 1-51　V 带轮的结构
a) 实心式；b) 腹板式；c) 轮辐式

(四)带传动的使用和维护

1. 带传动的张紧

传动带在工作一段时间后会因永久变形而松弛,使初拉力减小,影响带传动的正常工作,此时需将带重新张紧。带传动常用张紧方法有:

(1)调整中心距,如图 1-52a)、b)所示的张紧装置是通过调节螺钉,定期将带轮调整到合适位置,使带获得所需的张紧力。如图 1-52c)所示的张紧装置是将装有带轮的电动机安装在摆动机座上,利用电动机的自重,使带轮随同电动机绕固定轴摆动,自动张紧传动带。

 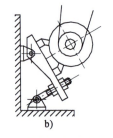 

a)　　　　　　　　b)　　　　　　　　c)

图 1-52　带传动的张紧装置

a)、b)定期张紧装置;c)自动张紧装置

(2)采用张紧轮,如图 1-53 所示,张紧轮装置适用于固定中心距传动。一般张紧轮应安装在带的松边内侧,尽量靠近大带轮处。

2. 带传动的安装和维护

正确安装、合理使用和妥善维护,可以延长带的使用寿命。因此,应注意以下几点:

(1)安装 V 带时,首先缩小中心距,将带套入轮槽中后调整到合适的张紧程度,调整时不要硬撬,以免损坏。

(2)安装时,两带轮轴线必须平行,且两带轮相应的轮槽应对正,以免加剧带的磨损。

(3)多根 V 带传动时,为使各根带受力均匀,同一组的传动带应型号相同、长度相等,不同厂家生产的 V 带或新旧 V 带不能同时使用。

(4)为保证安全,带传动装置应装设防护罩。传动带应避免与酸、碱、油接触,也应避免阳光直晒,其工作温度不宜超过 60℃。

(5)带传动不需润滑,禁止加润滑油或润滑脂,应及时清理带轮槽内及皮带上的油污。

 链传动

(一)链传动的特点和应用

链传动由主动链轮 1、从动链轮 2 和绕在链轮上的链条 3 组成,如图 1-54 所示。链轮具有特定的齿形,通过链轮的轮齿与链条的啮合来传递平行轴间的运动和动力。

链传动也是具有中间挠性体(链条)的啮合传动,其传动效率高,结构尺寸比较紧凑,能在恶劣环境下工作。但传动平稳性差,磨损后易发生脱链,工作时冲击和噪声较大。

图 1-53　张紧轮装置
1-张紧轮

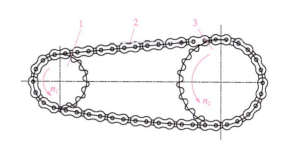

图 1-54　链传动
1-主动链轮;2-链条;3-从动链轮

链传动主要用于两轴中心距较大、要求平均传动比准确的场合,或者在恶劣环境下工作的场合。例如,农业、矿山、冶金、运输等机械设备中。

(二)链传动的类型

按用途,链传动可分为传动链、输送链和起重链。输送链和起重链主要用在运输和起重机械中,一般机械中传递运动和动力常用的是传动链。传动链主要有滚子链和齿形链两种。齿形链是由成组的齿形链板用铰链连接而成,如图 1-55 所示。其传动平稳、噪声小、承受冲击载荷的能力高,但价格高、质量较大,故常用于高速或运动精度和可靠性要求较高的传动装置中。一般所说的链传动是指滚子链传动。

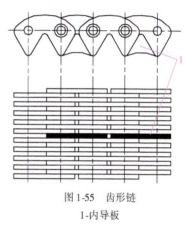

图 1-55　齿形链
1-内导板

(三)滚子链和链轮

1. 滚子链

如图 1-56 所示,滚子链由内链板 1、外链板 2、销轴 3、套筒 4 和滚子 5 组成。内链板与套筒之间、外链板与销轴之间分别采用过盈配合连接,构成内外链节;滚子和套筒之间、套筒与销轴之间采用间隙配合连接,它们之间可相对转动,以减轻传动时链轮轮齿的磨损。链板制成"8"字形,以减少质量。

链条上的相邻两销轴中心之间的距离称为节距,用"p"表示,它是链条的主要参数,节距越大,链条中其他元件的尺寸越大,链条的承载能力越大。当传递的功率较大时,可采用双排链(图 1-57)或多排链。

将链连成环形时,滚子链的接头形式如图 1-58 所示。当链节数为偶数时,正好是内外链板相接。当节距较大时,可用开口销锁紧;当节距较小时,可用弹簧卡锁紧,分别如图 1-58a)、b)所示。若链节数为奇数时,接头可用过渡链节,如图 1-58c)所示。过渡链节的弯曲链板受附加的弯曲应力。因此,链节数最好为偶数。

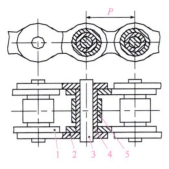
图1-56 滚子链的结构
1-内链板;2-外链板;3-销轴;4-套筒;5-滚子

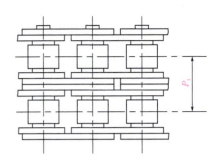
图1-57 双排链

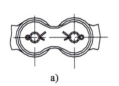
a)

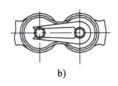
b)

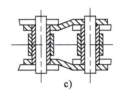
c)

图1-58 滚子链的接头形式
a)开口销;b)弹簧卡;c)过渡链节

滚子链已有国家标准(GB/T 1243—2006),标准规定滚子链分为A、B两个系列,我国主要采用A系列。

滚子链的标记为:

链号　排数　链节数　标准编号

例如,A系列、8号链、双排、88节的滚子链标记为:08A—2×88 GB/T 1243—2006。

2. 链轮

链轮的齿形已经标准化(GB/T 1243—2006)。链轮材料通常采用优质碳素钢(如45、50)或合金钢(如40Si、35SiMn),并经过热处理。

链轮的结构如图1-59所示。小直径的链轮制成实心式,如图1-59a)所示;中等直径的链轮可制成孔板式,如图1-59b)所示;大直径的链轮可采用焊接式或螺栓连接式结构,如图1-59c)、d)所示。

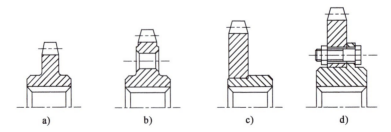

图1-59 链轮的结构
a)实心式;b)孔板式;c)焊接式;d)螺栓连接

(四)链传动的安装和维护

1. 链传动的安装

安装时,两链轮的回转平面应在同一平面内;两链轮中心连线最好在水平面内或与水平面呈45°以下的倾角,应避免垂直布置;链轮机构必须布置在垂直平面内。链传动工作时有紧边和松边的区别,为了使链条能顺利地进入啮合和脱离开啮合,一般紧边在上,松边在下。

2. 链传动的维护

链传动的润滑可缓和冲击、减少摩擦和磨损,延长链条的使用寿命。使用中应按要求进行润滑。当要求人工定期润滑时,必须由人工用刷子或油壶定期在链条松边内、外链板间隙中注油,一般每班注油一次。当采用自动或半自动润滑时,必须注意油杯或油池内要有足够的润滑油,并要保证润滑系统工作正常。

第五节 齿轮传动

齿轮传动,在养路机械中应用广泛,也是现代机械中应用最广泛的一种传动装置。它是利用一对带有轮齿的盘形零件相互啮合来实现两轴间运动和动力传递。它可以用来传递空间任意两轴间的运动和动力。

 齿轮传动的特点及类型

(一)齿轮传动的特点

(1)传动平稳,能保证两齿轮瞬时传动比为常数。
(2)传递功率范围广和圆周速度范围广。
(3)结构紧凑、寿命长、工作可靠。
(4)对冲击和振动较敏感,且低精度齿轮传动噪声大。
(5)不适合距离较远的两轴之间的传动。

(二)齿轮传动的类型

齿轮的类型很多,如图1-60所示。

1. 平面齿轮传动

平面齿轮传动,用于两齿轮轴线平行的齿轮传动。它可分为三类:

(1)直齿圆柱齿轮传动。直齿圆柱齿轮传动按又可分为外啮合齿轮传动(图1-60a)、内啮合齿轮传动(图1-60b)、齿轮齿条传动(图1-60c)。

(2)斜齿圆柱齿轮传动。这种齿轮的齿线相对于轴线倾斜了一个角度,斜齿圆柱齿轮传动按其相对运动情况也可分为外啮合齿轮传动(图1-60d)、内啮合齿轮传动和齿轮齿条传动。

(3)人字齿轮传动。这种齿轮的齿线呈人字形,可以看成是由两个倾斜角度大小相等、旋向相反的斜齿轮组成,如图1-60e)所示。

2. 空间齿轮传动

空间齿轮传动用于两齿轮轴线不平行的齿轮传动。

(1) 圆锥齿轮传动。圆锥齿轮传动的两齿轮轴线相交,轴交角通常为 90°,锥齿轮有直齿和斜齿,如图 1-60f)、g)所示。

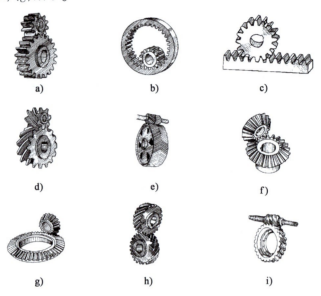

图 1-60 齿轮机构的类型

a)外啮合直齿轮传动;b)内啮合直齿轮传动;c)齿轮齿条传动;d)外啮合斜齿轮传动;e)人字齿轮传动;f)斜齿圆锥齿轮传动;g)直齿圆锥齿轮传动;h)交错轴斜齿轮传动;i)蜗杆蜗轮传动

(2) 交错轴斜齿轮传动和蜗杆蜗轮传动,用于两轴交错的齿轮传动,如图 1-60h)、i)所示。

在实际工作中,通常把全部外露的齿轮传动称为开式齿轮传动。因灰尘、杂物容易侵入,齿轮较易磨损,故用于低速传动和不重要的场合,它主要依靠定时、手工润滑。把全部封闭在箱体内的齿轮传动称为闭式齿轮传动,因润滑条件良好,故用于中高速传动和重要场合。

二、直齿圆柱齿轮

齿轮传动是否能保证传动平稳,与齿轮的齿廓形状有关。最常见的齿廓曲线为渐开线齿廓曲线,既可以保证传动平稳,也便于加工和安装,而且互换性好。

(一)渐开线与渐开线齿廓

1. 渐开线的形成

如图 1-61 所示,当直线 NK 沿半径为 r_b 的圆做纯滚动时,直线上任意一点 K 的轨迹 AKB 为该圆的渐开线,这个圆称为基圆,直线 NK 称为渐开线的发生线。渐开线齿轮的轮齿,就是以同一基圆上产生的两条方向相反的渐开线为齿廓构成的。

2. 齿轮各部分的名称

标准渐开线直齿圆柱齿轮各部分的名称和符号,如图 1-62 所示。

(二)齿轮的主要参数及尺寸计算

1. 主要参数

渐开线直齿圆柱齿轮,有五个基本参数,分别是:模数 m、压力角 α、齿数 z、齿顶高系数

h_a^*、顶隙系数 c^*。齿轮上所有几何尺寸,均可由这五个参数确定。

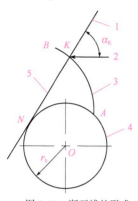

图1-61 渐开线的形成
1-力的方向;2-速度方向;3-渐开线;4-基圆;5-发生线

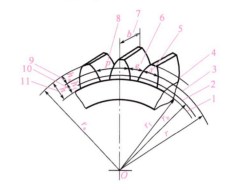

图1-62 直齿圆柱齿轮各部分名称
1-齿根圆;2-基圆;3-分度圆;4-齿顶圆;5-分度圆齿厚;6-分度圆齿槽宽;7-齿宽;8-齿距;9-齿顶高;10-齿根高;11-齿高

(1)分度圆和压力角。在齿顶圆与齿根圆之间规定一个圆作为计算和测量齿轮各个部分尺寸的基准,这个圆称为分度圆,用 d 表示其直径。图1-62所示的齿厚、齿槽宽和齿距就是分度圆上的齿厚、齿槽宽和齿距,分别用 s、e、p 表示,$p = s + e$,对于标准齿轮 $s = e$。分度圆上速度方向与受力方向之间所夹的锐角,称为分度圆压力角,它是决定渐开线齿廓形状的一个重要参数,用 α 表示。我国规定分度圆上压力角为标准值,其值为20°。

(2)模数 m。模数是决定齿轮尺寸的重要参数。如图1-62所示,分度圆的周长为 $\pi d = zp$,由此得:

$$d = \frac{zp}{\pi} \tag{1-2}$$

因 π 是无理数,不便于计算、制造和检验齿轮,故将 p/π 人为地规定为有理数,称为模数,用 m 表示,单位为mm。即:

$$m = \frac{p}{\pi} \tag{1-3}$$

于是得到:

$$d = mz \tag{1-4}$$

模数反映了齿轮上轮齿间距的大小和轮齿的大小。模数越大,间距越大,轮齿越大,轮齿的承载能力也越大。我国已规定了标准模数系列。

综上所述,分度圆是齿轮上具有标准模数和压力角的圆。

英、美等国家以径节作为计算齿轮几何尺寸的主要参数,模数制齿轮和径节制齿轮不能互相啮合使用。径节单位是 in^{-1},模数与径节相互的换算关系为:

$$m = \frac{25.4}{p} \tag{1-5}$$

(3)齿数 z。齿轮上轮齿的总数称为齿数,它反映的是齿轮的大小。模数一定时,齿数越多,齿轮直径越大;反之,齿轮直径越小。

(4)齿顶高系数 h_a^* 和顶隙系数 c^*。齿轮的齿顶圆与分度圆之间的径向尺寸称为齿顶高,用 h_a 表示;齿根圆与分度圆之间的径向尺寸称为齿根高,用 h_f 表示;齿顶高和齿根高的总和称为全齿高,用 h 表示。$h = h_a + h_f$。

为了避免组成轮齿的两渐开线齿廓交叉,造成齿顶变尖,规定齿顶高 $h_a = h_a^* m$,h_a^* 称为齿顶高系数,标准值为 $h_a^* = 1.0$。同时,为了保证齿轮啮合时,不发生相互卡死,且留有一定的储油空间,规定齿根高 $h_f = h_a + c$,c 称为顶隙。顶隙 $c = c^* m$,c^* 为顶隙系数,其标准值为 $c^* = 0.25$。

2. 标准直齿圆柱齿轮的几何尺寸计算

渐开线标准直齿圆柱齿轮是指模数、压力角、齿顶高系数、顶隙系数均为标准值,且齿顶高 $h_a = h_a^* m$,分度圆上的齿厚 s 等于齿槽宽 e 的齿轮。标准直齿圆柱齿轮的几何尺寸计算公式见表1-3。

标准直齿圆柱齿轮的计算公式 表1-3

名 称	代号	计算公式 外齿轮	计算公式 内齿轮
齿距	p	$p = \pi m$	
齿厚	s	$s = \pi m/2$	
齿槽宽	e	$e = \pi m/2$	
全齿高	h	$h = h_a + h_f = (2h_a^* + c^*)m$	
齿顶高	h_a	$h_a = h_a^* m$	
齿根高	h_f	$h_f = (h_a^* + c^*)m$	
分度圆直径	d	$d = mz$	
基圆直径	d_b	$d_b = d\cos\alpha = mz\cos\alpha$	
齿顶圆直径	d_a	$d_a = d + 2h_a = (z + 2h_a^*)m$	$d_a = d - 2h_a = (z - 2h_a^*)m$
齿根圆直径	d_f	$d_f = d - 2h_f = (z - 2h_a^* - 2c^*)m$	$d_f = d + 2h_f = (z + 2h_a^* + 2c^*)m$
中心距	a	$a = m(z_1 + z_2)/2$	$a = m(z_2 - z_1)/2$

(三) 渐开线标准直齿圆柱齿轮的啮合传动

1. 正确啮合条件

并不是说任意两个渐开线齿轮搭配在一起就能正常工作。一对标准渐开线直齿圆柱齿轮,只有当两齿轮的模数和压力角分别相等才能正常啮合,即:

$$\begin{cases} m_1 = m_2 = m \\ \alpha_1 = \alpha_2 = \alpha \end{cases} \quad (1\text{-}6)$$

这一性质称为正确啮合条件。

2. 标准安装和标准中心距

为了避免齿轮啮合过程中产生冲击和噪声,要求按照齿侧无间隙来安装一对齿轮。由于标准齿轮在分度圆上的齿厚和齿槽宽相等,即 $s_1 = e_1 = s_2 = e_2 = \pi m/2$,安装时应使两齿轮的分度圆相切,才能做到无侧隙。此时中心距称为标准中心距,用 a 表示。外啮合为:

$$a = r_1 + r_2 = \frac{m}{2}(z_1 + z_2) \quad (1\text{-}7)$$

3. 连续传动

在齿轮传动过程中，必须保证前一对轮齿还未脱离开啮合时，后一对轮齿已经进入啮合。否则，传动就会出现中断现象，不能保证传动的平稳性。对于标准渐开线齿轮，一般都能保证连续传动。

三 其他齿轮传动

（一）斜齿圆柱齿轮传动

如图 1-60d）所示，斜齿圆柱齿轮的轮齿与齿轮圆柱体的母线之间有一定的夹角，该夹角 β 称为斜齿轮的螺旋角，一般螺旋角取为 $\beta = 8° \sim 20°$。斜齿圆柱齿轮分为左旋和右旋，可根据图 1-63 所示的方法来判别。

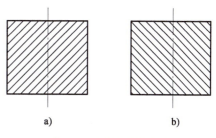

图 1-63 斜齿轮轮齿的旋向
a) 右旋轮齿；b) 左旋轮齿

斜齿圆柱齿轮的啮合过程，不像直齿轮那样，突然进入或脱离啮合，而是接触由点变为线，逐渐进入啮合状态，再由线变为点，逐渐脱离啮合状态。斜齿圆柱齿轮传动冲击和振动小，承载能力强，寿命长。斜齿轮不能做滑移齿轮，一般多用于高速或传递大转矩的场合。

斜齿圆柱齿轮正确啮合时，除两齿轮的模数和压力角必须相等以外，其螺旋角也必须匹配（大小相等、外啮合时旋向相反、内啮合时旋向相同）。

（二）圆锥齿轮传动

圆锥齿轮传动是用来传递两相交轴之间运动和动力的空间机构。如图 1-60f）、g）所示，圆锥齿轮传动有直齿和斜齿等多种形式。

圆锥齿轮的轮齿分布在截锥体上，齿形由大端到小端逐渐变小。由于直齿圆锥齿轮传动设计、制造和安装简单，故应用广泛。直齿圆锥齿轮具备直齿圆柱齿轮传动的特点：传动功率范围大，效率高，结构紧凑等。斜齿与直齿相比传动平稳，承载能力高，常用于高速重载传动，如汽车、拖拉机、飞机中的锥齿轮传动，但设计和制造比较复杂。

（三）蜗杆传动

如图 1-60i）所示，蜗杆传动是由少齿数、大螺旋角、分度圆直径很小、齿宽较大、形状像螺杆的蜗杆与齿顶为圆弧形的蜗轮相啮合组成。主要用于实现两交错轴间运动和动力的传递，通常轴交角 $\Sigma = 90°$，蜗杆为主动件。

由于蜗杆的齿数很少（$z_1 = 1 \sim 4$），所以蜗杆传动具有很大的传动比，一般可达 20~80，有时甚至达 1000 以上。另外，其结构紧凑、工作平稳、噪声低，也可实现自锁。但蜗杆传动存在效率低、摩擦大、产生热量大的缺点，故不适用于大功率和长时间连续工作的场合。

四 齿轮的使用与维护

（一）齿轮的失效形式与材料

1. 齿轮的失效形式

齿轮传动时，若轮齿的表面质量或轮廓发生了变化，就会影响到齿轮传动的正常工作，即认为齿轮失效。

(1) 轮齿折断。轮齿折断有两种情况：一种是过载折断，即轮齿在短时过载或在冲击载荷作用下引起突然折断，用淬火钢或铸铁等脆性材料制造的齿轮容易发生过载折断。另一种是疲劳折断，即随着使用时间的增长，齿根圆角处会产生疲劳裂纹，随着裂纹的不断扩展，最后导致轮齿断裂。

(2) 齿面点蚀。当接触应力重复次数累积到一定限度后，轮齿表面层的金属就会脱落而在齿面形成麻点状凹坑，称为齿面点蚀。齿面点蚀形成后，齿轮传动平稳性变差。点蚀在闭式齿轮传动中较常见。

(3) 齿面胶合。对于齿面硬度较低的齿轮，因摩擦使温度升高，导致轮齿接触表面形成黏着，随着相对运动的继续，金属从齿面上被撕落而形成沟纹，这种失效称为齿面胶合。齿面胶合主要出现在重载、高速的传动中。

(4) 齿面磨损。当齿廓工作表面进入灰尘、硬屑等颗粒物质时，会引起齿面磨损，导致齿厚变薄。齿面磨损在开式齿轮传动较常见。

(5) 齿面塑性变形。轮齿在啮合过程中，当载荷及摩擦力较大时，齿面较软的轮齿齿面表层的材料就会沿着摩擦力的方向产生局部塑性变形，齿廓失去了正确的形状，称为齿面塑性变形。这种失效在低速、过载和频繁起动的传动中较为常见。

2. 齿轮常用材料和热处理

齿轮常用的材料，有优质碳素结构钢、合金钢。只有当齿轮的直径较大或结构复杂不易锻造时，才采用铸钢。在低速、大直径的开式传动中，齿轮的材料常用铸铁；但铸铁的抗弯强度和抗冲击能力差，不宜用于重要的和较大功率的传动。还有些场合，也可用有色金属和非金属材料。

齿轮常用的热处理方式有：正火、调质、表面淬火、渗碳淬火和氮化等。正火和调质处理的齿轮为软齿面齿轮，这种齿轮的制造工艺过程简单，常用于要求强度不高、中低速的一般机械传动齿轮。其余热处理方式可获得硬齿面齿轮，硬齿面齿轮承载能力大，耐磨性好，多用于大量生产和要求尺寸小、精度高的齿轮。

(二) 齿轮传动的润滑与维护

1. 齿轮传动的润滑

齿轮传动的润滑，对于齿轮传动十分重要。它可以避免金属直接接触，减少摩擦损失，还可以防锈、散热、降低噪声，大大改善齿轮的工作状况，提高齿轮的使用寿命。

开式齿轮传动常采用的润滑方式是人工定期加油润滑，润滑剂可用润滑油或润滑脂，多采用润滑脂。

闭式齿轮传动的润滑方式，一般根据齿轮圆周速度的大小而定。当齿轮的圆周速度 $v \leqslant 12m/s$ 时，通常采用浸油（或称油池、油浴）润滑。如图1-64a) 所示浸油润滑，把大齿轮浸入油池一定的深度，齿轮运转时，把润滑油带到啮合区，同时也甩到箱体壁上，起到散热的作用。齿轮浸入润滑油的深度约为 $1 \sim 2$ 个齿高，但不小于 $10mm$。在多级齿轮传动中，当几个大齿轮直径不相等时，可借带油轮将油带到未浸入油池内的轮齿上，如图1-64b) 所示。当 $v > 12m/s$ 时，应采用喷油润滑，如图1-64c) 所示，即油泵以一定的压力，用喷油嘴将润滑油喷到轮齿的啮合面上。

2. 齿轮传动的维护

（1）使用齿轮传动时，在起动、加载、卸载及换挡的过程中，应力求平稳，避免产生冲击载荷，以免引起断齿等故障。

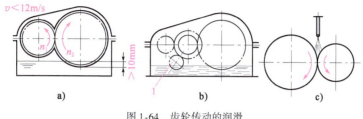

图1-64　齿轮传动的润滑
1—带油轮

（2）对于闭式齿轮传动应按使用规则，定期更换或补充润滑油。对于压力润滑系统，还需注意油路是否通畅，润滑机构是否灵活。

（3）注意检查齿轮传动的工作情况，对于异常响声、振动及箱体温度过高等不正常现象，应及时检查加以解决。对于高速、重载或重要场合的齿轮传动，可采用自动监控装置。

（4）对于开式齿轮传动，要保证有足够的润滑脂，并安装防护罩，保护操作人员人身安全和防止灰尘、杂物落入轮齿表面。

五、轮系与减速器

由一对齿轮组成的齿轮机构是齿轮传动的最简单形式。在机械中，为了将输入轴的一种转速变换为输出轴的多种转速，或为了获得大的传动比等，常采用由一系列相互啮合的齿轮来达到此要求。

减速器是由齿轮传动、蜗杆传动或其组合传动所组成的独立部件，是用于连接原动机和工作机的独立闭式传动装置，用来降低转速、增大转矩，以满足工作机对转速和转矩的要求。由于减速器使用、维护方便，在现代机械中应用十分广泛。

（一）轮系

由一系列齿轮组成的传动系统称为齿轮系，简称轮系。

1. 轮系的分类

通常，根据轮系运动时各齿轮几何轴线位置是否固定，将轮系分为定轴轮系和周转轮系两大类。

（1）定轴轮系，如图1-65所示，轮系在传动时，所有齿轮几何轴线位置都是固定不变的，这种轮系，称为定轴轮系。

（2）周转轮系，如图1-66所示，轮系在运转时，齿轮1、3的几何轴线固定不动，而齿轮2既绕自身轴线 O_2 转动，又随 O_2 绕齿轮1、3的轴线做公转。这种至少有一个齿轮的几何轴线绕其他齿轮固定轴线回转的轮系称为周转轮系。齿轮2称为行星轮，支持行星轮的构件 H 称为系杆（或行星架），齿轮1和3称为太阳轮（或中心轮）。

2. 轮系的应用

（1）能够实现变速、变向传动。

(2) 能够实现大传动比的传动。
(3) 能够实现运动的合成和分解。

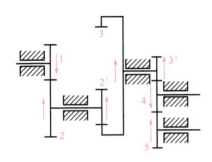 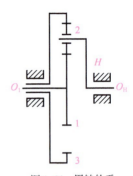

图 1-65　定轴轮系　　　　　　　　图 1-66　周转轮系
1~5-齿轮；2'、3'-齿轮　　　　　　1、3-太阳轮；2-行星轮；H-系杆

3. 定轴轮系的传动比计算

轮系中首轮 1 与末轮 K 的转速之比称为轮系的传动比，用 i_{1K} 表示，即 $i_{1K} = \dfrac{n_1}{n_K}$。轮系的传动比计算，主要是确定 i_{1K} 的大小及首末两轮的转向关系。

（1）平面定轴轮系。如前所述，一对圆柱齿轮传动比的大小为：

$$i_{12} = \frac{n_1}{n_2} = \pm \frac{z_2}{z_1} \tag{1-8}$$

齿数比前的正负号表示齿轮 1、2 的转向关系（或用画箭头表示），一对外啮合齿轮传动，两轮转向相反，取负号（或箭头方向相反）；一对内啮合齿轮传动时，两轮转向相同，取正号（或箭头指向相同）。

现以图 1-65 所示轮系为例，讨论平面定轴轮系传动比计算。设首轮为 1，末轮为 5，各轮的转速和齿数分别用 n_1、n_2、n_2'、n_3、n_3'、n_4、n_5 和 z_1、z_2、z_2'、z_3、z_3'、z_4、z_5 表示，轮系中各对齿轮的传动比计算为：

$$i_{12} = \frac{n_1}{n_2} = -\frac{z_2}{z_1}$$

$$i_{2'3} = \frac{n_2'}{n_3} = \frac{z_3}{z_2'}$$

$$i_{3'4} = \frac{n_3'}{n_4} = -\frac{z_4}{z_3'}$$

$$i_{45} = \frac{n_4}{n_5} = -\frac{z_5}{z_4}$$

将以上各式等号两边分别相乘，可得：

$$i_{15} = i_{12} \cdot i_{2'3} \cdot i_{3'4} \cdot i_{45} = \frac{n_1}{n_2} \cdot \frac{n_2'}{n_3} \cdot \frac{n_3'}{n_4} \cdot \frac{n_4}{n_5} = (-1)^3 \frac{z_2 z_3 z_4 z_5}{z_1 z_2' z_3' z_4}$$

上式表明，定轴轮系传动比的大小为各对齿轮传动比的连乘积，也等于所有从动轮齿数的连乘积与所有主动轮齿数的连乘积之比。其正负号取决于轮系中外啮合齿轮的对数，当外啮合齿轮的对数为偶数时得到正号，首、末两轮转向相同；外啮合齿轮的对数为奇数时得到负号，首、末两轮转向相反。

另外，由以上传动比计算可见，式中不含齿轮 4 的齿数，这是因为齿轮 4 既是主动轮，又是从动轮，这说明齿轮 4 的齿数不影响传动比的大小，但其引入会改变轮系的转向，这种齿轮称为惰轮。

以上结果推广到一般情况，得平面定轴轮系传动比的一般表达式为：

$$i_{1K} = \frac{n_1}{n_K} = (-1)^m \frac{\text{轮系中所有从动轮齿数的连乘积}}{\text{轮系中所有主动轮齿数的连乘积}} \tag{1-9}$$

式中：m——外啮合圆柱齿轮的对数。

（2）空间定轴轮系。如图 1-67 所示的空间定轴轮系，其传动比大小仍用上式计算，但转向关系不能用 $(-1)^m$ 来判断，可在运动简图上用箭头标明各轮转向。如图 1-67 所示的轮系中，已知 $z_1 = 16$、$z_2 = 32$、$z'_2 = 20$、$z_3 = 40$、$z'_3 = 2$、$z_4 = 40$，齿轮 1 的转速 $n_1 = 1000 \text{r/min}$，则齿轮 4 的转速大小及转动方向：

$$i = \frac{n_1}{n_4} = \frac{z_2}{z_1} \cdot \frac{z_3}{z'_2} \cdot \frac{z_4}{z'_3} = \frac{32 \times 40 \times 40}{16 \times 20 \times 2} = 80$$

$$n_4 = \frac{n_1}{i} = \frac{1000}{80} = 12.5 \text{r/min}$$

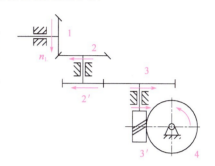

图 1-67 空间定轴轮系
1~4-齿轮；2′、3′-齿轮

齿轮 4 的转向如图 1-67 所示为逆时针转动。

（二）减速器

减速器的类型很多，常用的有圆柱齿轮减速器、圆锥齿轮减速器和蜗杆减速器等。

1. 减速器的结构

减速器的结构，随其类型和要求的不同而异，一般由箱体、轴承、轴、轴上零件和附件等组成。图 1-68 所示为单级圆柱齿轮减速器的结构图。

箱体为分体式结构，分体面通过齿轮轴线平面，将箱体分为箱盖和箱座两部分。箱体应有足够的强度和刚度，除适当的壁厚外，还在轴承座孔处设加强筋。分体面上铣有油槽，可使飞溅到箱盖上的润滑油沿内壁流入油槽，引入轴承室润滑轴承。

箱盖和箱座用一组螺栓连接，螺栓布置要合理。轴承座安装螺栓处作出凸台，以便使轴承座孔两侧连接螺栓尽量靠近轴承座孔中心。安装螺栓的凸台处应有扳手空间。

为便于箱盖和箱座加工及安装定位，在分体面的长度方向两端各有一个锥形定位销。箱盖上装有两个起盖螺钉，方便拆卸箱盖。吊耳（或吊环螺钉）的设置，便于拆卸和搬运。

箱盖上设有窥视孔和通气孔。窥视孔用来观察齿轮或蜗杆与蜗轮的工作情况，通气器使箱内热量向外散发。

箱座上装有油标尺用于观测油位。箱座最下端安装有油塞，以便排除油污及清洗箱座底部。

2. 减速器的标准简介

当需要使用减速传动装置时，一般优先选择标准减速器，我国已制定了 50~60 种齿轮和蜗杆减速器标准。常见的有《圆柱齿轮减速器》（ZBJ 19004—1988）、《圆锥齿轮减速器》（YB/T 050—1993）、《圆柱蜗杆减速器》（JB/ZQ 4390—1986）等。以下介绍 ZBJ 19004—1988 标准中规定的减速器。

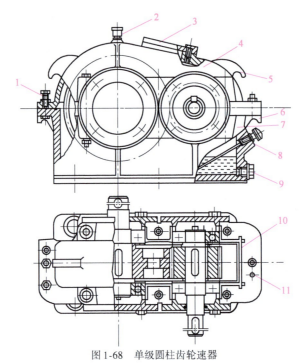

图1-68 单级圆柱齿轮减速器
1-起盖螺钉;2-通气器;3-视孔盖;4-箱盖;5-吊耳;6-吊钩;7-箱座;8-油标尺;9-油塞;10-集油沟;11-定位销

减速器的代号,包括减速器的型号、低速级中心距、公称传动比、装配形式及专业标准,代号示例:

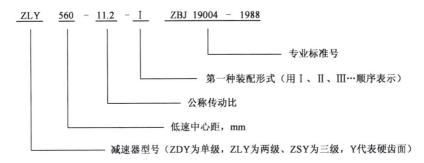

ZDY、ZLY、ZSY 外啮合渐开线圆柱齿轮减速器,可适用于冶金、矿山、建筑、化工、纺织和轻工机械等。其高速轴转速不大于 1500r/min,齿轮圆周速度不大于 20m/s,工作温度为 $-40 \sim 45$℃,能用于正、反向运转。

3. 减速器的使用和维护

(1)减速器上应正确安装联轴器、带轮等,避免直接锤击。

(2)减速器应按要求加入润滑油,润滑油要充足、洁净。第一次加油时,在运转一个月后必须更换新油,以后大约半年更换一次。

(3)减速器使用过程中,紧固件不允许松动、密封处不允许漏油、油温不允许超过60℃。

(4)减速器不要随意拆卸。

(5)要保证通气器排气畅通。

第六节　联轴器和离合器

联轴器和离合器是机械传动中的常用部件,其功用是将轴与轴(或轴与旋转零件)连成一体,使其一同运转,并将一轴转矩传递给另一轴。两者不同的是,联轴器连接的两轴只有在机器停车以后,通过拆卸才能将两轴分离;而离合器在机器运转或停车后,不用拆卸,两轴可随时分离或连接。

常用的联轴器和离合器已经标准化。使用时,可根据工作条件和要求选择合适的类型,按轴的直径、传递的转矩和转速等要求直接选用。

一、联轴器

联轴器按照其性能可分为刚性联轴器和挠性联轴器两类。

(一) 刚性联轴器

刚性联轴器(又称固定式联轴器),其组成元件间不能做相对运动,无法补偿被连接两轴间的相对位移,适用于严格对中的场合。在传递载荷时,不能缓和冲击和吸收振动,但它具有结构简单、制造容易、价格低廉等优点,在工作条件许可的情况下应尽量采用。

凸缘联轴器是应用最广泛的刚性联轴器,如图 1-69 所示,它由两个凸缘盘式半联轴器组成,分别用键与轴连接,并用螺栓将它们连接成一体。

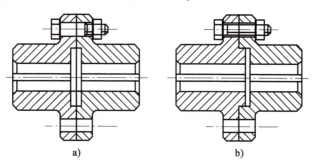

图 1-69　凸缘联轴器

凸缘联轴器常用的对中方式有两种:
(1) 铰制孔用螺栓对中,如图 1-69a) 所示。
(2) 两半联轴器端面的对中止口对中,如图 1-69b) 所示。
凸缘联轴器适用于连接低速、大转矩、振动不大、刚性大的短轴。

(二) 挠性联轴器

为了补偿在制造、安装或工作时由于零件的变形,而使联轴器所连接的两轴产生的相对位移,从而减小其对传动产生的影响,可采用挠性联轴器。

根据补偿两轴间位移的方法不同,挠性联轴器分为两种:
(1) 利用联轴器中工作零件间的相对滑移,称为无弹性元件的挠性联轴器。
(2) 利用联轴器中弹性元件的变形,称为有弹性元件的挠性联轴器。

1. 无弹性元件的挠性联轴器

1) 十字滑块联轴器

十字滑块联轴器如图 1-70 所示，由两个端面上开有凹槽的半联轴器 1、3 和两端各具凸榫的中间滑块 2 组成。两个半联轴器分别用键与轴相连，滑块在两个半联轴器的凹槽内滑动，以补偿两轴间的相对偏移。

十字滑块联轴器结构简单，径向尺寸小，能补偿轴的径向偏移；但不耐冲击，易于磨损，适用于没有冲击载荷的低速轴连接。

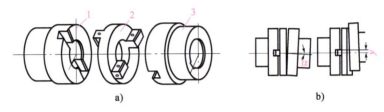

图 1-70 十字滑块联轴器
1、3—半联轴器；2—滑块

2) 齿式联轴器

齿式联轴器是通过齿的啮合传递转矩的。其由两个具有外齿的半联轴器 1、2 和两个具有内齿的外壳 3、4 组成，内外齿数相等，如图 1-71 所示。两个半联轴器分别用键与主、从动轴相连，两外壳的内齿套在半联轴器的外齿上，并用螺栓连接在一起。为了能补偿两轴线的综合偏移，外齿的齿顶制成球面，并且内外齿间具有较大的齿侧间隙。

齿式联轴器结构紧凑，承载能力大，使用的速度范围广，工作可靠，补偿综合位移的能力大，但制造困难，成本高，在重型机械中应用较广泛。

3) 万向联轴器

万向联轴器主要用于两轴间有较大角位移（最大可达 35°~45°）的联轴器。

图 1-72 为十字轴式万向联轴器，也称单万向联轴器。它利用中间连接件十字轴 3 和两边叉形半联轴器 1、2 分别用铰链相连。当一轴位置固定时，另一轴可向任意方向偏转 α 角，且在机器运转中，夹角 α 发生变化时，仍可正常转动。

这种联轴器在汽车、拖拉机、金属切削机床中，已获得广泛应用。

单万向联轴器，当两轴夹角 α 不等于零时，如主动轴 1 做等角速转动时，其从动轴 2 做变角速转动，因而引起附加动载荷。为避免这种现象，常

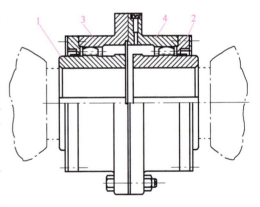

图 1-71 齿式联轴器
1、2—半联轴器；3、4—外壳

采用两个单万向联轴器，如图 1-73a)、b) 所示。使两次角速度变动的影响相互抵消，从而使主动轴 1 与从动轴 2 同步转动。此时必须保证：

(1) 主、从动轴与中间夹角相等，即 $α_1 = α_2$。

(2) 中间轴、两端叉面应位于同一平面内。

(3) 主、从动轴与中间轴的轴线应在同一平面内。图 1-73c) 是双十字轴式万向联轴器的

结构图。

2. 有弹性元件的挠性联轴器

有弹性元件的挠性联轴器是利用联轴器中的弹性元件的变形来补偿两轴间的位移,同时还能够起到缓和冲击和吸收振动的作用。

1) 弹性套柱销联轴器

弹性套柱销联轴器的构造与凸缘联轴器相似,所不同的是用套有弹性套2的柱销1代替了螺栓,如图1-74所示。其相关标准可参见表1-4。

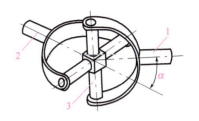

图1-72 十字轴式万向联轴器
1、2-叉形半联轴器;3-十字轴

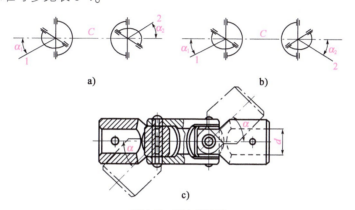

图1-73 万向联轴器
1-主动轴;2-从动轴

弹性套柱销联轴器(GB 4323—84)   表1-4

型号	公称转矩 T_n (N·m)	许用转矩 [n] (r/min)		轴孔直径 d_1、d_2、d_z (mm)		轴孔长度 (mm)			D	A	许用位移	
						Y型	J、J_1、Z型				径向 (mm)	角向
		铁	钢	铁	钢	L	L_1	L_2				
TL3	31.5	4700	6300	16、18、19	16、18、19	42	30	42	95	35	0.2	1°30′
				20	20、22	52	38	52				
TL4	63	4200	5700	20、22、24	20、22、24				106			
				—	25、28	62	44	62				
TL5	125	3600	4600	25、28	25、28				130			
				30、32	30、32、35	82	60	82				
TL6	250	3300	3800	32、35、38	32、35、38				160	45	0.3	
				40	40、42							
TL7	500	2800	3600	40、42、45	40、42、45、48	112	84	112	190			
TL8	710	2400	300	45、48、50、55	45、48、50、55、56				224			1°00′
				—	60、63	142	107	142		65	0.4	
TL9	1000	2100	2850	50、55、56	50、55、56	112	84	112	250			
				60、63	60、63、65、70、71	142	107	142				

这种联轴器的特点是结构简单,安装方便,更换容易,成本较低;但弹性套易损坏,寿命较短,适用于经常正反转、起动频繁、载荷平稳和中小功率传动的场合,且使用中应避免油质对弹性套的侵害。

2) 弹性柱销联轴器

弹性柱销联轴器是用尼龙制成的柱销把两半联轴器连接起来,如图1-75所示。它与弹性套柱销联轴器很相似,并能适应较大的位移。为了改善柱销与柱销孔的接触条件和补偿性能,柱销的一端制成鼓形。

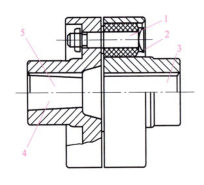

图1-74 弹性套柱销联轴器
1-柱销;2-弹性套;3-Y型轴孔;4-Z型轴孔;5-J型轴孔

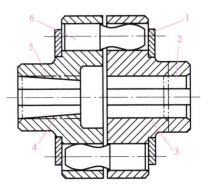

图1-75 弹性柱销联轴器
1-挡板;2-Y型轴孔;3-J_1型轴孔;4-J型轴孔;5-Z型轴孔;6-尼龙柱销

弹性柱销联轴器的结构简单,制造容易,装拆更换方便,不需要润滑,并且有较好的耐磨性,适用于轴向窜动较大、正反转变化频繁的高速轴连接场合,如电动机、水泵等轴的连接,可获得较好的缓冲和吸振效果。

3. 安全联轴器

为了防止机器过载而损伤机器零部件和造成事故,常在传动的某个环节设置安全联轴器,起到保护机器的作用。常用的安全联轴器有销钉式安全联轴器和牙嵌式安全联轴器。

1) 销钉式安全联轴器

如图1-76所示为销钉式安全联轴器。其传力件为销钉,销钉装在两段钢套中,正常工作时,销钉强度足够;过载时,销钉首先被切断,以保证轴的安全。为了加强剪断的效果,通常将销钉装在淬硬的钢套中。

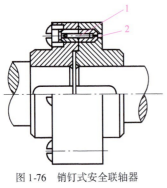

图1-76 销钉式安全联轴器
1-销钉;2-钢套

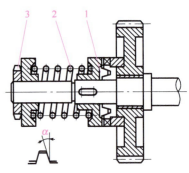

图1-77 牙嵌式安全联轴器
1-半联轴器;2-弹簧;3-螺母

销钉式安全联轴器主要用于偶然发生过载的传动系统中。

2）牙嵌式安全联轴器

如图 1-77 所示为牙嵌式安全联轴器，它的两半联轴器端面上有牙，依靠弹簧使牙齿与齿槽相互嵌入并压紧，以传递转矩；过载时，由于它具有牙形角 α 大于摩擦角 ρ 的结构特点，故推开弹簧，两半联轴器的牙齿脱开，以保证轴的安全。

牙嵌式安全联轴器用于经常性过载。

三 离合器

离合器的种类很多，根据它的结合方式的不同分两大类：嵌合式离合器，即利用牙或齿等的啮合来传递转矩。摩擦式离合器，即利用工作平面间的摩擦力矩来传递转矩。根据它的操纵方式可分为机械式、气压式、液压式和电磁式等。另外，根据工作要求，还有安全离合器。

（一）牙嵌式离合器

牙嵌式离合器是嵌合式离合器中常用的一种，它由两个端面上有牙的半离合器组成，如图 1-78 所示，是利用两半离合器 1、2 端面上的牙齿和齿槽相互嵌入和分离达到离合的目的。操纵滑环 4，使从动轴上的半离合器 2 沿导向平键 3 左右移动，便可与主动轴上的半离合器 1 结合与分离。为保证两轴对中，半离合器 1 的孔内装有对中环 5，从动轴在对中环内可自由转动。

牙嵌式离合器的齿形有三角形、梯形和锯齿形。如图 1-79 所示。三角形齿传递中、小转矩，梯形齿和锯齿形齿传递较大转矩。梯形齿可补偿磨损，锯齿形齿只能单向传动。

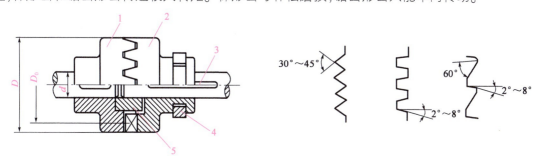

图 1-78　牙嵌式离合器　　　　　　　图 1-79　牙嵌式离合器的齿形

1、2-半离合器；3-导向平键；4-滑环；5-对中环

牙嵌式离合器结构简单、紧凑，结合时两半联轴器间没有相对滑动，不会发热，适用于要求主、从动轴严格同步的高精度机床，但结合应在两轴不转动或转速较小时进行，否则会因受冲击损坏牙齿。

（二）圆盘摩擦离合器

圆盘摩擦离合器是摩擦式离合器的主要类型，它分为单片式和多片式两种。摩擦式离合器的主要特点是：

（1）可以在任何转速下进行结合。

(2)可以用改变摩擦面间的压力的方法来调节从动轴的加速时间,从而保证起动平稳无冲击。

(3)过载时,摩擦面发生打滑,可防止损坏其他零件。

单片式摩擦离合器如图1-80所示,圆盘2紧固在主动轴1上,圆盘3可以沿导向平键在从动轴5上移动。工作时,通过操作系统拨动滑环4,从而使得两圆盘紧压,产生摩擦力矩将转矩和运动上传递给从动轴。这种离合器的结构简单、散热性好,但由于摩擦力受到限制,一般很少使用。

图1-81所示为一种典型的多片式摩擦离合器。这种离合器有两组摩擦片,一组外摩擦片2和外套1形成花键式连接,另一组内摩擦片3和内套8也形成花键式连接。内外套分别固定在主、从动轴上,而两组摩擦片则交错排列。当离合器处于结合状态时,两组摩擦片相互紧压在一起,随同主动轴和外套一起旋转的外摩擦片通过摩擦力矩将转矩和运动传递

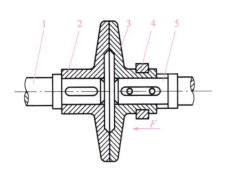

图1-80 单片式摩擦离合器
1-主动轴;2、3-圆盘;4-滑环;5-从动轴

给内摩擦片,从而带动内套和从动轴旋转。将操纵滑环7向右拨动,杠杆6在弹簧5的作用下将摩擦片放松,则两轴分离。螺母4用来调节摩擦片之间的压力。

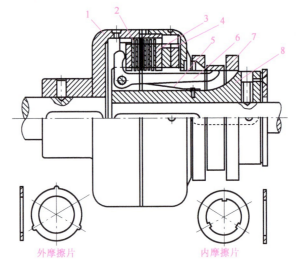

图1-81 多片式摩擦离合器
1-外套;2-外摩擦片;3-内摩擦片;4-螺母;5-弹簧;6-杠杆;7-操纵滑环;8-内套

这种离合器结构紧凑,传递转矩大,安装调整方便,广泛应用于交通运输、机床、建筑、轻工业及纺织业等机械设备中。

(三)安全离合器

安全离合器的作用与安全联轴器相同,都是用以精确限定传递的转矩。当机器过载时,连接部位被切断、分开或发生滑动,从而避免重要零件的损坏。

1. 牙嵌式安全离合器

牙嵌式安全离合器,如图1-82所示,它和牙嵌式离合器很相似,只是牙形角较大,它是由

弹簧压紧机构替代滑环操纵机构的。这种安全离合器,当转矩超过允许值时,牙上的轴向分力通过压缩弹簧的作用将使离合器产生跳跃式的滑动,离合器处于分离状态;当转矩恢复正常时,离合器在弹簧的作用下又重新结合。

2. 摩擦式安全离合器

摩擦式安全离合器,如图1-83所示,其结构类似多片式摩擦离合器,但它没有操纵机构。摩擦面间的轴向压力借助弹簧及调节螺母调整到规定的载荷,当机器过载时,摩擦片间打滑,从而限制了离合器传递的最大转矩。

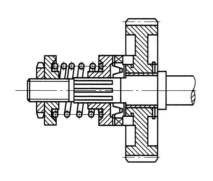
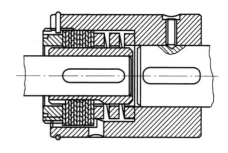

图1-82 牙嵌式安全离合器　　　　图1-83 摩擦式安全离合器

思考题与习题

1. 什么是机械?机器的功能是什么?机构的功能是什么?
2. 构件和零件有什么区别?并从日常生活中举实例说明。
3. 什么是运动副?它在机构中起什么作用?
4. 铰链四杆机构的基本形式有哪几种?各自的运动特性是什么?
5. 什么是四杆机构的演化?
6. 在对心曲柄滑块机构的基础上,通过取不同构件为机架,可以得到哪些含有一个移动副的四杆机构?
7. 举例说明铰链四杆机构的应用。
8. 凸轮机构的主要组成部分是什么?凸轮机构有什么优缺点?
9. 凸轮分为哪几类?从动件又分为哪几类?
10. 间歇机构是如何实现间歇运动的?试举例说明。
11. 简述螺旋传动的组成及分类。
12. 带传动有哪些应用,摩擦式带传动的工作原理及特点是什么?
13. 带传动产生弹性滑动和打滑的原因是什么?
14. 带传动张紧的目的是什么?常用的张紧方法有哪些?
15. 带轮及传动带在安装、使用时要注意些什么?
16. 使用和维护链条时应注意哪些事项?
17. 齿轮传动有哪些特点?
18. 一对直齿圆柱齿轮正确啮合条件是什么?

19. 什么是轮系？轮系有哪些功用？

20. 试述减速器的基本组成部分及其作用。

21. 一对相互外啮合的渐开线齿轮为正常齿制的标准直齿轮，已知传动比为 $i = 3.2$，小齿轮齿数为 $z_1 = 23$，模数为 $m = 4\text{mm}$。试求这对齿轮的分度圆直径、齿顶圆直径、齿根圆直径、基圆直径、齿距、齿厚、齿槽宽和中心距。

22. 测得某标准直齿圆柱齿轮的齿顶圆直径为 $d_a = 104\text{mm}$，齿根圆直径为 $d_f = 86\text{mm}$，齿数为 $z_1 = 24$，齿距为 $p = 12.57\text{mm}$。试求该齿轮的模数、齿顶间隙系数和齿顶高系数。

23. 如图1-84所示车床溜板箱进给刻度盘轮系，运动由齿轮1输入，由齿轮5输出，各齿轮的齿数为 $z_1 = 18$、$z_2 = 87$、$z_3 = 28$、$z_4 = 20$、$z_5 = 84$。若已知齿轮1的转向，试判定齿轮5的转向并求轮系的传动比 i_{15}。

24. 如图1-85所示，已知 $n_1 = 500\text{r/min}$，$z_1 = 24$、$z_2 = 84$、$z_3 = 27$、$z_4 = 36$、$z_5 = 2$、$z_6 = 54$。若齿轮1的转动方向如图所示，试确定齿轮6转动的方向及转速的大小。

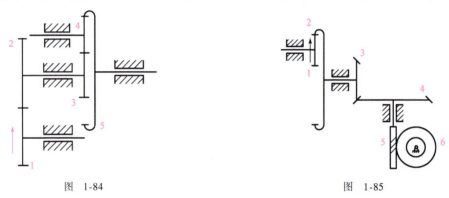

图 1-84　　　　　　　　　　　图 1-85

25. 联轴器和离合器的主要区别是什么？

26. 常用的联轴器有哪些类型？各有何特点？

27. 常用的离合器有哪些类型？主要特点有哪些？

第二章

液压与气压传动基础

液压传动是研究以压力油为能源介质,来实现各种机械传动和自动控制的学科。它是利用各种液压元件组成所需要的各种控制回路,再由若干回路有机组合成能完成一定控制功能的传动系统来进行能量的传递、转换与控制。由于它具备结构简单、体积小、质量轻、输出功率小,易于实现自动化等特点,因而被广泛用于工程机械、矿山机械、压力机械、航空机械和机床等方面。

第一节 液压传动概述

一、液压传动的工作原理

图 2-1 是人们常见的液压千斤顶的工作原理图。由图 2-1a)可知,工作时,向上提手柄 1,小活塞 3 就被带动上升,小缸体下腔容积增大,形成局部真空,于是油箱 12 中的油液在大气压力的作用下,推开止回阀 4 的钢球,沿着吸油管道 5 进入小缸体下腔。用力压下手柄 1,小活塞 3 下移,小缸体下腔容积减小,油液受到外力挤压产生压力,止回阀 4 关闭,止回阀 7 打开,小缸体下腔的油液经管道 6 输入大缸体 9 的下腔,迫使大活塞 8 向上移动,顶起重物。再次提起手柄吸油时,止回阀 7 自动关闭,使油液不会倒流,保证了重物不会自行下降。反复提压手柄,就能不断地将油液入大缸体 9 的下腔,使大活塞 8 和重物不断上升,从而达到起重的目的。如果打开截止阀 11,大缸体下腔的油液通过管道 10 流回油箱,大活塞在重物和自重作用下向下移动,回到原始位置。图 2-1b)为液压千斤顶的简化模型。

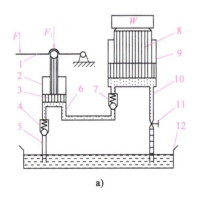
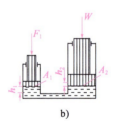

图 2-1 液压千斤顶的工作原理图
a)液压千斤顶工作原理图;b)液压千斤顶的简化模型
1-杠杆手柄;2-小缸体;3-小活塞;4、7-止回阀;5-吸油管;6、10-管道;8-大活塞;9-大缸体;11-截止阀;12-通大气式油箱

二、液压传动系统的组成与图形符号

1. 液压传动系统的组成

通过对图 2-1 液压千斤顶工作原理图的分析,可以得出一个完整的液压传动系统。除液压传动工作介质外,各液压元件按其功能可分为四个部分:动力部分、执行部分、控制部分、辅助部分。各部分的名称、所包含的主要元件及其作用见表 2-1。

液压传动系统的组成及各部分作用　　　　　　　　　　　　　　　　表 2-1

序号	组成部分		作用	图 2-1 中相应元件
1	动力部分	液压泵	将原动机输入的机械能转换为液体的压力能,是能量转换装置	由 1、2、3、4、7 组成的手动柱塞泵
2	执行部分	液压缸 液压马达	将液压泵输入液体的压力能转换为机械能,也是能量转换装置	由 8、9 组成的液压缸
3	控制部分	控制阀	控制和调节液体的压力、流量和流动方向,以保证执行元件的要求	截止阀 11
4	辅助部分	滤油器 油箱 管路、接头 密封件	创造必要的条件,保证液压系统能正常工作	油箱 12 管道 6、10 吸油管 5
5	工作介质	液压油	用来传递动力,并润滑和冷却液压系统	—

2. 液压传动系统的图形符号

为了要了解各种机械的工作性能,表达液压传动系统的结构和工作原理,需要采用一些规定的元件图形符号绘出液压系统的原理图。表达元件的图形符号有两种:半结构原理符号和图形符号。半结构原理符号如图 2-1 所示,它是将液压元件的结构简化后形成的符号,特点是直观性强,容易理解,判断故障比较方便,但图形比较复杂,绘制很不方便。因此,在实际工作中常以各种图形符号来表达元件的职能,将元件的图形符号用通路连接起来组成基本回路图和液压系统图。图形符号简单清楚,绘制方便,但要对液压元件的结构比较熟悉。常见液压元件的图形符号见表 2-2。

常见液压元件的图形符号　　　　　　　　　　　　　　　　　　　表 2-2

类别	名称	符号	类别	名称	符号
管路及连接	工作管路	————	油箱	通油箱管	
	控制管路	- - - - - -	液压泵	单向定量泵	
	连接管路			双向定量泵	
	交叉管路			单向变量泵	
	柔性管路			双向变量泵	

续上表

类别	名 称	符 号	类别	名 称	符 号
液压马达	单向变量马达		控制元件	定位机构	
	双向变量马达			直动型溢流阀	
	单向定量马达			直动型减压阀	
	双向定量马达			普通顺序阀	
	摆动马达			不可调节流阀	
液压缸	单作用柱塞缸			可调节流阀	
	单作用单杆活塞缸			调速阀	
	双作用单杆活塞缸			止回阀	
	单作用伸缩缸			液控止回阀	
	双作用双杆活塞缸			二位二通换向阀	
	单向缓冲缸			二位三通换向阀	
	双向缓冲缸			三位四通换向阀	

续上表

类别	名称	符号	类别	名称	符号
控制方式	手动杠杆控制		辅助元件	蓄能器	
	按钮控制			粗过滤器	
	脚踏控制			精过滤器	
	弹簧控制			压力表	
	直接液压控制			温度计	
	电磁力控制			压力继电器	

第二节 液压元件

液压系统是由液压元件——液压泵、液压马达和液压缸、液压控制阀和液压辅助元件等组成,它们是组成液压系统的最小单元。本节主要介绍这些元件的工作原理、基本结构、性能及其应用。

一、液压泵和液压马达

液压泵和液压马达都是液压系统中的能量转换元件,构造原理有相似之处,理论上液压泵和液压马达可以通用。但实际上考虑到两者使用要求不同和效果好坏等因素,大多分别做成专用结构。

(一) 液压泵

液压泵是液压系统的动力元件,它把原动机(电动机或内燃机)输出的机械能转换为工作液体的压力能。它不断输出液压油,使执行部分克服外部载荷而运动。

液压泵按其结构形式的不同分为叶片泵、齿轮泵、柱塞泵等;按其输出流量能否改变分为定量泵和变量泵;按其工作压力不同分为低压泵、中压泵、高压泵等;按输出液流的方向又有单向泵和双向泵之分。

1. 齿轮泵

齿轮泵是利用齿轮的轮齿进入啮合和脱离开啮合来完成吸油和压油的。图 2-2 所示为外啮合齿轮

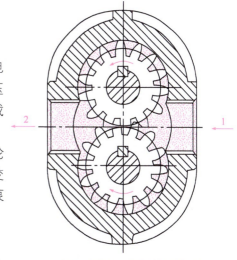

图 2-2 外啮合式齿轮泵工作原理
1-吸油;2-压油

泵的工作原理，它由装在泵体内的一对齿轮所组成，齿轮两端靠端盖密封。泵体、端盖和齿轮的各个齿槽间形成了许多密封的工作容积。泵体有两个油口，一个是吸油口，一个是压油口。

齿轮泵在外力作用下，当主动齿轮按图2-2示方向旋转时，右侧吸油腔的轮齿逐渐分离，密封工作容积逐渐增大，形成局部真空，因此，油箱中的油液在外界大气压力的作用下，经吸油管进入吸油腔，将齿槽充满。随着齿轮的旋转，油液被带到左侧压油腔内，因左侧轮齿逐渐进入啮合，密封工作容积逐渐减少，油液就从压油口压出，经管道输送到液压系统中去。

为了保证齿轮泵齿轮平稳的啮合运转，必须使齿轮的啮合重叠系数 ε 略大于1，即在前一对齿尚未脱离开接触之前，后一对轮齿已进入啮合，两对啮合齿间形成的密封容积，如图2-3所示。这个密封容积先随齿轮转动逐渐减小，后又逐渐增大，使其中的液体膨胀或受压缩，造成油压的急剧变化，这种现象成为困油现象。困油现象会使齿轮和齿轮轴受到很大的径向力。为了克服齿轮泵的困油现象，通常在困油区端盖上开卸荷槽与压油区相同。随着齿轮的转动而不断发生变化，齿轮泵具有结构简单、体积小、质量轻、工作可靠、成本低、对油液污染不敏感、维护方便等优点，是液压系统中广泛采用的一种液压泵。但由于困油而存在着较大的振动和噪声，一般用于低压、轻载系统。

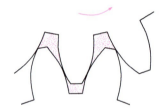 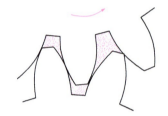

图2-3　齿轮泵的困油现象

2. 叶片泵

叶片泵，具有工作平稳、噪声小、输出流量均匀且大小可调、容积效率高等优点。但其结构复杂，吸油性不好，对油液的污染也比较敏感。叶片泵分为单作用叶片泵和双作用叶片泵。

（1）单作用叶片泵。单作用叶片泵的工作原理如图2-4所示。单作用叶片泵主要由转子1、定子2、叶片3和端盖等组成，泵的定子内表面是一个圆形，转子的槽中装有可滑动的叶片，定子中心与转子中心之间有偏心距 e。当转子旋转时，叶片在离心力的作用下向外伸出，紧靠在定子内表面上。这样在定子内表面、转子外表面、端盖及叶片之间就可形成若干个密封容积，当转子按图2-4示方向旋转时，右侧的密封工作容积逐渐增大，形成局部真空而吸油，这是吸油腔；左侧的密封工作容积逐渐减小而压油，这是压油腔。在吸油腔和压油腔之间，有一段封油区把吸油腔和压油腔隔开。转子每旋转一周，每个工作容积完成一次吸油和压油。

单作用叶片泵转子与定子的偏心距越大，密封工作容积变化越大，泵的流量也越大。若偏心距做成可调的，即为变量泵。但变量泵的结构复杂，价格较高。

（2）双作用叶片泵。双作用叶片泵的工作原理如图2-5所示，它也是由定子1、转子2、叶片3和端盖组成。双作用叶片泵的转子和定子的中心重合，定子内表面是由相对的两对圆弧（长半径为 R，短半径为 r）和四段过渡曲线组成的。这种叶片泵有两个吸油腔和两个压油腔，转子转一周能完成两次吸油和压油的工作循环。

双作用叶片泵流量稳定，油压高。但对油液污染较敏感，加工精度高。

3. 柱塞泵

柱塞泵是依靠柱塞在缸体内往复运动,使密封容积发生变化来实现吸油和压油的。柱塞泵分为轴向柱塞泵和径向柱塞泵。

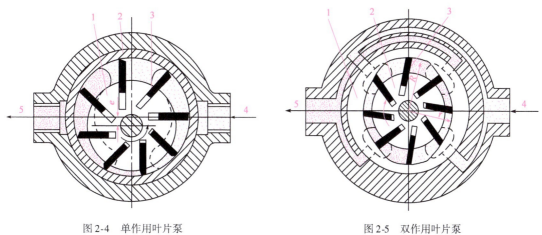

图 2-4 单作用叶片泵
1-转子;2-定子;3-叶片;4-吸油;5-压油

图 2-5 双作用叶片泵
1-定子;2-转子;3-叶片;4-吸油;5-压油

(1) 轴向柱塞泵。轴向柱塞泵的工作原理如图 2-6 所示,它主要由缸体 1、配油盘 2、柱塞 3、斜盘 4 等零件组成。斜盘 4 和配油盘 2 固定。柱塞的中心线平行于缸体的中心线,柱塞孔均匀分布在缸体上,柱塞与柱塞孔形成密封容积。在弹簧作用下,缸体和配油盘、柱塞与斜盘靠牢,在配油盘上开有两个弧形油槽,分别与泵的吸油口和排油口相通。当缸体旋转时,在斜盘作用下,柱塞在柱塞孔内做直线往复运动。柱塞伸出时,柱塞孔容积增大,形成局部真空,此时油液经配油盘的吸油口吸入;当柱塞被压入柱塞孔中时,柱塞孔容积减小,油液压力升高,油液经压油口压出。

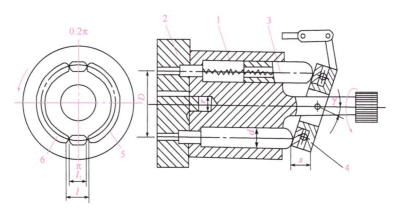

图 2-6 轴向柱塞泵
1-缸体;2-配油盘;3-柱塞;4-斜盘;5-吸油;6-压油

轴向柱塞泵的流量取决于柱塞的个数、直径和移动行程。如果改变斜盘倾角的大小,就能改变柱塞行程长度即改变了泵的流量。

轴向柱塞泵结构紧凑,径向尺寸小,工作压力高,输出的流量平稳,但结构比较复杂,常用于大功率液压传动系统中。

(2) 径向柱塞泵。径向柱塞泵的工作原理如图 2-7 所示。它主要由柱塞 1、转子(即缸体)

2、衬套 3、定子 4 和配油轴 5 组成。定子 4 与转子 2 的中心不重合,有一定的偏心距 e。转子 2 上沿径向均匀分布有多个圆孔,圆孔内装柱塞 1 形成密封容积。

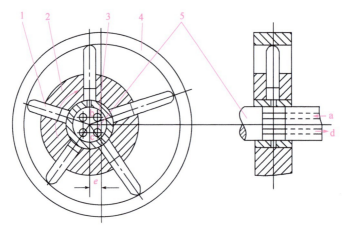

图 2-7　径向柱塞泵
1-柱塞;2-转子;3-衬套;4-定子;5-配油轴

转子 2 与衬套 3 紧密地配合在一起,套装在配油轴 5 上,并可转动。当转子按图示方向转动时,配油轴静止不动,随着柱塞的伸出和缩回,油液从配油轴上半部的孔 a 流入,从下部的孔 d 压出,实现吸油、压油过程。为了进行配油,配油轴 5 在和衬套 3 接触的一段加工出上下两个缺口,形成吸油口 b 和压油口 c,留下部分形成封油区,以防吸油口和压油口连通。

(二) 液压马达

液压马达的作用与液压泵相反,它是利用压力油驱动转子向外输出旋转运动和转矩。液压马达按结构也可分为齿轮式、叶片式和柱塞式等。下面介绍一种在养路机械中常见的内曲线径向柱塞马达。

内曲线径向柱塞马达的结构,如图 2-8 所示。它主要由定子内曲线、转子 8、柱塞 4、配油轴 7、配油套 2 和滚轮 1 组成。转子外侧的五个柱塞在压力油的作用下通过滚轮紧顶在定子的内曲线上,外侧开有许多进出油孔的配油轴是固定不动的,转子内侧的配油套和转子一同转动,并通过配油套径向孔与配油轴上的油孔相通。当滚轮转过内曲线的高位点 a 段时,柱塞缸孔中开始进入压力油,使相应的柱塞顶在定子曲面上,在接触处定子曲面给柱塞组一反作用力 N,N 可分解成径向力 P' 和切向力 T,径向力 P' 与柱塞底面的液压力 P 相平衡,而切向力 T 则驱使转子旋转。当滚轮转动到 b 段时,柱塞通过配油套的径向孔向配油轴回油。为了使转子能连续运转,内曲线径向柱塞马达在任何瞬间都必须保证有柱塞处在进油段工作。

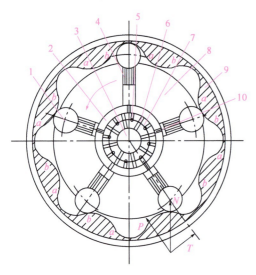

图 2-8　内曲线径向柱塞马达
1-滚轮;2-配油套;3-中心孔;4-柱塞;5-回油口;6-进油口;7-配油轴;8-转子;9-定子;10-配油套径向孔

如果将马达的进、出油口互换,马达则反转。所以内曲线径向柱塞马达是双向定量马达。这种马达的转速低、稳定向好,特别适合在养路机械中使用。

液压缸

液压缸是液压系统中的执行元件,它是一种把液体的压力能转变为直线往复运动机械能的装置。它可以很方便地获得直线往复运动和很大的输出力,结构简单、工作可靠,制造容易,因此应用广泛。液压缸按其结构形式可分为活塞缸、柱塞缸和摆动缸三类。活塞缸和柱塞缸实现往复运动,摆动缸则实现小于360°的往复摆动。

1. 活塞缸

(1) 双杆活塞缸。双杆活塞缸,主要由缸体、活塞和两根直径相等的活塞杆组成,如图2-9所示。在进入液压缸的液体流量、压力相同的情况下,活塞往返的运动速度和推力也都大小相等。因此,这种液压缸常用于要求往复运动速度和负载都相同的场合。

(2) 单杆活塞缸。单杆活塞缸活塞的一侧有伸出杆,两腔的有效工作面积不相等,如图2-10所示。压力油进入无杆腔,在油压的作用下活塞右移;换向后压力油进入有杆腔,在油压作用下活塞左移。一般无杆腔进油时,输出的推力大、速度小,为工作进给方向;有杆腔进油时,推力小,速度高,为空载快速退回运动。

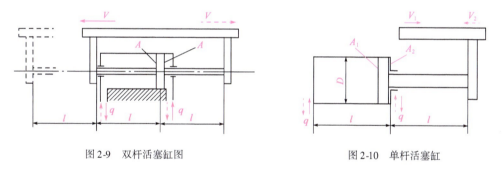

图2-9 双杆活塞缸图   图2-10 单杆活塞缸

2. 柱塞缸

图2-11a)所示,为柱塞式液压缸的结构原理图。柱塞缸是单作用缸,它的进油口还兼作出油口。当压力油进入缸体时,推动柱塞伸出,但反向退回时,要靠自重或其他外力驱动。要实现双向驱动,可使用两个柱塞缸,如图2-11b)所示。

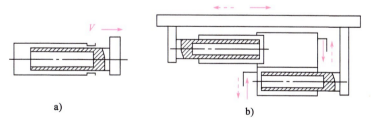

图2-11 柱塞缸
a) 工作原理图;b) 柱塞缸成对使用

柱塞式液压缸的柱塞与缸体无配合要求,缸体内壁不需要精加工,故制造工艺简单,成本低,多用于工作行程较长的场合。

液压控制阀

液压控制阀是液压系统的控制元件,用来控制和调节油液的流动方向、压力的高低和流量的大小,以保证液压传动系统各部分获得所要求的协调一致的动作。根据用途和工作特点的不同,控制阀主要分为方向控制阀、压力控制阀和流量控制阀。

(一)方向控制阀

方向控制阀主要用来控制液压系统中油液的流动方向。它可分为止回阀和换向阀两类。

1. 止回阀

如图 2-12 所示为普通止回阀结构原理图。普通止回阀主要由阀体 1、阀芯 2 和弹簧 3 组成。当压力油从进油口 P_1 流入时,作用在阀芯上的液压力大于弹簧的作用力,弹簧被压缩,使阀芯向右移动,打开阀口,并通过阀芯上的四个圆孔 a 及内孔 b 从出油口 P_2 流出。当压力油从出油口 P_2 流入时,在油的压力及弹簧作用下,阀芯紧压在阀座上,阀口关闭,油液无法通过。

2. 换向阀

换向阀是利用阀芯相对阀体的相对移动,接通、关闭或变换油液流动的方向,从而改变液压系统的工作状态。

换向阀的种类很多,可按阀芯的运动形式分为滑阀式和转阀式,滑阀式应用最广;按阀芯在阀体中的工作位置数目分为二位、三位和多位;按阀与系统连接的油路通道数目有二通、三通、四通和五通等;按阀的操纵方式分为手动、机动、电磁和液动等。换向阀的全称通常包括三个以上内容,例如,二位三通电磁换向阀。

图 2-13 所示为三位四通换向阀的结构原理图。换向阀的阀芯处于中间位置时,各油路不通;当阀芯向左移动时,油口 P 和 B 接通、A 和 T 接通;当滑阀移到右端,油口 P 和 A 接通、B 通过阀体环形孔与 T 接通。各油口的连通关系不同,从而达到了换向的目的。

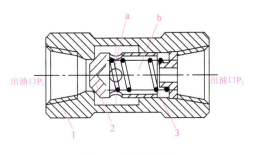

图 2-12　普通止回阀
1-阀体;2-阀芯;3-弹簧

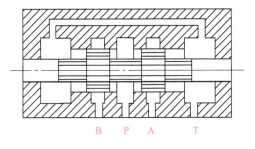

图 2-13　三位四通换向阀

(二)压力控制阀

在液压系统中,不同的部位和不同的元件要求的油液压力并不相等,这就需要对系统的工作压力进行控制和调节。用来控制液压系统中油液压力的控制元件,称为压力控制阀。常用的压力控制阀有溢流阀、减压阀和顺序阀。

1. 溢流阀

溢流阀的主要作用是调整和控制液压系统的压力或进行安全保护。用于过载保护的溢流阀又称为安全阀。常用的溢流阀有直动式溢流阀和先导式溢流阀两种。

直动式溢流阀的工作原理如图 2-14 所示,阀芯 2 在调压弹簧 3 的作用下压在阀体上,弹簧的作用力大小可由调压螺母 4 来调整,从而改变阀的调定压力的大小。阀体上的进油口 P 和系统相连,回油口 T 和油箱相连。工作时,压力油从进油口进入阀体作用在阀芯 2 的底面上。油压正常时,油压小于弹簧作用在阀芯上的调定压力,油口 P 和 T 被阀芯隔断不通。当系统的油压升高,阀芯底部受到向上的油液压力大于弹簧的作用力时,阀芯上移,使 P 和 T 两油口相通,液压泵输出的多余油液从回油口流回油箱,油压就不会继续升高。当系统中的油压降至低于调定压力值时,阀芯下移,阀口关闭,油压又重新升高,使液压泵输出至系统的油液压始终稳定在调定值上。这就是溢流阀的调压稳压作用。

直动式溢流阀结构简单,制造容易。但是,当系统压力较高时,要求弹簧较硬,致使调节灵敏度下降,因此,它多用于低压系统。在中、高压系统中,均采用先导式溢流阀。

2. 减压阀

减压阀的作用是用来降低液压系统中某一油路的油液压力,以满足执行机构的要求。一般减压阀均为定压式,减压阀的阀孔缝隙随出口压力变化而自行调节,从而能自动保证阀的出口压力为定值。减压阀在液压设备的夹紧系统、润滑系统和控制系统中应用较多。

图 2-15 所示为直动式减压阀的结构原理图。阀不工作时,阀芯在弹簧作用下处于最下端位置,阀的进油口 P_1、出油口 P_2 是相通的。当出口压力超过设定压力时,作用在阀芯下端的压力大于弹簧力,阀芯向上移动,阀体和阀芯的缝隙减小,阻力增大,使出口压力降低。当出口压力略小于调定值时,阀芯下移,阀体和阀芯的缝隙增大,阻力减小,使出口压力回升到调定值,自动保持出口压力为一恒定值。

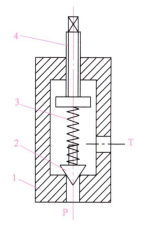

图 2-14 直动式溢流阀
1-阀体;2-阀芯;3-调压弹簧;4-调压螺母

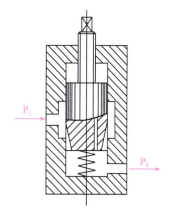

图 2-15 直动式减压阀

3. 顺序阀

顺序阀是利用液压系统中压力的变化来控制各执行元件动作先后顺序的液压阀。常用于两个或两个以上液压执行元件顺序动作的回路。

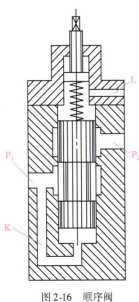

图 2-16 顺序阀

如图 2-16 所示,油液从进油口 P_1 进入阀内,经油孔 K 作用在阀芯下端。当进油口油液压力较低时,阀芯在弹簧作用下处于最下端,进油口 P_1 和出油口 P_2 不相通。当油液压力增大到预调的数值后,阀芯向上移动,阀口打开,油液经阀口从出油口 P_2 流出,从而操纵另一执行元件。由于顺序阀的进、出油口均为压力油,所以它的泄油口 L 必须单独外接油箱。

(三) 流量控制阀

流量控制阀是通过调节其阀口流量的大小,改变执行元件运动速度的液压控制元件。最常用的是节流阀。

图 2-17 所示是节流阀的工作原理和图形符号。这种节流阀阀芯下端的节流通道为轴向三角槽式。压力油从进油口 P_1 流入,经阀芯下端的三角形节流口,从出油口 P_2 流出。旋转阀芯上方的调节螺钉,可使阀芯做轴向移动,改变节流口的通流面积,使流量得以调节。

四 液压辅助元件和液压油

液压辅助元件主要有油箱、管件、过滤器、蓄能器和密封装置等。它们对保证液压系统有效地传递运动和动力,提高液压系统的工作性能起着重要的作用。

1. 油箱

油箱是用于储油、散热和沉淀油中杂质的装置。在液压系统中,常利用机器设备中的机身内腔作为油箱,结构紧凑,漏油易于回收,但散热条件不好。重要设备一般采用单独油箱,与主机分开,减少了油箱发热和液压源振动对工作的影响。

2. 油管和管接头

在液压系统中常用油管有铜管、钢管、橡胶软管等,均为无缝管,一般使用冷拔无缝钢管。橡胶软管分高压和低压两种,能吸收冲击、振动,管道可随部件运动。铜管容易弯曲,安装方便,但价格昂贵。

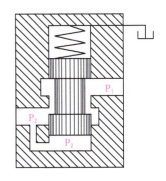

图 2-17 节流阀

管接头是油管与油管、油管与液压元件等之间的连接件。管接头必须保持管路的密封性。

3. 过滤器

过滤器的作用是对油液进行过滤,清除油液中的灰尘、磨屑、油液氧化变质等杂物,防止油路堵塞和元件磨损,以确保系统正常工作。过滤器按滤芯的结构可分为网式、线隙烧结式和纸质式等。通常安装在液压泵的吸油口和出油口上、系统的回油路和分支油路上。

4. 蓄能器

在液压系统中,蓄能器是用来储存和释放液体压力能的装置。当系统需要时,能将原先储存的能量释放出来,并能吸收系统的压力脉动及减小冲击,保护液压系统。

5. 液压油

液压油的种类繁多,分类方法各异,习惯以用途进行分类,也有根据油品类型、化学组分或可燃性分类的。液压油采用统一的命名方式,例如,L – HV – 22。

其中,L——类别(润滑剂及有关产品,GB/T 7631.1—2008);HV——品种(低温抗磨);22——牌号(黏度等级,GB/T 3141—1994)。

一般油液在温度升高时,黏度会降低,这样会增加液压系统的泄漏,执行元件的工作性能也变坏,所以选择液压油时应考虑以下几方面的情况:

(1) 工作压力。工作压力较高的液压系统应选用黏度较大的液压油;反之,选用黏度较小的液压油。

(2) 环境温度。环境温度较高时,应选用黏度较大的液压油;反之,选用黏度较小的液压油。

(3) 运动速度。当运动部件的速度较高时,应选用黏度较小的液压油;反之,选用黏度较大的液压油。

第三节　液压基本回路

液压基本回路是用于实现液体压力、流量及方向等控制的典型回路。它由有关液压元件和管路组成。任何一个液压传动系统,不管其功能多么复杂,都是由若干个基本回路组成的。

一 方向控制回路

方向控制回路是指控制液压系统油路的通断或换向,实现执行元件的起动、停止或换向。图 2-18 所示为用阀控制方向回路。当手动换向阀不动作时,压力油进入液压缸的右腔推动活塞左移。当手动换向阀动作时,压力油进入液压缸左腔推动活塞右移。

二 速度控制回路

在液压系统中,各机构的运动速度要求各不相同,而液压能源往往是共用的,采用速度控制回路可以解决这一问题。

1. 调速回路

调速是为了满足液压执行元件对工作速度的要求。通常,通过改变输入液压执行元件的流量来达到改变速度的目的。图 2-19 所示为节流调速回路。调速阀装在进油回路中,通过调速阀控制进入执行元件的流量来调速,多余的油液经过溢流阀流回油箱。

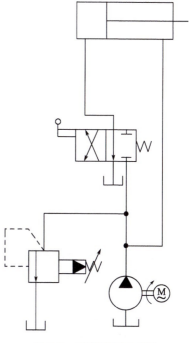

图 2-18　用阀控制方向回路

2. 增速回路

增速回路是指在不增加液压泵流量的前提下,使执行元件运行速度增加的回路。如图 2-20 所示为差动缸增速回路。当换向阀换到左位时,液压缸成差动连接,泵输出的油液和液压缸返回的油液合流进入液压缸无杆腔,活塞实现快速运动。

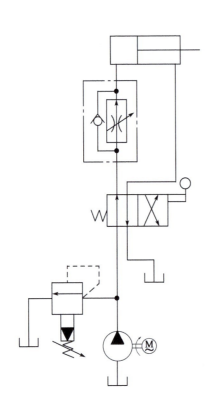

图 2-19 节流调速回路

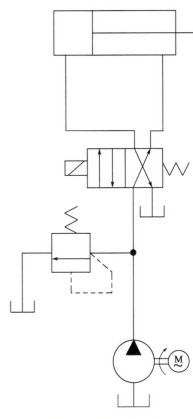

图 2-20 差动缸增速回路

压力控制回路

压力控制回路是以控制回路压力,使之完成特定功能的回路。常用的压力控制回路有调压、减压、增压和卸荷等回路。

1. 调压回路

调压回路是指控制整个系统或系统中某一部分油液的压力,使之保持稳定或限制其最高值。调压回路一般使用溢流阀。如图 2-21a) 所示为单级调压回路,当工作载荷高于正常值时,溢流阀打开,使油液经溢流阀流回油箱,保证系统压力稳定。当系统中需要两种以上不同的压力时,可采用多级调压回路。如图 2-21b) 所示,用三个溢流阀进行连接,操纵换向阀使系统有三种不同的压力调

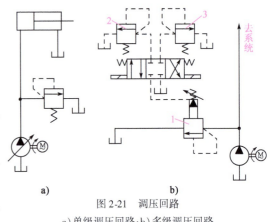

图 2-21 调压回路
a) 单级调压回路;b) 多级调压回路

定值。

2. 减压回路

减压回路的作用是使系统中部分油路得到比供油压力低的稳定压力。减压回路主要使用减压阀来调节。如图 2-22 所示为单级减压回路,液压泵 1 除了供给主工作回路的压力油外,还通过减压阀 2、止回阀 3 和换向阀 4 进入工作液压缸 5。液压缸 5 工作所需压力的大小,可用减压阀 2 来调节。

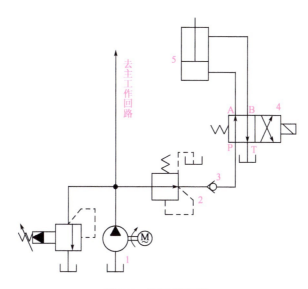

图 2-22 单级减压回路
1-液压泵;2-减压阀;3-止回阀;4-换向阀;5-液压缸

3. 增压回路

增压回路用来提高系统中局部油路中油液的压力。增压回路可以利用增压器进行增压,也可以利用液压泵或液压马达进行增压。如图 2-23 所示为利用增压器进行增压,当压力为 P_1 的油液进入增压缸 1 的大活塞腔时,此时小活塞腔可得到所需较高压力 P_2,送往工作液压缸 3 进行工作。

4. 卸荷回路

卸荷回路的作用是当执行元件工作间歇(或停止工作)时,应自动将液压泵提供的油液直通油箱,使液压泵处于无载荷运转状态,以减少动力消耗和降低系统发热。卸荷回路可以利用换向阀、溢流阀和液压泵组成。如图 2-24 所示为用换向阀卸荷回路,三位四通换向阀处于中位时,液压泵输出的油液经换向阀直接流回油箱,液压泵处于卸荷状态。

四 其他回路

1. 顺序动作回路

顺序动作回路是实现多个执行元件依次动作的回路。按其控制方法的不同分为行程控制回路、压力控制回路和时间控制回路。

图 2-25 所示为行程控制顺序动作回路。根据需要将行程阀装在指定的位置上。当电磁铁 1DT 通电时,阀 1 的右位接通,液压缸 A 活塞向右移动,完成动作①,直到碰块压下行程阀 2 后,液压缸 B 活塞开始向右移动,完成动作②;当电磁铁断电后,阀 1 的左位接通,液压缸 A 活塞向左移动,完成动作③,直至碰块脱离开行程阀,液压缸 B 活塞开始左移,完成动作④。动作顺序按①—②—③—④完成。

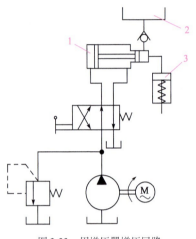

图 2-23 用增压器增压回路
1-增压缸;2-补充油箱;3-工作液压缸

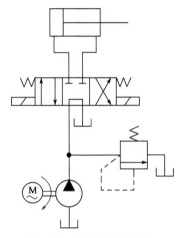

图 2-24 用换向阀卸荷回路

2. 锁紧回路

锁紧回路是使执行元件停止工作时,将其锁紧在要求的位置上的回路。如图 2-26 所示,该回路用二位四通换向阀和止回阀,使液压缸活塞锁紧在液压缸的两端。图 2-26 所示位置时,液压缸活塞向左移至终点,停止工作,活塞被锁紧在左端;同理,换向阀至左位时,活塞右移,当到达端点时,停止工作,活塞被锁紧在右端。

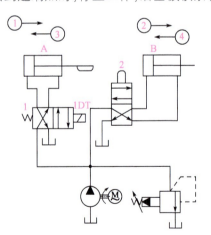

图 2-25 行程控制顺序动作回路
1-二位四通阀;2-行程阀

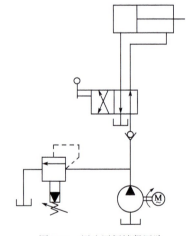

图 2-26 用止回阀锁紧回路

五 液压传动系统实例分析

液压传动系统根据机械设备的工作要求,选用适当的液压基本回路组合而成。下面以

XYD-2 型小型液压捣固机的液压系统为例,进行液压系统分析。

XYD-2 型小型液压捣固机体积小、质量轻、效率高,它广泛用于线路的捣固作业,其工作原理如图 2-27 所示。它的捣固镐挂在振动架上,振动架与升降缸 1 相连,升降缸的活塞杆则与机架相连。捣固镐的夹实是通过夹实油缸 2 来完成的。操纵多路阀的两个换向阀的手柄就可以控制升降缸和夹实油缸的动作过程。图 2-28 为 XYD－2 型小型液压捣固机的液压系统图。

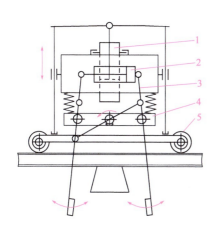

图 2-27　XYD-2 型小型液压捣固机工作原理
1-升降油缸;2-夹实油缸;3-捣固镐;4-振动装置;5-底架

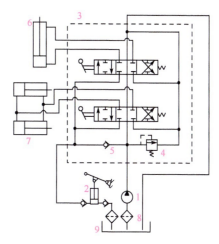

图 2-28　XYD-2 型小型液压捣固机液压系统图
1-齿轮泵;2-手动油泵;3-多路换向阀;4-溢流阀;5-止回阀;6-升降油缸;7-夹实油缸;8-过滤器;9-油箱

有关捣固机液压系统的具体工作情况如下:

1. 捣固镐接触道床

捣固机上道后,将多路阀的上联置于左位,液压油经过止回阀 5 经上联多路换向阀进入到升降液压缸 6 的无杆腔,捣固镐下插入道床。同时,升降液压缸有杆腔的液压油流回油箱。捣固镐下插到合适位置时,将上联多路换向阀推回中间位置,原动机带动齿轮泵 1 将液压油从油箱中抽出,经过滤器 8 送至多路换向阀,液压油通过多路换向阀的卸荷通道回油箱,升降缸停止下插,齿轮泵卸荷。

2. 夹实捣固作业

将多路阀的下联置于左位,液压油经过止回阀 5 经下联多路换向阀进入到夹实缸液压 7 的无杆腔,推动活塞杆使捣固镐将道砟扒入轨底轨木周围进行夹实。将下联置于右位,液压油进入到夹实液压缸 7 的有杆腔,使活塞杆拉动捣固镐退出轨底部位。将下联多路换向阀推回中间位置,石砟夹实作业完成,齿轮泵卸荷。若捣固镐一次夹实不能达到要求,可反复操作下联多路换向阀以达到夹实石砟的目的。

3. 松开钢轨、机体上升,使捣固镐脱离道床

夹实石砟后,将多路换向阀的上联推向右位,液压油进入到升降液压缸 6 的有杆腔,捣固镐脱离道床。再将上联多路换向阀推回中间位置,齿轮泵卸荷,该轨枕位置捣固作业完成。

上述作业完成后,将捣固机向前推移,继续进行捣固作业。

当原动机或液压系统发生故障而无法正常操作时,升降液压缸不能使捣固镐脱离道床升到钢轨面以上,致使捣固机不能被横向推离线路,造成列车运行阻碍。此时,可反复压下手动液压泵2来代替齿轮泵供油。设有手动液压泵则能防止事故发生,因此,手动液压泵又称安全泵。

第四节　液力传动

一、液力传动原理

液力传动是以液体作为工作介质,利用液体动能的变化来传递能量的传动形式。在液力传动系统中,它们作为一个独立的液力传动部件,常与机械变速器相连,驱动工作装置对外做功。

液力传动实际上是离心泵与涡轮机的组合,如图2-29所示。原动机带动离心泵1的泵轮转动,从油箱吸入液体并带动液体转动,最后将液体以一定的速度排入输油管2,离心泵便把发动机的机械能变成了液体的动能。从泵排出的高速液体经输油管冲到涡轮机3的叶片上,推动涡轮旋转做功。这样由离心泵所产生的液体动能就转变为涡轮机做功的机械能。在整个工作过程中,油从油箱依次经吸油管、泵轮、输油管、涡轮、回油管后又流回油箱,不停地循环,原动机的能量便不停地从泵轮传递到涡轮而输出。由于离心泵、涡轮机、管路损失的能量大,故效率低,且结构庞大,所以只说明其工作原理。现在实际应用的液力传动有两类:液力耦合器与液力变矩器液力传动。液力耦合器相当于机器上的离合器;而液力变矩器则相当于机器上的无级变速器。

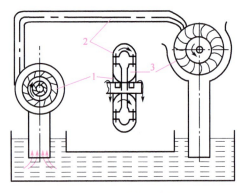

图2-29　液力传动原理图
1-离心泵;2-输油管;3-涡轮

二、液力传动的工作特点

1.液力传动的优点

(1)液力传动可根据车辆的运行阻力或工作阻力的变化,在一定范围内自动无级地改变动比和转矩(即无级变速与变矩)。当外载荷增大(如爬坡)时,车辆能自动增大牵引力来克服增大的外载荷,从而避免发动机因超载而熄火;此时,车辆的转速是随着外载荷的增大而自动减小。反之,当外载荷减小时,车辆又能自动减小牵引力,提高运行速度,自动适应工作需要。

(2)车辆起步平稳,减少换挡次数。由于液力变矩器(耦合器)有自动变速与变矩的特性,可使车辆起步平稳,减少换挡次数,减轻司机的劳动强度,也便于实现换挡操作的自动化或半自动化。

(3)缓和冲击,提高使用寿命。由于液力变矩器(耦合器)是传动系统中的一个柔性环节,能大大减少各部分零件所受的振动和冲击,从而保证车辆在遇到工作阻力急剧变化的情况下,仍能正常平稳的工作,从而提高车辆的使用寿命。

2. 液力传动的缺点

(1) 传动效率比机械传动低,变速范围窄。

(2) 不能倒转,所以通常要附加某种机械装置,组成液力机械传动装置,才能弥补上述缺点。但这样就使得结构复杂、制造成本和运用成本高。

(3) 检查维修要求高,有一定难度。

(4) 燃油经济性能低。

液力耦合器

液力耦合器是以液体为工作介质的一种非刚性联轴器,又称液力联轴器。如图 2-30 所示,它由两个直径相同、彼此相对的叶轮组成,发动机曲轴 1 通过接盘 5 驱动的叶片称为泵轮,另一个装有从动轴 4 的叶轮称为涡轮。两个叶轮都像碗状容器,轮内布置一定数量的叶片,在各叶片之间充满着工作液体,两轮装合后的相对断面之间的间隙为 3~5mm,没有机械连接,它们的内腔共同构成圆形或椭圆形的可使工作液体循环流动的密闭工作腔。

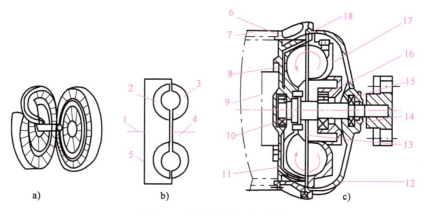

图 2-30 液力耦合器组成示意图
a) 外形图;b) 截面示意图;c) 构造图

1-曲轴;2、8-涡轮;3、17-泵轮;4、10-从动轴;5-接盘;6-内罩壳;7-发动机飞轮壳;9-发动机飞轮;11-壳体;12-外罩壳;13-挡流板;14、16-轴承;15-油封;18-密封垫

当泵轮随发动机一起旋转时,充填在工作腔内的工作液体受离心力和工作轮叶片的作用从叶片的内缘向外缘流动,此时,外缘压力高于内缘,即耦合器泵轮将输入的机械能转化成了液体动能。由于泵轮与涡轮的半径是相等的,携带液体动能的工作液体由泵轮出口冲向对面涡轮的外缘,再沿着涡轮叶片向内缘流动,最后又返回泵轮,同时工作液体释放液体动能,转化成机械能驱动涡轮旋转并带动负载做功。就这样,工作液体在工作腔内周而复始地做环流运动(即沿循环圆流动),于是输出轴与输入轴在没有任何直接机械连接的情况下,仅靠液体动能便柔性地连接在一起了。

这种环流运动的产生是由于两个工作轮转速不等,使两轮叶片的外缘处产生液压差所致,故液力耦合器在正常工作时,泵轮的转速总是大于涡轮转速。另外,液力耦合器工作时,工作液体的环流运动没有受到任何外力的帮助,因此发动机传给泵轮的转矩始终等于泵轮通过工作液体传给涡轮的转矩。也就是说,液力耦合器只能传递转矩,而不能改变转矩的大小。

液力耦合器的特点是：能消除冲击和振动；输出转速低于输入转速，两轴的转速差随载荷的增大而增加；过载保护性能和起动性能好。

四、液力变矩器

液力变矩器是一种非刚性转矩变换器，其基本结构如图 2-31 所示。液力变矩器主要由泵轮 4、涡轮 3 和导轮 5 三个元件组成，其外形如图 2-31b) 所示。泵轮、涡轮分别与输入轴、输出轴相连，导轮固定在不动的导轮固定套 6 上，套筒里面与泵轮、涡轮一样有很多叶片，相当于导向装置。泵轮、涡轮和导轮在装配好后，共同形成一个工作流道。当动力机带动泵轮旋转，其内的工作液体也被叶片带着一起旋转，由于离心力的作用和旋转速度的共同作用，斜向冲向涡轮叶片，从而对涡轮叶片形成一个与泵轮相同的转矩。同时，液流自涡轮冲向导轮，使导轮也受到一个转矩，即液体经泵轮—涡轮—导轮—泵轮，在液力变矩器内循环流动不止，形成液力变矩器的正常工作。

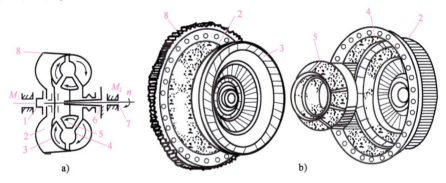

图 2-31　液力变矩器构造简图
a) 示意图；b) 主要部件
1-发动机曲轴；2-变矩器壳；3-涡轮；4-泵轮；5-导轮；6-导轮固定套；7-从动轴；8-起动齿圈

液力变矩不同于液力耦合器的主要特征是它具有固定的导轮。因导轮是固定的，当液流自涡轮冲向导轮时，它便以一个大小相等、方向相反的反作用转矩作用于涡轮上，涡轮所受的总转矩为泵轮转矩和导轮反作用力转矩的向量和。也就是说，液力变矩器可以起增大转矩的作用，所增大的转矩既是导轮的反作用转矩。若泵轮在原动机带动下，以一定转速稳定旋转，工作液体在泵轮的作用下，以一定速度冲向涡轮。当涡轮因外界负荷增加而转速降低时，涡轮除了被工作液体冲击产生的转矩外，涡轮转速下降也引起涡轮内液体离心力减小，自涡轮冲向导轮的速度增大。此时，涡轮转速下降而转矩自动增加，反之则减小。因此，导轮对液体的导流作用使液力变矩器的输出转矩可高于或低于输入转矩。所以，液力变矩器除了能传递转矩外，还能在泵轮转矩不变的情况下，随着涡轮转速的不同改变输出转矩的数值，通常转矩可增大 1.6~5 倍。

第五节　气压传动

气压传动是以空气为传动介质来实现各种机械的传动和控制。它实现传动和控制的方法与液压传动基本相同，都是利用各种元件组成具有所需功能的基本回路，再由若干基本回路有机组合成传递和控制系统，从而实现能量的转换、传递和控制。

一、气压传动系统的组成及优缺点

(一) 气压传动系统的组成

图 2-32 所示为气动剪切机的系统工作原理图。由图 2-32a) 可知,空气压缩机 1 由电动机驱动,产生的压缩空气经冷却器 2、油水分离器 3 进行降温及初步净化后,送入储气罐 4 备用;再经水分滤气器 5、减压阀 6 和油雾器 7、换向阀 9 到达汽缸 10,活塞处于下位。此时,剪切机剪口张开,处于预备工作状态。当送料机构将原材料 12 送入剪切机并到达预定位置时(将行程阀的触头向左推)时,换向阀下腔经行程阀 8 与大气连通,在弹簧作用下阀芯下移,使汽缸上腔连通大气而下腔进入压缩空气,活塞连同动剪刃 11 快速向上运动将坯料切下。坯料落下后,行程阀复位,换向阀下腔气压上升,阀芯恢复到图示位置,活塞下移处于下位,剪切机再次处于预备工作状态。图 2-32b) 所示为气动剪切机的系统的图形符号图。

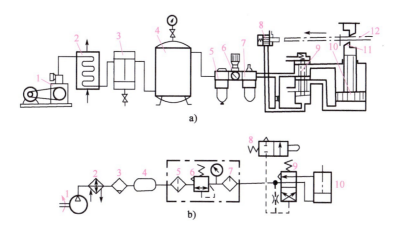

图 2-32 气动剪切机系统的工作原理图
a) 结构原理图; b) 图形符号图

1-空气压缩机; 2-冷却器; 3-油水分离器; 4-储气罐; 5-分水滤气器; 6-减压阀; 7-油雾器; 8-行程阀; 9-换向阀; 10-汽缸; 11-动剪刃; 12-原材料

通过对气动剪切机系统工作原理的分析,可以得出一个完整的气压传动系统可分为四个部分:

(1) 气源装置。气压发生装置,它将原动机输出的机械能转换成气体的压力能,为系统提供动力。其主要设备是空气压缩机。

(2) 执行元件,将气体的压力能转变换成机械能,以带动负载进行运动。如汽缸和气马达。

(3) 控制元件,用来控制和调节系统中气体的压力、流量和流动方向,以保证执行元件达到所要求的输出力、运动速度和运动方向。如压力阀、流量阀和方向控制阀等。

(4) 辅助元件,用于保证系统正常工作所需要的辅助装置。如过滤器、干燥器、消声器和油雾器等。

(二)气压传动的主要优缺点

1. 气压传动的主要优点

(1) 以空气为工作介质,来源方便,成本低;用后排气处理简单,不污染环境。

(2) 由于空气的黏度很小,因而流动时阻力损失小,便于集中供气、远距离输送。

(3) 工作环境适应性好,可安全可靠地应用于易燃、易爆、多尘埃、强磁、辐射及振动等恶劣场所。

(4) 结构及安装维护简单,使用安全可靠。

(5) 空气具有可压缩性,过载能自动保护。

2. 气压传动的主要缺点

(1) 由于空气的可压缩性大,所以气压传动工作速度的稳定性差。

(2) 工作压力较低(≤1MPa),汽缸的输出力较小。

(3) 排气噪声较大,在高速排气时要加消声器。

(4) 工作介质本身没有润滑性,需另加装置进行润滑。

二、气动传动元件

(一) 空气压缩机

空气压缩机是气动系统的动力源,是将原动机的机械能转换成气体压力能的装置。空气压缩机的种类很多,按工作原理分为容积型(通过缩小单位质量气体体积的方法来获得压力)和速度型(通过提高单位质量气体的速度并使动能转化为压力能来获得压力)。速度型又因气流流动方向和机轴方向夹角不同分为离心式(方向垂直)和轴流式(方向平行)。

常见的低压、容积型空气压缩机按结构不同又分为活塞式、叶片式、螺杆式,活塞式,分别如图2-33、图2-34、图2-35所示。其基本原理与液压泵相同,由一个可变的密闭空间的变化产生吸、排气,加上适当的配流机构来完成工作过程。

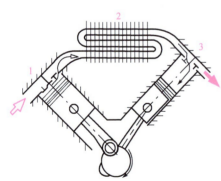

图2-33 活塞式空气压缩机工作原理
1、3-活塞;2-中间冷却器

(二) 气动执行元件

在气动执行元件中,使用最多的是将气体压力能转换为力和位移而输出的汽缸。汽缸使用十分广泛,使用条件各不相同,从而其结构、形状各异。现将常见汽缸的类型列于表2-3中。

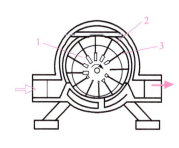

图 2-34　叶片式空气压缩机工作原理
1-转子；2-定子；3-叶片

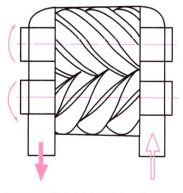

图 2-35　螺杆式空气压缩机工作原理

常见汽缸的结构及功能　　　　　　表 2-3

类　别	名　称	简　图	原 理 及 功 能
单作用汽缸	活塞式汽缸		压缩空气驱动活塞向一个方向运动，借助外力复位，可以节约压缩空气，节省能源
			压缩空气驱动活塞向一个方向运动，靠弹簧复位输出推力随行程而变化，适用于小行程
	薄膜式汽缸		压缩空气作用在膜片上，使活塞杆向一个方向运动，靠弹簧复位，密封性好，适用于小行程
	柱塞式汽缸		柱塞向一个方向运动，靠外力返回。稳定性较好，用于小直径汽缸
双作用汽缸	普通式汽缸		利用压缩空气使活塞向两个方向运动，两个方向输出的力和速度不等
	双出杆汽缸		活塞两个方向运动的速度和输出力均相等，适用于长行程
	不可调缓冲式汽缸	a) b)	活塞临近行程终点时，减速制动，减速值不可调整。a) 为单向缓冲，b) 为双向缓冲
	可调缓冲式汽缸	a) b)	活塞临近行程终点时，减速制动，可根据需要调整减速值。a) 为单向缓冲，b) 为双向缓冲

续上表

类别	名称	简图	原理及功能
特殊汽缸	气—液阻尼缸	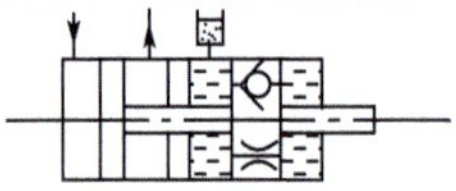	利用液体不可压缩性,获得活塞杆的稳速运动。用于速度稳定要求高的场合
	增压缸	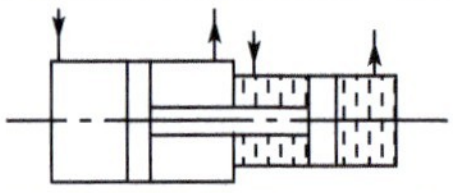	利用液体不可压缩性和力的平衡原理,可在小活塞端输出高压的液体
		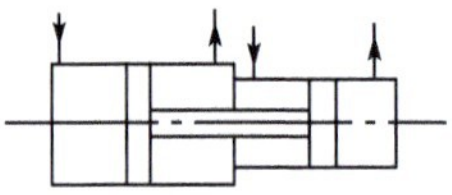	利用压力和作用面积乘积相等,可在小面积端获得较高压力
	串联汽缸	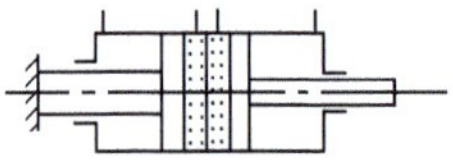	在一根活塞杆上串多个活塞,因而增大活塞面积总和,汽缸输出力决定投入工作的汽缸的数量
	多位汽缸	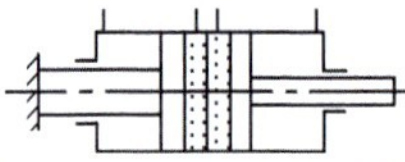	活塞行程可占有四个位置,只要汽缸的任一空腔接通气源,活塞就可占有一个位置
	伺服汽缸	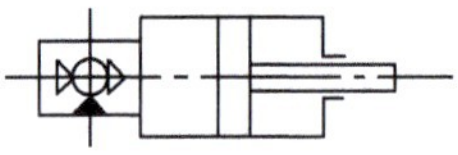	将输入的气压信号按比例地转化为活塞的机械位移,多用于自动控制系统中

(三)气动控制元件

气动控制元件是指在气动系统中,控制和调节气流流动状态的各种元件。

1. 压力控制阀

压力控制阀的共同工作原理为:利用阀芯或膜片上的气压力与调节控制力(包括弹簧力、电磁力、先导气压力等)相平衡来进行工作。常见的压力控制阀见表2-4。

常见的压力控制阀　　　　表2-4

名称	功用	图形符号
减压阀	将从储气罐传来的压力调到所需的压力,减小压力波动,保持系统压力的稳定	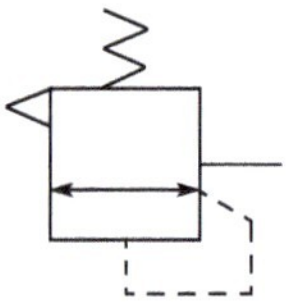
顺序阀	依靠回路中压力的变化来控制执行元件按顺序动作	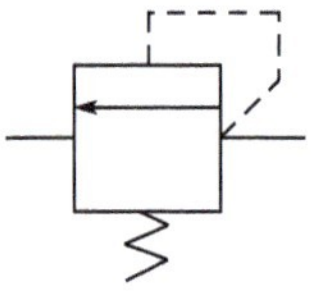
溢流阀	在系统中起过载保护作用,当储气罐或气动回路中压力超过某气压溢流阀调定值时,溢流阀打开并向外排气。当系统的气体压力在调定值以时时,溢流阀关闭;而当气体压力超过该调定值时,溢流阀打开	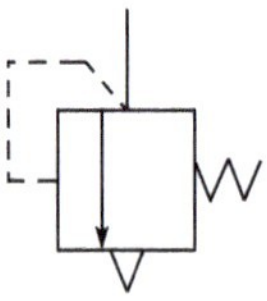

2. 方向控制阀

气动方向控制阀按阀内气流的流动方向可分为止回阀和换向阀;按阀芯的结构形式可分为截

止式和滑阀式;按不同控制操纵力又可分为电磁、气压、机械、人工等。常见方向控制阀见表2-5。

方向控制阀　　　　　　表2-5

名　称	功　用	图形符号
止回阀	只能使气流沿一个方向流动,不允许气流反向倒流	
换向阀	利用换向阀阀芯相对阀体的运动,使气路接通或断开,从而使气动执行元件实现起动、停止或换向运动	二位二通电磁换向阀　　二位三通气动换向阀

3. 流量控制阀

流量控制阀是通过改变通流面积来实现流量(流速)控制的元件。常见流量控制阀见表2-6。

流量控制阀　　　　　　表2-6

名　称	功　用	图形符号
排气节流阀	安装在气动元件的排气口处,调节排入大气的流量,以此控制执行元件的运动速度	
止回节流阀	气流正向流入时,起节流阀作用,调节执行元件的运动速度;气流反向流入时,起止回阀作用	正向流入

思考题与习题

1. 一般液压传动系统应具备哪些基本性能？液压系统可分为哪些部分？
2. 液压泵的类型有几种？分别阐述其工作原理及应用场合。
3. 液压缸和液压马达的作用是什么？它们有什么区别？
4. 单出杆液压缸和双出杆液压缸相比较有什么特点？
5. 液压缸起何作用？液压缸有几种类型？
6. 油箱的作用是什么？油箱的结构应满足哪些要求？
7. 什么是基本回路？常用的基本回路按其功能可分为哪几类？
8. 试述压力控制回路的功用。
9. 液力传动的工作原理是什么？它有哪些特点？
10. 气压系统由哪几部分组成？
11. 常见的低压、容积型空气压缩机按结构不同又分为哪几种类型？

第三章

柴 油 机

动力装置是机械发出动力的设备,它是将某种形式的"能"转变为"机械能"的装置,根据能量转换形式不同,可分为热力、水力、电力和风力等不同的动力装置。

热力发动机是将燃料中的化学能转变为机械能的机器。热力发动机可分为内燃发动机和外燃发动机,简称为内燃机和外燃机。内燃机的燃料燃烧形式是,液体或气体燃料在机器内部燃烧,燃料燃烧时释放出大量的热量,使燃烧后的气体(燃气)膨胀推动机械做功,最常用的内燃机有汽油机和柴油机。燃气是实现热能向机械能转化的媒介物质,这种媒介物质称工作介质(简称工质)。区别于内燃机,外燃机的燃料燃烧形式是,燃料在机器外部燃烧,产生的热能输入到机器内部并转变成机械能输出的热力发动机,如蒸汽机。由于内燃机的热效率高、结构紧凑、轻便及起动性好等特点,因而被广泛应用于交通运输(陆地、内河、海上和航空)、农业机械和工程机械。

第一节 柴油机分类及工作原理

以柴油作为燃料,当空气在汽缸内受压缩而产生高温,使喷入的柴油与汽缸内空气混合自燃,燃气膨胀而做功的内燃机,称为柴油机。由于柴油机具有良好的经济性、可靠性和较大功率范围内的适应性,所以在工程机械和车辆上广泛应用。

一、柴油机分类

由于柴油机的应用广泛,因此,为满足各种不同的使用要求,柴油机的类型也就多种多样。根据柴油机的各种不同特点以及不同的分类方法,主要有以下几种类型:

(1) 按照工作循环分类:二冲程柴油机和四冲程柴油机。
(2) 按照汽缸数量分类:单缸柴油机和多缸柴油机。
(3) 按照冷却方式分类:水冷柴油机和风冷柴油机。
(4) 按照进气方式分类:自然吸气式和强制吸气式(增压式);增压式可分为,低增压、中增压、高增压和超高增压等,增压可以提高内燃机功率。
(5) 按照曲轴转速分类:高速机($n > 1000$ r/min)、中速机($n = 300 \sim 1000$ r/min)、低速机($n < 300$ r/min)。

此外,还可按汽缸的排列方式等分类。

二、柴油机的常用术语

学习柴油机的工作原理,首先应了解柴油机的几个常用术语。图 3-1 是单缸四冲程柴油机的结构简图。

(1) 上止点:活塞在汽缸中移动时,活塞顶在汽缸中的最高位置称为上止点。
(2) 下止点:活塞在汽缸中移动时,活塞顶在汽缸中的最低位置称为下止点。
(3) 曲柄半径 R:连杆与曲轴连接中心至曲轴旋转中心的距离。
(4) 活塞行程 S:上、下止点的最小直线距离称为活塞行程。每当活塞移动一个行程,曲轴转过半圈(180°)。如果用 R 表示曲轴的回转半径,则活塞行程等于曲轴回转半径 R 的两倍,即 $S = 2R$。
(5) 燃烧室容积 V_c:活塞在上止点时,活塞顶上面的空间容积称为燃烧室容积。

(6)汽缸工作容积 V_h:活塞从上止点到下止点所包容的空间容积称为汽缸工作容积。

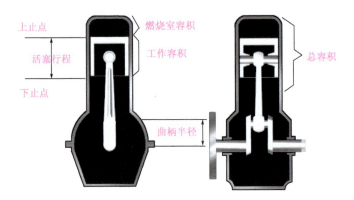

图 3-1　单缸四冲程柴油机的结构简图

(7)发动机工作容积 V_L:发动机所有汽缸工作容积之和称为发动机工作容积,也叫发动机的排量。

$$V_L = V_h \times i \tag{3-1}$$

式中:i——汽缸数。

(8)汽缸总容积 V_a:活塞在下止点时,活塞顶上面的空间容积称为汽缸总容积。汽缸总容积为燃烧室容积与汽缸工作容积之和。

(9)压缩比 ε:汽缸总容积与燃烧室容积之比称为压缩比。

$$\varepsilon = V_a / V_c = (V_h + V_c) / V_c \tag{3-2}$$

它表示活塞由下止点运动到上止点时,汽缸内气体被压缩的程度。压缩比越大,压缩终了时汽缸内的气体压力和温度就越高。不同的内燃机对压缩比的要求是不一样的,通常汽油机的压缩比为 6~10,柴油机的压缩比为 16~21。

(10)工作循环:在发动机内,每一次将热能转变成机械能都必须经过吸入空气、压缩和输入燃料,使之发火燃烧而膨胀做功,然后将生成的废气排除这样一系列连续过程,称为一个工作循环。完成一个工作循环若曲轴旋转 720°(两周),称四冲程发动机。若曲轴旋转 360°完成一个工作循环,则称二冲程发动机。

四冲程柴油机的工作原理

柴油机功能是将燃料在汽缸内燃烧产生的热量转换为机械能,对外输出动力。能量转换过程是通过不断地依次反复进行"进气—压缩—做功—排气"四个连续行程来实现的,柴油机汽缸内进行的每一次将热能转换为机械能的过程叫一个工作循环。在一个工作循环内,曲轴旋转两周,活塞往复四个行程的柴油机称为四冲程柴油机。四冲程柴油机构造,如图 3-2 所示。

图 3-3 为四冲程柴油机的工作原理图。

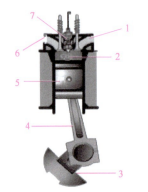

图 3-2　四冲程柴油机构造
1-排气门;2-汽缸;3-曲轴;4-连杆;
5-活塞;6-进气门;7-喷油嘴

1. 进气行程

进气行程的目的是吸入新鲜空气,为燃料燃烧做好准备。要实现进气,缸内与缸外要形成压差。因此,此行程排气门关闭,进气门打开,曲轴转动时通过连杆带动活塞由上止点向下止点移动,活塞上方的汽缸内的容积逐渐扩大,压力降低,缸内气体压力低于大气压力为 68~93kPa。在大气压力的作用下,新鲜空气经进气门被吸入汽缸,活塞到达下止点时,进气门关闭,进气行程结束(曲轴旋转 180°)。

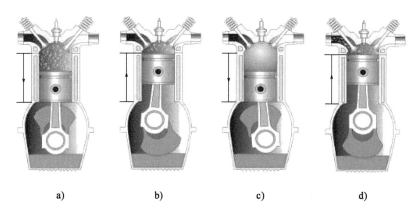

图 3-3 四冲程柴油机工作原理
a) 进气行程; b) 压缩行程; c) 燃烧膨胀行程; d) 排气行程

2. 压缩行程

压缩行程的目的是提高汽缸内空气的压力和温度,为燃料燃烧创造条件。由于进、排气门都已关闭,曲轴继续转动推动活塞由下止点向上止点移动,汽缸内的空气被压缩,压力和温度亦随之升高,其升高的程度,取决于被压缩的程度,不同的柴油机略有不同。当活塞接近上止点时,缸内空气压力达 3000~5000kPa,温度达 500~700℃,远超过柴油的自燃温度(300℃),达到了柴油自燃的条件。当活塞移动到上止点时,压缩行程便结束。

3. 燃烧膨胀行程

当活塞上行将终了时,喷油器开始将柴油喷入汽缸,与空气混合成可燃混合气并立即自燃,燃烧时放出大量的热量。此时,汽缸内的压力迅速上升到 6000~9000kPa,温度高达 1800~2200℃。在高温、高压气体的推动作用下,活塞向下止点运动并通过连杆带动曲轴旋转而对外做功,所以这一行程又叫做功或工作行程。随着气体膨胀活塞下行,汽缸的容积增大其气体的压力逐渐降低,直到活塞至下止点排气门被打开为止。至此,曲轴旋转一圈半,即 540°。

4. 排气行程

排气行程的目的是清除缸内的废气。做功行程结束后,缸内的燃气已成为废气,由于飞轮的惯性作用使曲轴继续旋转,推动活塞从下止点向上止点移动。此时,排气门打开,进气门仍关闭。由于做功后的废气压力高于外界大气压力,废气便在汽缸内、外压力差和活塞推力的作用下被排出汽缸外。当活塞又到上止点时,排气过程结束。至此,曲轴旋转两圈,即 720°。

活塞经过上述四个连续行程后,就完成了柴油机的一个工作循环。当活塞再次从上止点向下止点移动时,又重新开始下一个工作循环。这样周而复始地继续下去,柴油机就会不停地运转。

显然,四行程柴油机每完成一个工作循环,其中只有第三行程即燃烧膨胀行程做功,其他三个都是做功行程的辅助行程,是消耗能量的。由于曲轴在作功行程时的转速大于其他三个行程的转速,因此,单缸柴油机的工作不平稳,多缸柴油机就能够克服这个弊病。如在四缸四行程柴油机的一个工作循环中,每一行程都有一个汽缸为做功行程,因此,曲轴旋转较均匀,柴油机工作也就较平稳正常运转。

第二节　柴油机的基本构造

柴油机是一台由许多机构和系统组成的复杂机器。现代柴油机的结构形式多样,即使是同一类形的柴油机,其具体构造也是形式多样,但就其总体功能而言,通常由两大机构和四大系统组成,即由曲柄连杆机构、配气机构、燃料供给系统、润滑系统、冷却系统和起动系统等组成。

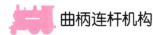
一　曲柄连杆机构

曲柄连杆机构是柴油机实现工作循环,完成能量转换的主要机构。它由机体组、活塞连杆组和曲轴飞轮组等三大部分组成。在作功行程中,活塞承受燃气压力在汽缸内做直线运动,通过连杆转换成曲轴的旋转运动,并从曲轴对外输出动力。而在进气、压缩和排气行程中,飞轮释放能量又把曲轴的旋转运动转化成活塞的直线运动。

1. 机体组

机体组主要包括汽缸体1、汽缸盖4、汽缸垫3、油底壳2等部分,如图3-4所示。汽缸体是整个柴油机的骨架,在它的外部和内部安装着柴油机的所有零部件,工作时承受着气体爆发力、螺栓预紧力、往复惯性力、旋转离心力和倾覆力矩等多种载荷的综合作用,因此,必须具有足够的刚度和强度。汽缸体的工作部分是汽缸,为了延长其使用寿命,在汽缸体内嵌入用耐磨材料制成的汽缸套;为了提高散热效果,在汽缸套的外面设有水套(水冷却)或散热片(风冷却)。

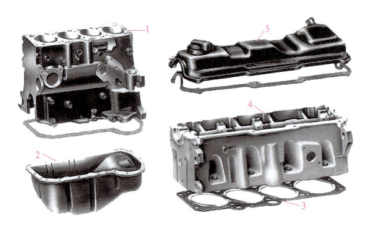

图 3-4　机体组的组成
1-汽缸体;2-油底壳;3-汽缸垫;4-汽缸盖;5-汽缸盖罩

汽缸体上面有汽缸盖,汽缸盖用螺柱固紧在汽缸体上。汽缸盖的作用是密封汽缸上部并与活塞顶部构成燃烧室空间;构成进、排气通道;在其上装有气门组、喷油器等零部件。

汽缸体下部为曲轴箱,曲轴安装在曲轴箱座孔内。曲轴箱通过螺钉与油底壳连接,油底壳的作用是储存润滑油。

在汽缸盖罩与汽缸盖间、汽缸盖与汽缸体间、汽缸体与油底壳间都夹有汽缸垫,汽缸垫的作用是补偿接合面的不平度,以保证密封。

2. 活塞连杆组

活塞连杆组由活塞组和连杆组组成活塞连杆组。活塞组主要由活塞、活塞环和活塞销组成,连杆组由连杆体、连杆盖、连杆轴瓦和连杆螺栓等组成,如图3-5所示。活塞连杆组的作用是将活塞在汽缸中的直线往复运动转变为曲轴旋转运动,同时将作用于活塞上的力矩变为曲轴对外输出的转矩。

活塞承受燃气压力并将它通过活塞销传给连杆以推动曲轴旋转。活塞上部制有数道环槽,用以安装具有弹性的活塞环,起密封作用,又称为防漏部。柴油机压缩比高,一般有四道环槽,上部三道安装气环,下部安装油环。气环的作用是保证活塞与汽缸壁间的密封,防止高温高压燃气进入曲轴箱;同时还将活塞顶部的大部分热量传导给汽缸壁,再由冷却液或空气带走。油环主要是刮油、布油和辅助密封作用。油环用来刮除汽缸壁上多余的机油,并在汽缸壁上铺涂一层均匀机油膜,这样即可以防止机油窜入,又可以减小活塞与汽缸的磨损与摩擦阻力。活塞中部有活塞销座孔,活塞通过活塞销与连杆铰接。

连杆的作用是连接活塞与曲轴,并将活塞承受的力传给曲轴,推动曲轴转动,从而使活塞的往复运动转变为曲轴的旋转运动。连杆小端与活塞销相连,工作时与销之间有相对运动,小端孔中有衬套(青铜)。

连杆大端通过连杆轴瓦与曲轴的连杆轴颈相铰接。连杆大端一般作成剖分式,被分开的部分称为连杆盖,安装时通过连杆螺栓紧固在连杆的大端上。

3. 曲轴飞轮组

曲轴飞轮组主要由曲轴、飞轮以及其他不同作用的零件和附件组成。其零件和附件的种类及数量取决于发动机的结构和性能要求,曲轴飞轮组如图3-6所示。

图3-5 活塞连杆组
1-气环;2-油环;3-活塞;4-销挡圈;5-活塞销;
6-连杆轴瓦;7-连杆盖;8-连杆螺母;9-连杆螺栓;10-连杆;11-连杆衬套

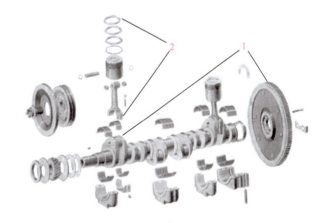

图3-6 曲轴飞轮组
1-曲轴飞轮组;2-活塞连杆组

曲轴是柴油机最重要的机件之一,如图 3-7 所示。它与连杆配合把活塞的往复运动变为旋转运动,对外输出功率并用来驱动配气机构和其他辅助装置,如风扇、水泵、发电机等。工作时,曲轴承受气体压力、惯性力及惯性力矩的作用,受力大而且受力复杂,并且承受交变负荷的冲击作用。同时,曲轴又是高速旋转件,因此,要求曲轴具有足够的刚度和强度,具有良好的承受冲击载荷的能力,耐磨损且润滑良好。

飞轮大而重,具有很大的转动惯量,用螺栓固定在曲轴后端的接盘上,如图 3-8 所示。其主要作用是用来储存做功行程的能量,用于克服进气、压缩和排气行程的阻力和其他阻力,使曲轴能均匀地旋转。飞轮外缘压有齿圈与起动机的驱动齿轮啮合,供起动柴油机用。飞轮是高速旋转件,因此,要进行精确地平衡校准,平衡性能要好,达到静平衡和动平衡。

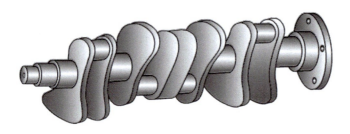
图 3-7 曲轴结构

图 3-8 飞轮

 配气机构

配气机构的作用是根据柴油机的工作顺序和工作过程,定时开启和关闭进气门和排气门,使新鲜空气及时充入汽缸,并使燃烧产生的废气及时从汽缸内排出,在压缩与膨胀燃烧冲程中,保证燃烧室的密封,以保证柴油机的正常运转。

配气机构按气门的布置位置分为侧置气门式和顶置气门式,如图 3-9 所示。侧置式的气门布置在汽缸的一侧,使燃烧室结构不紧凑,热量损失大,气道比较曲折,进气流通阻力大,从而使发动机的经济性和动力性变差。这种布置形式已被淘汰。目前,配气机构大多采用顶置气门式配气机构,一般由气门组和气门传动机构两大部分组成,如图 3-10 所示。气门组包括气门、气门导管、气门座、弹簧座、气门弹簧、锁片等零件;气门传动机构一般由摇臂、摇臂轴、推杆、挺柱、凸轮轴和正时齿轮等组成。

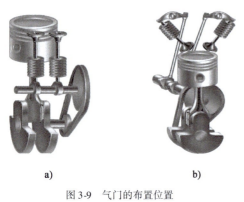

图 3-9 气门的布置位置
a) 侧置气门;b) 顶置气门

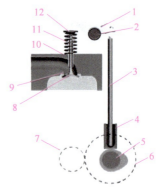

图 3-10 气门组和气门传动机构的组成
1-摇臂;2-摇臂轴;3-推杆;4-挺柱;5-凸轮轴;6-凸轮轴正时齿轮;7-曲轴正时齿轮;8-气门;9-气门座;10-气门导管;11-气门弹簧;12-弹簧座

柴油机工作时,曲轴通过一对互相啮合的正时齿轮带动凸轮轴旋转,当凸轮的凸尖上升顶起挺柱时,通过推杆使摇臂的左端绕摇臂轴向下转动,迫使气门克服气门弹簧的弹力而开启,此时气门进气(进气门)或排气(排气门),当凸轮到达最高位置时气门开度最大。当凸轮的凸尖向下运动凸尖离开挺柱时,由于气门弹簧的弹力作用,气门及其传动机件恢复原位,将气道关闭,进气或排气工作终止。

燃料供给系统

柴油机燃油供给系统的作用就是按照柴油机的工作要求,定时、定量和按序地向各缸燃烧室提供干净、清洁的燃油。并使燃油按照燃烧要求达到所需的雾化程度,与汽缸内空气混合形成可燃混合气,以调节发动机输出功率和转速。

1. 柴油机燃料供给系统组成和工作过程

柴油机燃料供给系统主要由燃油箱、输油泵、喷油泵、喷油器、调速器、柴油滤清器、油管等组成,例如,道依茨 FL513 风冷柴油机燃油供给系统,如图 3-11 所示。

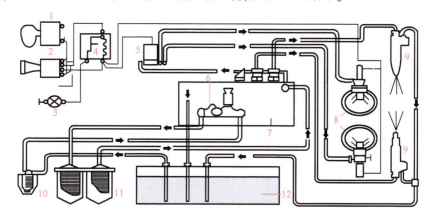

图 3-11　道依茨 FL413F/513 系列风冷柴油机供油系统示意图
1-多位开关;2-加热起动开关;3-加热指示灯;4-加热电阻丝;5-电磁阀;6-输油泵;7-喷油泵;8-火焰加热塞;9-喷油器;10-燃油粗滤器;11-燃油精滤器;12-柴油箱

柴油从柴油箱 12 中流出,沿油管经粗滤器 10 的初步过滤后,经输油泵 6 初步增压后输送到两级燃油精滤器 11,进一步滤去杂质后进入喷油泵 7(高压油泵)。喷油泵 7 将低压柴油增压,输出的高压柴油按时按量沿高压油管送往喷油器 9,喷油器 9 将柴油雾化后喷入燃烧室。喷油器 9 泄漏及过剩的柴油,经回油管汇集后流回柴油箱 12。精滤后的柴油还可送到电磁阀 5,在冬季寒冷起动加热时,控制继电器将电磁阀 5 的阀门打开,燃油被分成两路分别进入置于左、右进气管内的火焰加热塞 8,火焰加热塞 8 的电阻丝因电路接通红热而点燃柴油,柴油燃烧实现进气加热,不需进气加热时,关闭电磁阀,燃油就进不到火焰加热塞内。

2. 燃料供给系统主要部件作用

1) 输油泵

输油泵的作用是以一定的压力将足够数量的柴油从油箱连续不断地输送到喷油泵,保证柴油机的正常工作。其输油量应为全负荷最大喷油量的 3~4 倍。常用的输油泵分为齿轮式输油泵、膜片式输油泵、活塞式输油泵等。目前,国产柴油机广泛采用活塞式输油泵,如图 3-12 所示。它主要由活塞、拉杆、止回阀和手油泵等组成,安装在喷油泵下体一侧,由喷油泵凸轮轴的一个偏心轮驱动。在输油泵上还安装有手油泵,其作用是在柴油机起动前用来排除渗入低压油路中的空气,以利起动。

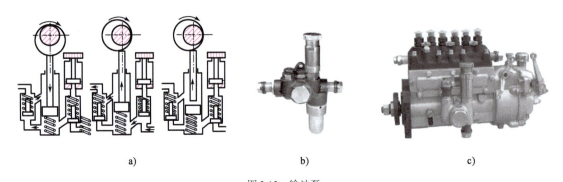

图 3-12 输油泵
a)输油泵结构示意图;b)输油泵外观;c)输油泵安装位置

2) 喷油泵(又称高压泵)

喷油泵是柴油机上的一个重要组成部分。喷油泵总成通常是由喷油泵、调速器等部件安装在一起组成的一个整体。其中调速器是保证柴油机的低速运转和对最高转速的限制,确保喷射量与转速之间保持一定关系的部件。喷油泵的作用是将低压柴油变为高压柴油,按照柴油机的运行工况和汽缸工作顺序,以一定的规律适时、适量地向喷油器输送高压柴油。

喷油泵的结构形式较多,车用柴油机的喷油泵按作用原理不同,可大体分为:

(1) 柱塞式喷油泵,它是靠柱塞的往复运动进行吸油和压油,每个汽缸都有一套泵油机构进行供油。对于大型柴油机,每缸一个独立的喷油泵,称为单体泵。对于中小型柴油机,将多套泵油机构组装在一起称为合成泵。

(2) 转子分配式喷油泵:这种喷油泵只有一对柱塞副,依靠转子的转动实现燃油的增压与分配。喷油泵,如图 3-13 所示。

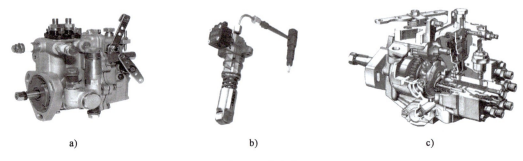

图 3-13 喷油泵
a)合成泵;b)单体泵;c)转子分配式喷油泵

由于柱塞式喷油泵结构简单紧凑,性能良好,工作可靠,因此为目前大多数柴油机所采用,柱塞式喷油泵工作原理,如图 3-14 所示。

工作时,在喷油泵凸轮轴上的凸轮与柱塞弹簧的作用下,迫使柱塞做上下往复运动,从而完成泵油任务,泵油过程可分为以下三个阶段。

(1) 进油过程:当凸轮的凸起部分转过去后,在弹簧力的作用下,柱塞向下运动,柱塞上部空间(称为泵油室)产生真空度,当柱塞上端面把柱塞套上的进油孔打开后,充满在油泵上体油道内的柴油经油孔进入泵油室,柱塞运动到下止点,进油结束。

(2)供油过程:当凸轮轴转到凸轮的凸起部分顶起滚轮体时,柱塞弹簧被压缩,柱塞向上运动,柴油受压,一部分柴油经油孔流回喷油泵上体油腔。当柱塞顶面遮住套筒上进油孔的上缘时,由于柱塞和套筒的配合间隙很小(0.0015~0.0025mm)使柱塞顶部的泵油室成为一个密封油腔,柱塞继续上升,泵油室内的油压迅速升高,泵油压力>出油阀弹簧力+高压油管剩余压力时,推开出油阀,高压柴油经出油阀进入高压油管,通过喷油器喷入燃烧室。

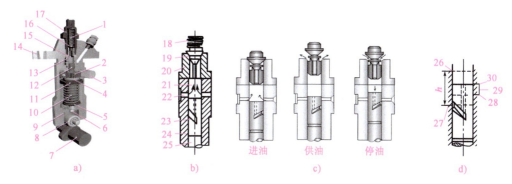

图 3-14　柱塞式喷油泵工作原理

1-弹簧;2-齿圈;3-齿条;4-转动套;5-下承盘;6-调整螺钉;7-凸轮轴;8-滚轮;9-滚轮体;10-弹簧;11-上承盘;12-柱塞;13-柱塞套;14-泵体;15-出油阀座;16-出油阀;17-管接;18-出油阀弹簧;19-出油阀;20-出油阀座;21-泵腔;22-油孔;23-斜槽;24-柱塞套;25-柱塞;26-柱塞上止点;27-柱塞下止点;28-供油开始;29-柱塞有效行程;30-供油终了

(3)回油过程:柱塞向上供油,当上行到柱塞上的斜槽(停供边)与套筒上的回油孔相通时,泵油室低压油路便与柱塞头部的中孔和径向孔及斜槽沟通,油压骤然下降,出油阀在弹簧力的作用下迅速关闭,停止供油。此后,柱塞还要上行,当凸轮的凸起部分转过去后,在弹簧的作用下,柱塞又下行。此时,便开始下一个循环。

旋转柱塞可以改变喷油泵供油终了时刻,从而改变供油量。

3)喷油器

柴油机喷油器(又称喷油嘴),主要作用是将喷油泵供给的高压柴油以一定的压力、速度和喷射锥度呈雾状均匀地喷入燃烧室中,并与燃烧室中的高温高压空气形可燃混合气燃烧而做功。

喷油器分为开式和闭式喷油器两种,开式喷油器的高压腔通过喷油孔直接与燃烧室相通,闭式喷油器在喷油和燃烧室之间用针阀隔开。目前,柴油机广泛采用闭式喷油器。闭式喷油器根据喷油嘴结构形式的不同又可分为孔式喷油器和轴针式喷油器两种,喷油嘴结构如图 3-15 所示。其中,以孔式喷油器应用最为广泛,其结构如图 3-16 所示。

图 3-15　喷油嘴结构
a)孔式喷油嘴;b)轴针式喷油嘴

4) 调速器

调速器的作用是根据柴油机负荷的变化,自动增减喷油泵的供油量,使柴油机能够以稳定的转速运行。不会因为负荷突然减小的同时,没有及时减少喷油泵的供油量,使柴油机的转速迅速增高,甚至超出所允许的最高转速,出现"超速"或"飞车"现象;也不会因为负荷骤然增大的同时,没有及时增加喷油泵的供油量,使柴油机的转速急速下降直至熄火。调速器安装在喷油泵的后端,如图3-17所示。

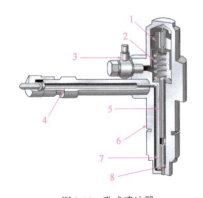 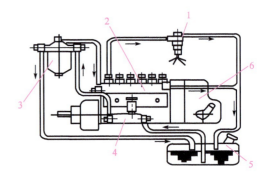

图3-16　孔式喷油器

1-调压螺钉;2-调压弹簧;3-回油管;4-进油管接头;
5-顶杆;6-喷油器体;7-针阀;8-针阀体

图3-17　调速器安装位置

1-喷油器;2-喷油泵;3-滤清器;4-输油泵;5-燃油箱;6-调速器

柴油机调速器按工作原理可分为机械离心式调速器、气动式调速器、液压式调速器和电子式调速器等多种形式。目前,柴油机广泛采用机械离心式调速器,按其功能分有单程式、双程式和全程式调速器。

单程式调速器只能控制柴油机的最高转速,以防止"飞车"事故。通常用于恒定转速的柴油机上(发电机组)。

双程式(两极式)调速器能自动稳定和限制柴油机最低与最高转速,而在所有中间转速范围内调速器不起调节作用,需由司机控制加速踏板。一般中、小型汽车柴油机多数采用双程式调速器,以起到防止超速和稳定怠速的作用。

全程式调速器不仅能限制最低转速和最高转速,而且能使柴油机在其工作转速范围内的任一选定的转速下稳定地工作。工程机械上的柴油机则多采用全程式调速器。

机械离心式调速器结构,如图3-18所示。其基本工作原理,如图3-19所示。当柴油机不工作时,操纵臂3和供油拉杆1在熄火位置,调速弹簧2的预紧力使滑套5左移,飞锤4收拢,离心力推力为0,调速器不工作。当柴油机工作时,操纵臂3和供油拉杆1处于某一工作位置。装在喷油泵凸轮轴后端的飞锤4旋转,飞锤在离心力的作用下向外张开。离心力产生的轴向推力和调速弹簧2的推力在某一转速下相平衡,使调速器和喷油泵保持在相应位置处工作。当柴油机因负载变化导致转速变化时,调速器飞锤4转速也随之变化,导致飞锤离心力及其推力变化,使离心力产生的轴向推力和调速弹簧2的推力失去平衡,滑套5位移推动供油杠杆1移动,供油量变化,柴油机的转矩上升或下降,与变化了的负载重新平衡,稳定到接近原来的转速的位置。

四　润滑系统

柴油机工作时,各运动零件之间存在一定的相互作用力,并伴随高速的相对运动,零件表面必然要产生摩擦,摩擦不但会增大柴油机的功率损失,而且会引起发热和磨损,缩短发动机的寿命。因此,为了减轻磨损,减小摩擦阻力,延长使用寿命,柴油机上都设有润滑系统。

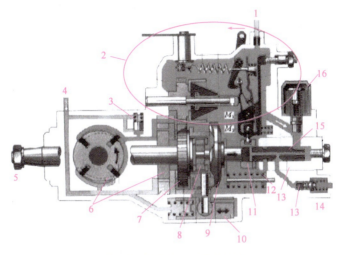

图 3-18 机械离心式调速器结构

1-回油箱;2-调速器;3-调压阀;4-燃油入口;5-驱动轴;6-输油泵;7-调速器驱动齿轮;8-滚轮架;9-平面凸轮盘;10-喷油提前器;11-油量调节套筒;12-柱塞套;13-出油阀;14-到喷油器;15-分配柱塞;16-断油阀

柴油机润滑系统的作用就是将润滑油连续不断地输送到各个传动件的摩擦表面,并在摩擦表面上覆盖一层油膜,实现液体摩擦。从而减小摩擦阻力、降低功率消耗、减轻机件磨损,其次,润滑系统还有散热、密封、清洗和防锈等功能。

由于柴油机传动件的工作条件不尽相同,因此,对负荷及相对运动速度不同的传动件采用不同的润滑方式。柴油机常见的润滑方式一般有下列三种:

(1)飞溅润滑:由运动件旋转飞溅起来的润滑油滴或油雾送到运动表面进行润滑。特点是,结构简单,消耗功率小,成本低。缺点是,润滑效果差,容易造成机油的氧化和污染。

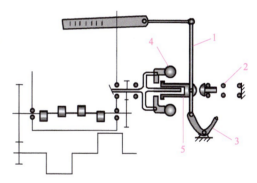

图 3-19 机械离心式调速器原理简图

1-供油拉杆;2-调速弹簧;3-操纵臂;4-飞锤;5-滑套

(2)压力润滑:用机油泵将润滑油加压后送入各运动表面,强制润滑,特点是工作可靠,润滑效果好,具有良好的润滑、净化和冷却作用。缺点是结构复杂,成本高。

(3)综合式润滑:以上两种润滑方式的复合。既有压力润滑,又有飞溅润滑。目前,柴油机的润滑一般都采用压力润滑和飞溅润滑相结合的方式(即综合式润滑)。道依茨风冷柴油机即采用综合式润滑方式。例如,曲柄连杆机构及其他润滑部位——压力润滑;活塞、活塞销和汽缸壁——飞溅润滑。

柴油机润滑系统一般由机油泵、油底壳、润滑油管、润滑油道、机油滤清器、机油散热器、各种阀、传感器和机油压力表、温度表等组成,如图3-20所示。其工作原理如下:润滑油(俗称机油)储存在油底壳内,当发动机运作时,带动机油泵,将机油从油底壳中抽出,经过机油粗滤清器,再经机油管道送到各需要润滑的机件处,如曲轴、凸轮轴、摇臂等,最后,机油流回油底壳。

如此往复流动,不断工作。机油细滤清器与主油路并联,机油经其过滤后又流回到油底壳,以提高油底壳机油的质量。

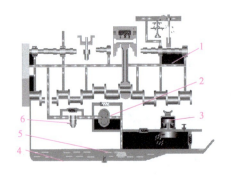

图 3-20　柴油机润滑系统
1-主油道;2-机油泵;3-细滤器;4-机油盘;5-集滤器;6-粗滤器

不同的柴油机由于结构组成不同,润滑油在润滑系统中的流动线路有所不同,但基本工作原理相似。

五　冷却系统

柴油机的冷却系统与润滑系统、燃烧系统一样,对柴油机的可靠性、耐久性、经济性、动力性,有着极为重要的影响。

1. 冷却系统的作用

柴油机在工作过程中,燃油在汽缸内燃烧,使汽缸内的局部温度高达 2000~2500℃,使直接与高温燃气接触的零部件强烈地受热,如活塞汽缸盖气门等。如果受热零部件不采取冷却措施,就会引发一系列的故障。例如,运动机件会因受热膨胀而破坏正常间隙,活塞环磨损加剧、活塞和缸套刮伤、缸体和缸盖炸裂;由于高温,使得汽缸充气量降低,造成柴油机功率降低,机油变稀,材料的力学性能下降,致使零件得不到有效的润滑而导致磨损加剧,更有甚者,还会出现运动零件卡死的现象。因此,为保证柴油机正常工作,必须对在高温条件下工作的机件加以冷却。但冷却过度的弊端也甚多,如热量散失过多,使混合气的形成条件变差,燃烧粗暴,机油黏度过大,柴油机机械效率降低,另一方面由于混合气与冷缸壁接触,使其中原已气化的燃油又凝结并流到曲轴箱内,不仅增加了燃油消耗,且使机油变稀影响润滑,结果也将使柴油机功率下降,磨损加剧。因此,冷却系统的作用就是使工作中的柴油机得到适度的冷却,从而使其保持在最适宜的温度范围内工作。

2. 冷却方式

冷却系统按照冷却介质不同可以分为风冷和水冷,在柴油机中,将高温零件的热量直接散入大气而进行冷却的装置称为风冷却。而把这些热量先传给冷却液,然后再散入大气而进行冷却的装置称为水冷却。

在冷却过程中,由冷却介质自然流动进行散热的冷却方式,称为自然冷却式;由机械设备强制冷却介质循环流动进行散热的冷却方式,称为强制冷却式。图 3-21 所示为强制循环式水冷却系统的流程示意图。

3. 冷却系统的组成

1) 水冷却系统的组成

图 3-21 所示为强制循环式水冷却系统的流程示意图,即利用冷却液泵提高冷却液的压力,强制冷却液在发动机中循环流动。这种系统包括冷却液泵、散热器、冷却风扇、节温器等。

水冷却系统的基本工作原理:

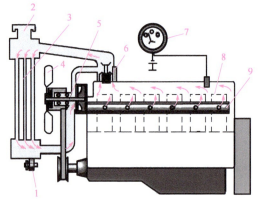

图 3-21　强制循环式水冷却系统的流程示意图
1-放水开关;2-散热器盖;3-散热器;4-风扇;5-冷却液泵;6-节温器;7-冷却液温度表;8-汽缸盖;9-出水总管

冷却液在冷却液泵5中增压后,经分水管进入发动机的机体水套。冷却液从水套壁周围流过并从水套壁吸热而升温。然后向上流入汽缸盖8水套,从汽缸盖8水套壁吸热之后经节温器6及散热器3进水管流入散热器。在散热器中,冷却液向流过散热器周围的空气散热而降温,最后冷却液经散热器出水管返回冷却液泵,如此循环不止。风扇4的作用是给散热器强制通风,将散热片上的热量散发到大气中。

司机根据水温的高、低,可调节通过散热器的空气量,以改变散热强度,满足发动机不同工况的作业需要;节温器可根据冷却液温的高低自动地改变冷却液循环路线,使柴油机在冬季不致因冷却液温度过低而造成工作不良的后果。

节温器有液体式节温器和蜡式节温器,如图3-22所示液体式节温器和图3-23蜡式节温器所示。

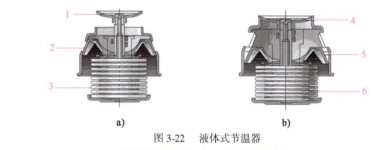

图3-22　液体式节温器
a)节温器主阀门打开;b)节温器侧阀门打开
1-主阀门;2-侧阀门;3-膨胀管;4-主阀门;5-侧阀门;6-膨胀管

图3-23　蜡式节温器时
a)小循环时节温器状态;b)大循环时节温器状态
1-中心杆;2-石蜡;3-旁通阀;4-主阀门;5-阀座

节温器是控制冷却液流动路径的阀门,当柴油机冷起动时,冷却液的温度较低,这时节温器将冷却液流向散热器的通道关闭,使冷却液经冷却液泵入口直接流入机体或汽缸盖水套,以便使冷却液能够迅速升温(小循环),缩短柴油机热起动的时间,减少柴油机燃料的消耗,减少摩擦副机件磨损。如果不装节温器,让温度较低的冷却液经过散热器冷却后返回发动机,则冷却液的温度将长时间不能升高,柴油机也将长时间在低温下运转(大循环),如图3-24所示。

现以蜡式节温器为例,说明其工作原理:

当冷却液温度低于规定值时,节温器感温体内的石蜡呈固态,节温器阀在弹簧的作用下关闭柴油机与散热器间的通道,旁通阀开启,冷却液经旁通阀直接进入水泵返回柴油机,进行小循环,如图3-23a)和图3-24a)所示。当冷却液温度达到规定值后,石蜡开始熔化并逐渐变成液体，体积随之增大并压迫橡胶管使其收缩。在橡胶管收缩的同时对推杆作用以向上的推力。由于推杆上端固定，因此，推杆对胶管和感温体产生向下的反推力使主阀门开启，旁通阀关闭。这时，冷却液经由散热器和节温器阀，再经冷却液泵流回柴油机，进行大循环，如图3-23b)和图3-24b)所示。

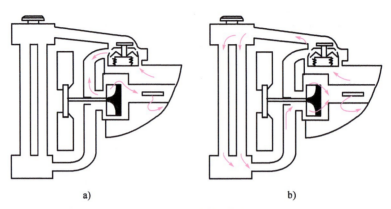

图 3-24 冷却液循环状态
a)冷却液小循环；b)冷却液大循环

2) 风冷却系统的组成

风冷却系统是利用大流量风扇使高速空气流直接吹过汽缸盖和汽缸体的外表面，把从汽缸内部传出的热量散发到大气中去，以保证柴油机在最有利的温度范围内工作。柴油机汽缸和汽缸盖采用传热较好的铝合金铸成，为了增大散热面积，各缸一般都分开制造，在汽缸和汽缸盖表面分布许多均匀排列的散热片，以增大散热面积。

风冷发动机的主要代表是德国道依茨公司生产的系列产品，图 3-25 所示为大型养路机械普遍采用的由德国道依茨公司生产的 FL513 系列风冷柴油机冷却系统简图。

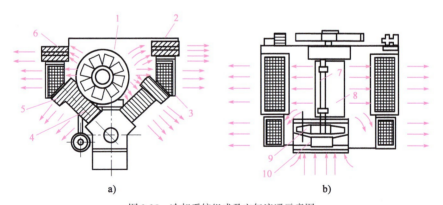

图 3-25 冷却系统组成及空气流通示意图
1-风压室；2-液压油散热器；3-机油散热器；4-汽缸套；5-汽缸盖；6-中冷器；7-风扇传动轴；8-喷油泵；9-风扇动叶轮；10-风扇总成

道依茨 FL513 系列风冷柴油机的冷却系统，主要由风扇、机油散热器、中冷器、液压油散热器、电子节温器、缸套和缸盖散热片及各种挡风板组成。柴油机的冷却风扇位于两排汽缸中间，由液压油散热器2、机油散热器3、汽缸盖5、汽缸套4、中冷器6、前后挡板和顶盖板等构成风压室。在汽缸盖和汽缸套的背风面设有挡风板，用来调节风量的分配。冷空气经冷却风扇增压后进入风压室，并建立起一定的风压室压力，再由风压室流过各个需要冷却的零部件表面。由于各零部件的通道阻力不同,因此流过的风量有多有少,以保证其适度而又可靠的冷却。

中冷器用来冷却经增压器出来的增压空气,空气在经过增压器后,压力增加,温度升高,通过中冷器冷却可降低增压空气温度,从而提高空气密度,提高充气效率,以达到提升柴油机功率和降低排放的目的。

中冷器是增压系统的一部分,当空气被高比例压缩后会产生很高的热量,从而使空气膨胀密度降低,而同时也会使柴油机温度过高造成损坏。为了得到更高的容积效率,需要在注入汽缸之前对高温空气进行冷却。这就需要加装一个散热器,原理类似于水箱散热器,将高温高压空气分散到许多细小的管道里,而管道外有常温空气高速流过,从而达到降温目的(可以将气体温度从150℃降到50℃左右)。由于这个散热器位于发动机和涡轮增压器之间,所以又称作中央冷却器,简称中冷器,如图3-26所示。

图3-26 中冷器

常见的中冷器可以分为风冷式和水冷式两种。风冷式中冷器是利用外界空气对通过中冷器的空气进行冷却,水冷式中冷器是利用循环冷却液对通过中冷器的空气进行冷却。

六 起动系统

为了使静止的柴油机进入工作状态,必须先用外力转动柴油机曲轴,使活塞开始上下运动,汽缸内吸入可燃混合气,然后依次进入后续的工作循环。而依靠的这个外力系统就是起动系统。起动系统包括:起动机、起动继电器、蓄电池等零部件,起动系统如图3-27所示。

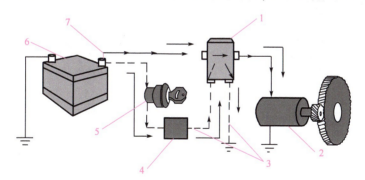

图3-27 柴油机起动系统组成
实线-起动电路;虚线-起动机控制电路
1-电磁开关;2-起动机;3-控制电路;4-起动机继电器;5-点火开关;6-蓄电池;7-起动机电路

柴油机的曲轴在外力作用下开始转动到柴油机自动怠速运转的全过程,称为柴油机的起动过程。完成柴油机起动所需要的装置叫起动系统。

柴油机常用的起动方式有人力起动、辅助汽油机起动和电力起动机起动等多种形式。

(1)人力起动,即手摇起动或绳拉起动。其结构十分简单,主要用于大功率柴油机的辅助汽油机的起动,或在有些装用中、小功率汽油发动机的车辆上作为后备起动装置。手摇起动装置由安装在发动机前端的起动爪和起动摇柄组成。

(2)辅助汽油机起动。起动装置的体积大、结构复杂,只用于大功率柴油发动机的起动。

(3) 电力起动机起动。以电动机作为动力源。当电动机轴上的驱动齿轮与发动机飞轮周缘上的环齿啮合时,电动机旋转时产生的电磁转矩通过飞轮传递给发动机的曲轴,使发动机起动。电力起动机简称起动机。它以蓄电池为电源,结构简单、操作方便、起动迅速可靠。

(4) 船用大功率柴油机。绝大多数采用压缩空气起动,因为这种柴油机各运动部件质量大,起动时的惯性力和阻力很大,用电力装置是不合适的,故都用压缩空气起动。压缩空气起动的原理是将具有一定压力的压缩空气,按柴油机发火次序,在工作行程时送入各汽缸,推动活塞,使柴油机转动起来。待柴油机转速达到起动转速,喷入燃烧室中的燃料方能自行发火燃烧,使柴油机运行。

七、增压系统

为了提高柴油机的输出功率,也即在相同的汽缸工作容积下,使柴油机发出尽可能多的功率,这就要求有尽可能多的空气和燃油进入汽缸。在自然进气条件下,这就要求进气道和缸套尽量大一些。由于受到结构方面的限制,柴油机的进气道和缸套不可能做到无限大。因此,增压技术应运而生。柴油机增压技术是在进气管前上加装一个压气机,将新鲜空气加压后送入汽缸,使汽缸内空气密度增大,进而可以增加喷油量,达到提高柴油机输出功率的最终目的。按照压气机的驱动方式,增压系统可分为:机械增压系统、废气涡轮增压系统和二级增压系统等多种形式。使用最为广泛的是废气涡轮增压系统。

如图 3-28 所示为废气涡轮增压系统,其主要部件有涡轮机、压气机、中冷器等。

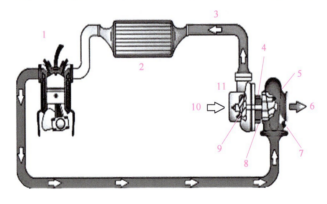

图 3-28　柴油机废气涡轮增压系统示意图

1-发动机汽缸;2-中间冷却器;3-压力空气流;4-增压器机油入口;5-涡轮叶轮;6-废气排出;7-放气阀门;8-机油回油口;9-压气机叶轮;10-清洁空气;11-压气机

第三节　柴油机的性能指标、型号与转向

一、柴油机的性能指标

柴油机的性能,常常利用柴油机的一些主要性能指标来判断和衡量,柴油机的主要性能指标既是评价和选择柴油机的主要标准,又是正确使用的基本依据。柴油机的性能指标很多,主要有动力性能指标、经济性能指标以及运转性能指标等。动力性能指标有转矩、功率和转速

等;经济性能指标有耗油量、耗油率等;运转性能指标有冷起动性能、噪声、排气品质及可靠性等。在柴油发动机出厂铭牌和使用说明书上,都标有柴油机的几种主要性能指标。下面介绍几个主要性能指标:

1. 动力性能指标

动力性能指标指曲轴对外作功能力的指标,包括有效转矩、有效功率和曲轴转速。

(1) 有效转矩。柴油机通过曲轴或飞轮对外输出的转矩,称为有效转矩,通常用 M_e 表示,单位为 N·m。有效转矩是作用在活塞顶部的气体压力通过连杆、传给曲轴产生的转矩,并克服了摩擦,驱动附件等损失之后从曲轴对外输出的净转矩。

(2) 有效功率。柴油机通过曲轴或飞轮对外输出的功率,称为有效功率,通常用 P_e 表示,单位为 kW。有效功率同样是曲轴对外输出的净功率,它等于有效转矩和曲轴转速的乘积。柴油机的有效功率可以在专用的试验台上用测功器测定,测出有效转矩和曲轴转速,然后用下面公式计算出有效功率。

$$P_e = \frac{2\pi n}{60} M_e \times 10^{-3} \tag{3-3}$$

式中:P_e—— 柴油机有效功率,kW;

M_e——曲轴有效转矩,N·m;

n——曲轴转速,r/min。

根据柴油机的不同用途,我国规定了 15min 功率、1h 功率、12h 功率、持久功率等四种标定的方法,其中 12h 功率又称额定功率,用 P_e 表示。工作中应严格按照规定的功率范围使用柴油机,以免使柴油机发生故障或减少其使用寿命。

(3) 转速,指柴油机曲轴每分钟的转数,单位为 r/min。柴油机产品铭牌上标明的功率及相应转速称为额定功率和额定转速。

2. 经济性能指标

通常用燃油消耗率来评价柴油机的经济性能。燃油消耗率是指单位有效功的燃油消耗量,也就是柴油机每发出 1kW 有效功率在 1h 内所消耗的燃油克数(以 g 为单位),燃油消耗率通常用 g_e 表示。其单位为,g/kW·h,计算公式如下:

$$g_e = G/P_e \times 10^3 \tag{3-4}$$

式中:g_e——柴油机燃油消耗率,g/kW·h;

G——柴油机每小时消耗的燃油量,单位为 kg/h。

很明显,有效燃油消耗率越小,表示柴油机曲轴输出净功率所消耗的燃油越少,其经济性越好。通常,柴油机铭牌上给出的有效燃油消耗率 g_e 是最小值。

柴油机的型号与转向

1. 柴油机的型号

柴油机的型号是根据国家标准《内燃机产品名称和型号编制规则》(GB/T 725—2008)来确定的,柴油机的型号由阿拉伯数码和汉语拼音字母组成。

柴油机的型号分为首、中、后和尾部四部分:

(1) 首部:为产品系列符号和换代标志符号,由制造厂根据需要自选相应字母表示,但需主管部门核准。

(2)中部:由缸数符号、冲程符号、汽缸排列形式符号和缸径符号等组成。

(3)后部:结构特征和用途特征符号,以字母表示。

(4)尾部:区分符号。同一系列产品因改进等原因需要区分时,由制造厂选用适当符号表示。

国产柴油机型号编制规定如图3-29所示。

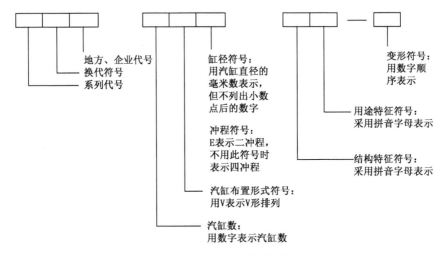

图 3-29　国产柴油机型号编制规定

柴油机型号编制示例:

(1)6135 柴油机——6 缸、四冲程、缸径 135mm 的水冷通用型柴油机。

(2)4135C-1 柴油机——4 缸、四冲程、缸径 135mm、水冷、船用,第一种变形产品。

(3)16V240ZJB 柴油机——16 缸、V 形四冲程、缸径 240mm、增压、铁路机车用、水冷柴油机、变形代号 B。

(4)12E230C 柴油机——12 缸、二冲程、缸径 230mm、水冷、船用柴油机。

(5)1E56F 汽油机——单缸、二冲程、缸径 56mm、风冷。

国外生产的柴油机型号编制不按本规定,由各生产厂自行规定。

2.柴油机的转向

《单列外往复式内燃机　右机和左机定义》(GB/T 726—1994)对柴油机曲轴转向的规定:站在柴油机输出端向自由端看,凡输出端曲轴顺时针转为"右转",逆时针旋转为"左转"。

第四节　道依茨柴油机简介

目前,由德国道依茨公司生产的413系列和513系列高速、V形多缸、四冲程风冷柴油机被广泛应用在大型养路机械上。

1864 年,奥托和蓝根合伙在德国科隆创建了世界上第一家发动机生产厂,也就是今天道依茨公司的前身,奥托发明了第一台燃烧煤气的气体发动机,1898 年生产出世界上第一台柴油机。道依茨公司至今在柴油机开发、制造领域居世界领先地位。作为全系列发动机,道依茨公司提供功率范围从 25kW 到 520kW 的水冷和风冷发动机,可广泛用于工程机械、发电机组、农用机械、商用车辆、铁路机车和船舶等。目前,其主要产品包括:

1011 系列(2、3、4 缸,含增压机);
912 系列(3~6 缸,含低污染机);
913 系列(3、4、6 缸,含增压及中冷机);
413 系列低污染机(5、6、8、10、12 缸);
513 系列(8、10、12 缸,含增压及中冷机);
1012 系列增压机(4、6 缸,含中冷机);
1013 系列增压机(4、6 缸,含中冷机);
1015 系列增压机(6、8 缸,含中冷机)。

1967 年,德国道依茨公司先后投产了 B/FL312、413、413F 等系列风冷柴油机。随着科学技术的发展,该公司又推出了新型的 B/FL513 系列风冷柴油机。

一 道依茨 B/FL413F 系列风冷柴油机

道依茨公司利用 B/FL413 系列的技术成果开发了 B/FL413F 系列柴油机。该系列保持了 413 系列原有的优点,如采用积木式设计结构,任意选用附件和两种燃烧系统,但把缸径由 120mm 增大为 125mm,行程由 125mm 增大为 130mm,使单缸排量从 1.41L 增大到 1.59L。由于压缩比保持不变,外形尺寸几乎与原 413 系列相同,所以更有利于提高单位功率和减小比质量。

道依茨 B/FL413F 系列风冷柴油机有:直列 4 缸、5 缸、6 缸、V 形 6 缸、8 缸、10 缸、12 缸非增压、增压、增压中冷机型和低污染机型,采用直接喷射式(柴油直接喷在活塞燃烧室)和二级燃烧式(柴油喷在预燃室或涡流室中,着火后部分燃料燃烧,将未燃的混合物高速喷入主燃烧室,与空气进一步混合燃烧),直接喷射式和二级燃烧式如图 3-30 所示。该系列柴油机的额定功率范围为:64 ~ 386kW;额定转速有:1500r/min、1800r/min、2000r/min、2150r/min、2300r/min 和 2500 r/min 六种机型。

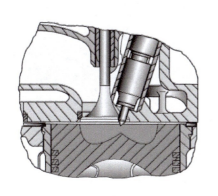
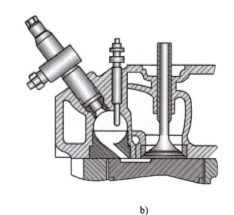

a)　　　　　　　　　　　　　　b)

图 3-30　柴油机燃烧方式
a)直接喷射式;b)二级燃烧式

由于各机型功率相互搭接覆盖,整机配套变形容易,可以满足各种设备的使用要求。道依茨 B/FL413F 系列风冷柴油机,如图 3-31 所示。

B/FL413F 系列风冷柴油机采用积木式结构,具有良好的配套性能,可以根据不同的使用要求进行多达几十种变形动力。因此,该系列柴油机应用十分广泛。

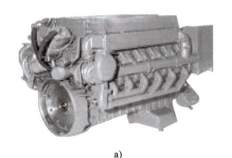
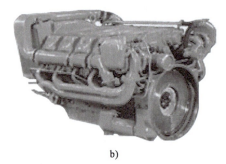

图 3-31　B/FL413F 系列风冷柴油机

二、道依茨 B/FL513 系列风冷柴油机

道依茨 B/FL513 系列风冷柴油机,是在 B/FL413F 的基础上发展起来的,具有当今世界先进水平的风冷柴油机。它吸取了其他风冷柴油机实际使用经验,应用了当今世界上柴油机设计中先进的电子和陶瓷低散热技术,使这种柴油机具有比质量(单位质量功率比)小、废气排放少、噪声小、经济性能好、使用可靠等优点,适合在高温、严寒、干旱等气候恶劣的地区使用。该系列柴油机采用了新的燃烧过程,非增压柴油机的汽缸直径比 B/FL413F 系列增大了 3mm,由此保证了在较低的活塞平均速度和在较低转速下提供较高的输出功率以及相应的较高可靠性和较低的燃油消耗。

道依茨 B/FL513 系列风冷柴油机除了保持了 B/FL413F 机型结构特点外,主要是在提高柴油机的输出动力和排放指标方面进行了大量的改进工作。该系列柴油机的额定转速为 2300r/min,输出功率与 B/FL413F 机型保持一致;排放指标可以达到欧Ⅱ标准。道依茨 B/FL513 系列风冷柴油机,如图 3-32 所示。

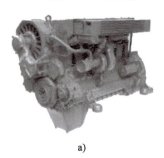
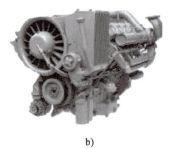

图 3-32　B/FL513 系列风冷柴油机
a) B/F6L513R;b) B/F8L513;c) B/F12L513C

道依茨 B/FL513 系列风冷柴油机机型品种与 B/FL413F 基本一致,非增压式有 V6、V8、V10 及 V12 几种机型,增压、增压中冷式有直列 6 缸、V8、V10、V12 几种机型。B/FL513 系列非增压机型的缸径为 128mm,增压、增压中冷机型的缸径为 125mm。但行程均保持 130mm。

三、道依茨系列风冷柴油机机型代码的含义

道依茨系列风冷柴油机,其机型代号的具体含义见表 3-1。

例如,BF12L513C 柴油机,其具体含义是:该机为 12 缸风冷增压中冷高速柴油机,汽缸直径为 125mm,活塞行程为 130mm。

道依茨风冷柴油机机型代码的含义 表 3-1

字母或数字	含 义	备 注
B	增压机型	—
F	高速四冲程柴油机	—
12	汽缸数	12——12 缸机
L	L——风冷柴油机;M——水冷柴油机	—
4	4——第四结构系列;5——第五结构系列	FL513 汽缸直径为 128mm;BFL513 汽缸直径为 125mm
13	13——活塞行程(cm)	—
F	加大汽缸直径	有 F 表示汽缸直径为 125mm;无 F 表示汽缸直径为 120mm
C	增压中冷机型	—
L	加长活塞行程	有 L 者,活塞行程为 140mm
W	二级燃烧式	直接喷射式不表示

四、道依茨风冷柴油机的特点

道依茨风冷柴油机具有性能稳定、安装简单、故障少、维修保养方便的特点,适合于在高温、严寒、干旱等气候条件恶劣的地区使用。道依茨系列风冷柴油机,与其他柴油机相比,具有下列特点:

1)标准化、系列化、通用化程度高

所有机型零部件的通用性很高,按种类达 67% 以上,按件数达 85% 左右。无论是 6 缸机、8 缸机,还是 12 缸机,除了曲轴箱、曲轴、凸轮轴、油底壳、喷油泵和进排气管外,其他零部件都是通用的或者是基本通用的。

2)结构简单,维修方便

所有机型采用一缸一盖结构(积木式结构),当局部发生故障或损坏时,检查拆装更换方便、容易,如无需拆装油底壳就可以拆卸上部更换缸套活塞、活塞环。

由于减少了一整套冷却系统的零部件,因而维修保养时比较容易,维修保养费用也低。

3)使用寿命长,可靠性好,故障率低

柴油机的正常使用寿命,主要取决于活塞组同缸套等摩擦副的磨损状况。而缸套等重要零件的磨损量,主要取决于柴油机在露点以下工作时间的长短。由于风冷柴油机缸壁温度高升温快,所以最大限度地避免了酸性腐蚀和磨损。

由于采用风冷系统,因此道依茨风冷柴油机大大减少了冷却系统的其故障率,与同类水冷柴油机相比,其故障率降低 40% 左右,使用寿命可达 10000h。铁路机械使用时,该系列柴油机属于降低功率使用,实际使用功率低于额定功率 10% 以上,进一步提高了该系列柴油机的使用寿命,并且大大降低了柴油机出现故障和损坏的可能性。

水冷柴油机系统故障统计,如图 3-33 所示。水冷柴油机故障占总故障的 38.2%,而风冷柴油机无此类故障。

4）噪声小

直接冷却需要的空气比间接冷却大约少 30%。风冷柴油机由于采用了许多先进的燃烧理论和降低噪声技术，例如，合现设计风扇叶形、液力耦合器驱动风扇，因此，其噪声水平低于相同功率的水冷柴油机。

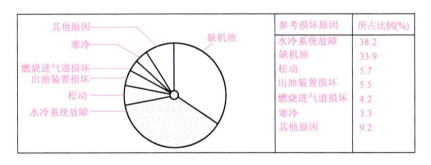

图 3-33　水冷柴油机系统故障示意图

5）热效率高，经济性能好

风冷柴油机在燃气温度一定的情况下，缸壁温度越高，柴油机散发到空气中的热量就越少，因而热效率便越高，燃油经济性便越好。通常，风冷柴油机缸壁温度要比水冷柴油机缸壁温度高数十摄氏度，因此其热效率要比水冷柴油机高。

由于风冷柴油机传给空气的热量少，因此其冷却风量只需水冷柴油机的 2/3 左右，再加上风扇功率消耗低，因而风冷柴油机的燃油消耗也变低。

6）适应性好，动力性能好

水冷柴油机散热器和周围空气的温差小，因为散热器温度受到冷却液沸点的限制（有压力阀的冷却液箱盖，冷却液温度可达 110℃）。而风冷柴油机其缸盖平均散热面温度为 170℃，与周围的空气有更大的温差，即使在炎热的环境下（空气温度达 50℃）也不会发生像水冷柴油机那种过热沸腾的危险。

风冷柴油机在 -35℃ 情况下，仍能很好地起动和可靠地工作，不会有机体冻裂的危险，也不需用防冻液。

风冷柴油机用在干旱沙漠地区，不怕缺水；用在高原低气压地区，不会像水冷柴油机那样有冷却液开锅（沸腾）的现象；用在沿海盐碱地区，缸体、缸套也不会因受冷却液的直接侵蚀而损坏。

此外，因风冷柴油机暖机快，起动性能好，只需 5~6min 就可达到工作温度，进入负荷状态。

知识链接

柴油机飞车时应采取哪些处理方法？

柴油机"飞车"是指转速突然升高，而且大大超过标定转速。此时，柴油机发出的排气声越来越密，排气管大量冒黑烟，抬起加速踏板也不能使转速降低，如不采取紧急措施，会出现连杆螺栓断裂，损坏缸盖、机体、活塞等零件，同时还会出现飞轮破裂、气门及气门弹簧折断等重大事故，其至直接威胁着人身安全。因此,柴油机一旦发生"飞车",必须采取措施减短"飞车"时间以减少损失。

一、"飞车"原因分析

大量实践证明,引起柴油机"飞车"的主要原因,一是喷油泵调速器出现故障,二是有额外油料进入燃烧室参与燃烧。

1. 机油进入汽缸参与燃烧

(1) 油底壳中机油加得太多,大量机油通过缸套与活塞之间的间隙进入汽缸燃烧。

(2) 空气滤清器中机油过多,超过刻度线,部分机油从进气道直接进入汽缸燃烧。

(3) 活塞环磨损,"泵油"作用加强。

(4) 油环及活塞上的回油孔堵塞,使机油留在汽缸中燃烧。

(5) 柴油漏入油底,使其油面升高,混合油窜入燃烧室参与燃烧。

(6) 柴油机温度太高,使机油过稀,易进入汽缸参与燃烧。

(7) 机油不符合使用要求。

2. 柴油超供

(1) 喷油泵柱塞卡在最大供油位置中。其主要原因有:

①组装柱塞副时,将柱塞碰伤。

②出油阀座拧紧力矩过大,使柱塞套变形。

③柱塞套定位螺钉的垫片太薄或漏装垫片,使柱塞套变形;齿杆部件与调节齿轮的位置装错。

(2) 调速器方面的可能原因。

①油泵柱塞调节臂未卡入调速器杠杆拨叉内,柱塞处于最大供油位置。

②销子和键等连接件脱落。

③调整不当,随便提高调速弹簧的预紧力。

④将调整转速的装置调整到极限位置。

⑤安装调速器飞球时,涂润滑脂过多且过于黏稠,致使转速升高时飞球难以张开。

(3) 喷油器质量问题造成供油过量。

二、"飞车"后应采取的措施

柴油机发生飞车时,一定要沉着、冷静,首先判断排气管烟色。如果冒蓝烟,可采取堵塞进气管或打开减压阀的措施,因为此时采用切断柴油油路的方法是无效的。如果冒浓黑烟,可采用切断柴油油路的方法,即迅速松开高压油管的连接螺母;同时堵塞进气管或打开减压阀。如果是行进中的机动车辆,当其柴油机"飞车"时,应进行紧急制动,强行使之熄火。

"飞车"停止后,必须认真查找原因,必要时还应对主要运动零件进行检查,发现问题彻底排除,以防"飞车"事故再次发生,保证柴油机的安全运行。

思考题与习题

1. 何谓内燃机?何谓外燃机?举例说明。

2. 何谓工作容积?何谓压缩比?其大小各表示了什么?

3. 解释工作循环的含义。

4. 柴油机由哪些机构和系统组成?

5. 柴油机的机体组分成哪几部分?它们之间是怎样连接的?

6. 对曲轴应有哪些要求?为什么?

7. 配气机构的作用是什么?它有哪些类型?

8. 柴油机燃油供给系统的作用是什么?由哪些部分组成?

9. 简述道依茨 FL413F/513 系列风冷柴油机在冬季是如何供油起动的。
10. 在喷油泵柱塞行程不变的情况下,喷油泵是如何改变供油量的?
11. 喷油器有哪些形式?各有何特点?现广泛采用的是哪种?
12. 调速器的作用是什么?简述当负载变化时,机械离心式全程调速器的自动调速过程。
13. 什么是飞车?发生飞车的原因是什么?飞车时应采取哪些措施?
14. 柴油机润滑系统的作用是什么?
15. 柴油机润滑系统由哪些部分组成?
16. 道依茨 FL513 系列风冷柴油机的冷却系统由哪些部分组成?
17. 何谓中冷器?设置中冷器的目的是什么?
18. 何谓柴油机增压技术?
19. 增压系统都有哪些形式?使用最为广泛的是哪个增压系统?由哪些部分组成?
20. 名词解释:
(1)有效转矩。
(2)有效功率。
(3)燃油消耗率。
21. 道依茨公司生产的柴油机都有哪些主要产品?
22. 道依茨风冷柴油机具有哪些特点?

第四章

常用大型养路机械

在我国铁路线路中,正在应用的机械设备种类很多,如铺轨机械、焊轨设备、路基机械、道床机械、整道机械、线路检测设备等。我国自 20 世纪 60 年代起,就发展中、小型线路机械。20 世纪 80 年代后,在铁道部的统一领导下,不断引进、开发了一批大型养路机械,现已形成作业范围覆盖全国铁路的机械化养路队伍、高效配套的综合机械群以及与线路机械化维修相适应的养路体制,在养护铁路线路、提高线路质量及保障近几年铁路大提速的顺利实施中发挥了重要作用。

第一节 清 筛 机

铁道线路在运营过程中会发生变形、磨耗、破损、腐蚀、脏污及老化,因此要对其进行养护"维修",以使其处于正常可靠的工作状态,保证行车安全。对于碎石道床而言,当其不洁度超过(按质量计)30%时,应该进行清筛。人工道床清筛是一项工作量大、劳动强度高的作业项目。目前,我国铁路的清筛工作已越来越多地采用道床清筛机械来完成。

道床清筛,就是将枕下 30~40cm 厚度范围内的脏污道砟挖出并进行筛分,将筛后的标准、清洁合格道砟回填到道床上,并补入部分新砟构成洁净道床。清筛是恢复道床性能的重要手段,尤其是在翻浆冒泥和运输煤、矿石等货物列车长期通行地段,必须定期进行清筛。

在部分重板结或重污染地段,如果挖出的脏污道砟无法筛分时,只能将挖出的道砟一起抛弃或运走,全部更换新砟以重新构成道床。筛出的污土一般都远抛至路基两侧。近年来,为了保护环境,部分清筛作业机械配备了污土输送列车。

我国铁路工务部门从 20 世纪 60 年代就开始研制各种道床清筛机械,主要是单边或双边小型及中型清筛机械,并研制了几种大型清筛机械,推动了我国养路机械化的发展。20 世纪 90 年代,我国引进奥地利普拉塞与陶依尔公司的 SRM80 型全断面道砟清筛机制造技术,进行国产化后由昆明中铁大型养路机械集团有限公司生产出铁路大型养路机械,简称 SRM80 型清筛机。这种清筛机很快就成为我国当前铁路大型线路清筛机械的主要设备。SRM80 型清筛机外观如图 4-1 所示。SRM80 型清筛机的工作原理是利用挖掘链的扒指切割道床上的道砟与道砟振动筛分的原理来工作。其工作速度 0~1000m/h,最高自运行速度为 80km/h,长途挂运时清筛机应连挂在货运列车的尾部,允许挂运速度为 100km/h。

一、总体构成

清筛机主要由车体、动力装置、转向架、工作装置和操纵控制系统等组成。

SRM80 型清筛机采用前方弃土总体布置方案。主体为两台双轴动力转向架,前、后司机室。车架中部设有道床挖掘装置、道砟筛分装置、道砟分配回填装置及污土输送装置;车架下则装有举升器、起拨道装置、左右道砟回填输送带、后拨道装置和道砟清扫装置等。总体结构,如图 4-2 所示。

图 4-1 SRM80 型清筛机

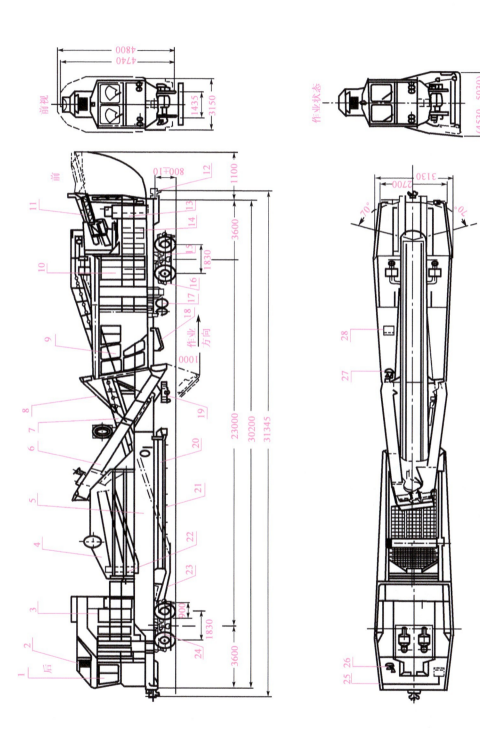

图 4-2 SRM80 型全断面道砟清筛机结构

1-后司机室;2-空调装置;3-后机房;4-筛分装置;5-车架;6-挖掘装置;7-主污土输送带;8-液压系统;9-前司机房"1";10-前机房;11-回转机房;12-车钩;13-油箱;14-工具箱;15-转向架;16-车轴齿轮箱;17-气动元件;18-举升器;19-起拨道装置;20-道砟回填装置;21-后拔道输送带;22-道砟导向装置;23-道砟清扫装置;24-制动装置;25-后司机座位;26-后双音报警喇叭;27-前双音报警喇叭;28-前司机座位

第四章 常用大型养路机械

动力装置选用两台德国道依茨(DEUTZ)公司生产的BFl2L513C型风冷柴油机。功率为$2\times348kW$,分别安装在车体的前部和后部,前发动机为机器作业或运行提供动力,还为所有输送带、液压系统提供动力;后发动机除同样为作业或运行提供动力外,还为驱动挖掘链、振动筛等机构提供动力。

自1967年以来,德国道依茨公司已经先后投产了FL312、FL413、FL413F等系列风冷柴油机。随着科学技术的发展,该公司又推出了新型的FL513系列风冷柴油机。

道依茨FL513系列风冷柴油机,是在FL413F的基础上发展起来的,具有当今世界先进水平的风冷柴油机。该系列柴油机采用了新的燃烧过程,非增压柴油机的汽缸直径比FL413F系列增大了3mm,由此保证了在较低的活塞平均速度和在较低转速下,提供较高的输出功率以及相应较高的可靠性和较低的燃油消耗。

道依茨FL513系列风冷柴油机除了保持FL413F机型结构特点外,对柴油机的输出动力和排放指标作了许多改进。该系列柴油机的额定转速为2300r/min,输出功率与413F机型保持一致;排放指标可以达到欧Ⅱ标准。

SRM80型道砟清筛机为全液压动力传动系统。前发动机通过分动箱驱动9台液压泵,后发动机通过分动箱驱动8台液压泵,为全车提供动力。液压马达驱动前、后双轴动力转向架,实现机器作业或区间走行。本清筛机的所有工作装置都为液压驱动。

SRM80型清筛机转向架,如图4-3所示。转向架是一种能相对车体回转,并具有独立结构的走行装置,通常安置在车体底架两端下方,是大型养路机械的重要组成部分。但是,大型养路机械的转向架既不同于我国现有的任何客、货转向架,也不同于机车转向架,它们是为大型养路机械专门设计的专用转向架。

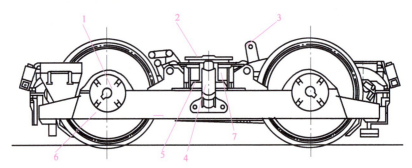

图4-3 转向架
1-轮对轴箱装置;2-心盘总成;3-基础制动装置;4-液压减振器;5-枕簧;6-侧梁;7-枕梁

SRM80型清筛机采用两台双轴动力转向架。清筛机行走由液压马达驱动,通过操纵控制,可实现清筛作业低速行走和区间运行。

SRM80型清筛机采用空气制动系统。

清筛作业与工作装置

1. 挖掘装置

铁道线路枕下的脏污道砟由挖掘装置挖出,并提升和输送到振动筛上,挖掘装置的构成,如图4-4所示。

挖掘装置中的挖掘链是由装有扒指的扒板、中间链节体、链销等组成的封闭循环链条,每一链节就是一块装有扒指的扒板。挖掘链由液压马达经过挖掘齿轮箱驱动,形成特种链传动,它具有挖掘、输送双重功能。挖掘链,如图4-5所示。进行挖掘时,五指形状的挖掘链以一定速度(如2.0、2.6、2.8、3.6 m/s等)在导槽内运行。同时,清筛机缓速前进,即可将枕下污砟不断挖出后直接送到清筛装置。

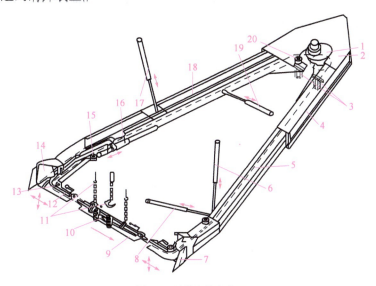

图 4-4　清筛机挖掘装置

1-驱动装置;2-护罩;3-导槽支枢;4-道砟导流总成;5-提升导槽;6-提升导槽垂直油缸;7-拢砟板;8-提升导槽水平油缸;9-水平导槽;10-挖掘链;11-起重装置;12-弯角导槽;13-下角滚轮;14-防护板;15-中间角滚轮;16-张紧油缸;17-下降导槽垂直油缸;18-下降导槽;19-下降导槽水平油缸;20-上角滚轮

挖掘链导槽分为水平导槽、提升导槽和下降导槽。清筛机进入工作位置时,先用人工将枕下道床挖出适当宽通道(基坑),并在挖掘装置的两侧弯角导槽连接处将水平导槽及挖掘链断开,把水平导槽平行放入挖好的基坑中,将水平导槽与左右弯角导槽固接,再连接挖掘链并调整链条松紧,即可进行挖掘作业。

脏污道砟被扒出后,在挖掘链的驱动下,沿导槽上行至道砟导流总成处。该处的导流闸板根据道砟的脏污程度,可设置不同的位置,以使脏污道砟被抛出线路外或进入振动筛。

图 4-5　挖掘链

2. 筛分装置

SRM80型清筛机筛分装置采用双轴直线振动筛,对从道床上挖掘出来的脏污道砟进行筛分。筛分后,筛上符合粒度标准的道砟,经道砟回填分配装置回填在道床上;筛下的碎石及污土由污土输送装置装入污土车运走或被抛弃到线路限界以外。

筛分装置如图4-6a)、b)所示。由直线振动筛及支撑、导向、调整装置等组成。振动筛筛箱有三层筛网,可筛分20~70mm的道砟,其总面积约为$25m^2$。振动筛由液压马达驱动的双偏心轴起振,振动频率可调。在曲线地段,振动筛的可调支撑装置应保持筛面横向水平,以保证清筛效果。

3. 道砟回填分配

通过筛分的清洁道砟落下后,经过回填分配装置,重新填回道床。道砟回填分配装置由

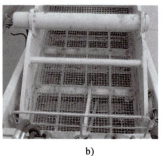

a) b)

图 4-6 筛分装置

左、右侧道砟分配板和左、右道砟回填输送装置两大部分组成。左、右侧道砟分配板可将清洁的道砟直接分配落到道床上或落到回填输送带后再撒落到道床上的道砟量;左、右道砟回填输送装置将落到传送带上的清洁道砟输送到挖掘位置后约 1.5 m 的地方,并均匀地撒布到两钢轨外侧的道床上。道砟回填分配装置的传送带,如图 4-7 所示。

4. 其他工作装置

SRM80 型清筛机上装有前起拨道装置和后拨道装置。前起拨道装置的功用是减少挖掘阻力和避开线路永久障碍物;后拨道装置是将已拨过的线路拨回原位或拨到指定位置。起拨道装置,如图 4-8 所示。

图 4-7 道砟回填分配装置——传送带   图 4-8 起拨道装置

为了将筛分后的污土卸到污土输送车或直接抛弃到限界外,SRM80 型清筛机装有污土传送装置,该装置包括污土输送带、输送装置支架和回转污土输送等。污土输送带、输送装置支架,如图 4-9 所示,回转污土输送装置如图 4-10 作业所示。

图 4-9 污土输送带、污土输送装置支架   图 4-10 回转污土输送装置

SRM80 型清筛机的性能参数

SRM80 型全断面道砟清筛机的主要技术性能如下:

1. 作业条件(表 4-1)

作业条件　　　　　　　　　　　　　　　表 4-1

项目	参数	项目	参数
道床类型	碎石道床	最小作业曲线半径	250m
线路最大坡度	3.3%	最小运行曲线半径	180m

2. 作业性能(表 4-2)

作业性能　　　　　　　　　　　　　　　表 4-2

项目	参数	项目	参数
整机作业效率	650m³/h	筛分装置振动频率	(12)19Hz
挖掘宽度	4030～5030mm	筛分装置驱动功率	43kW
挖掘深度	由轨顶向下 1000mm	筛网有效面积	25m²
挖掘装置形式	五边封闭型耙链式	筛网层数	3 层
挖掘装置驱动功率	277kW	筛孔尺寸	上:85mm×85mm 中:55mm×55mm 下:30mm×30mm
筛分装置振幅	9.5(双)mm	最大筛分能力	650m³/h

3. 整机性能(表 4-3)

整机性能　　　　　　　　　　　　　　　表 4-3

项目	参数	项目	参数
转向架心盘距	23000mm	作业速度	0～1000m/h
转向架轴距	1830mm	最高自行速度	80km/h
轮径	900mm	最大联挂速度	100km/h
车钩中心高距轨面	880mm±10mm	制动方式	空气制动及手制动
轨距	1435mm	单机紧急制动距离	80km/h 速度下不大于 400m
柴油机型号	BF12L513C	外形尺寸	长:31345mm 宽:3150mm 高:4740mm
柴油机功率	2×348kW	整机质量	88t
传动形式	全液压传动		

第二节　配砟整形车

道床配砟整形车是铁路新建、大修和维修养路机械化作业中不可缺少的配套机械之一,它具有对道床进行配砟、整形、清扫轨枕和抛砟等作用。

发达国家很早就注重养路机械的配套使用、完善功能,不仅大大减轻了劳动强度和节省了人力资源,而且保证了施工作业的质量和效率。欧洲几个铁路养路作业先进的国家,通常采用MDZ机组进行养护作业,所谓MDZ机组,就是由抄平起拨道捣固车、配砟整形车、动力稳定车组成,其中配砟整形车是其重要的组成部分,用于将道床整理成型,同时将散落在轨枕和扣件上的道砟清扫干净。生产配砟整形车的主要有奥地利、瑞士、美国等国家。

我国于1984年在引进奥地利普拉塞和陶依尔公司的D08-32型捣固车、DGS-62N型动力稳定车的同时也引进了SSP-103型配砟整形车,使用效果很好。为了满足我国铁路建设迅速发展的需要,在消化吸收SSP-103的基础上,铁道部结合我国的实际情况组织设计生产了SPZ-160型配砟整形车。该车的研制成功,不仅促进了我国铁路养路机械化的发展,而且为大型养路机械的国产化创造了良好的开端。1992年,有关部门在SPZ-160型的基础上,对传动装置、走行系统、作业装置等进行改进设计,采用引进D08-32捣固车的工艺技术,克服了SPZ-160型配砟整形车的不足,生产了SPZ-200型配砟整形车,如图4-11所示。近年来,随着对引进技术的不断消化吸收,对原设计的电路、机械、气动等部分改进,并加装了空气干燥系统,使得作业、运行操作方便、可靠。

另外,现在还有DPZ-440型等新型配砟车,DPZ-440型如图4-12所示。但目前全路广泛使用的是SPZ-200型配砟车,所以本书以SPZ-200型配砟整形车为例来介绍。

图4-11 SPZ-200型配砟整形车

图4-12 DPZ-440型配砟车

SPZ-200型配砟整形车可以进行正、反两个方向的作业,具有对道床进行配砟、边坡整形和轨面清扫的功能。它通过中犁、侧犁来完成道砟的运送与分配,最终按线路的技术要求将道床整理成型,并通过清扫装置将散落在轨枕或扣件上的道砟清扫干净,使线路整齐、美观。

一 总体构成

SPZ-200型配砟整形车是集机、电、液、气于一体,自带动力的大型铁路工程机械,从构造上讲,它具有机械车辆的结构特点,同时还具有施工机械的特点。SPZ-200型配砟整形车结构,如图4-13所示。它主要由发动机、传动装置、车架与走行装置、制动系统、走行和作业液压系统、中犁、侧犁、清扫装置、电气操纵系统及司机室等组成。

SPZ-200型配砟整形车的发动机为BF8L413F型风冷柴油机,功率210kW。走行及工作装置均采用全液压传动。该车最大配砟宽度为3620mm,最大整形宽度6600mm,最大清扫宽度2450mm,工作速度0~12km/h,最大自运行速度80km/h,长途挂运时配砟整形车应连挂在货运列车的尾部,允许挂运速度为100km/h。

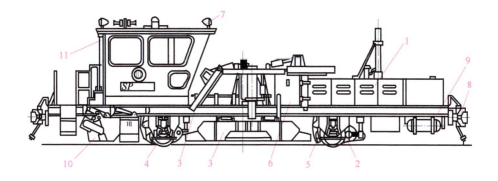

图 4-13 SPZ-200 型配砟整形车结构

1-发动机室;2-传动装置;3-作业装置;4-走行装置;5-基础制动系统;6-液压油箱;7-前照灯;8-牵引装置;9-车架;10-清扫装置;11-司机室

配砟整形工作过程与工作装置

配砟整形车的工作装置由中犁、侧犁和清扫装置组成,其功能就是由中犁和侧犁完成道床的配砟及整形作业,使作业后的道床布砟均匀;清扫装置将作业过程中残留于轨枕及扣件上的道砟清扫干净,收集后通过输送带移向道床边坡;通过适当调整侧犁的转角,使道床断面按 1∶1.75 成型,达到线路外观整齐、美观。

1. 中犁装置

中犁装置的结构,如图 4-14 所示。主要由中犁板、翼犁板、导流板、护轨罩、主架、气锁及中犁液压缸、主液压缸等组成。4 块中犁板可沿主架中心轴和护轨罩上导流板的导槽上下移动,与线路中心线呈 45°角"X"形对称布置,通过不同启闭的组合,产生不同的道砟流向,可以完成八种工况的配砟作业,八种工况下的道砟流向,如图 4-15 所示。

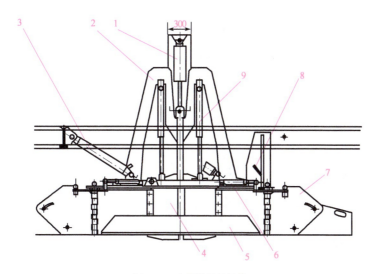

图 4-14 中犁装置的结构

1-升降液压缸;2-主架;3-连杆;4-中犁板;5-护轨罩;6-翼犁板液压缸;7-翼犁板;8-机械锁;9-中犁液压缸

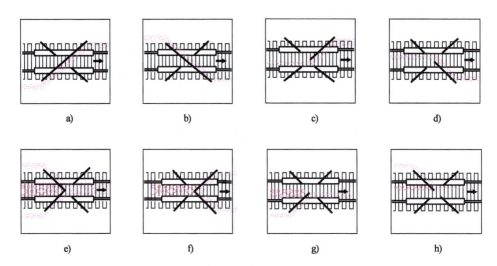

图 4-15 道砟流向图

a) 移动道砟从线路的左侧到右侧；b) 移动道砟从线路右侧到左侧；c) 将左侧枕端道砟移至右股钢轨内测；d) 将右侧枕端道砟移至左股钢轨内测；e) 移动道砟从轨道中心至钢轨枕端；f) 移动道砟从钢轨枕端至轨道中心；g) 将右股钢轨内侧移至枕端；h) 将左股钢轨内侧道砟移至枕端

2. 侧犁装置

两个侧犁装置左右对称地布置在车体两侧，侧犁结构如图 4-16 所示。

侧犁主要用于道床边坡的整形作业，并可配合中犁进行道砟的配砟作业。通过改变侧犁装置的翼犁板角度，可以完成四种工况的运砟及道床整形作业，如图 4-17 所示。

除此以外，侧犁与中犁一起配合使用可在无缝线路地段完成砟肩堆高作业，以提高无缝线路道床横向阻力。

图 4-16 侧犁结构

1-滑板；2-滑套；3-犁板角度调节液压缸；4-滑套液压缸；5-翻转液压缸；6-主侧犁板；7-翼犁液压缸；8-翼犁板

三、配砟整形车主要技术参数

配砟整形车主要技术参数见表 4-4 所示。

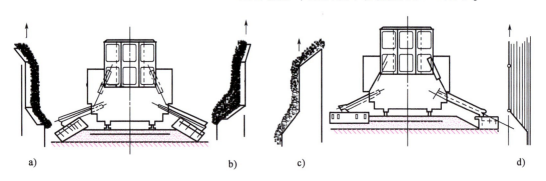

图 4-17 侧犁工况

a) 将道砟从边坡移至枕端；b) 将道砟沿线路方向运送；c) 将道砟从枕端移至边坡；d) 堆高或整平砟间肩面

SPZ-200 型配砟整形车主要技术参数 表 4-4

	参数名称	参 数		参数名称	参 数
作业条件	线路最大超高	150mm	整机性能	轴距	5500mm
	线路最大坡度	3.3%		轨距	1435mm
	海拔高度	≤1000m		轮径	840mm
	环境温度	−10 ~ +40℃		轴重	14t
	最小作业曲线半径	120m		最高连挂速度	100km/h
作业性能	最大配砟宽度	3620mm		最高自行速度	0 ~ 80km/h
	最大整形宽度	6600mm		最小通过曲线半径	100m
	最大清扫宽度	2450mm		车钩形式	13 号上作用式车钩
	最大作业深度（轨底面以下）	1200mm		缓冲器	MX-1 型
					KC15 型
	整形道床边坡	任意		车钩中心距轨面高度	(880 ± 10)mm
	连续工作时间	≤6h		柴油机型号	BF8L413F
	作业速度	0 ~ 12km/h			BF8L513
整机性能	整机质量	28t		传动形式	全液压传动
	外形尺寸（长×宽×高）	(13508 × 3025 × 3900)mm³		制动方式	空气制动及手制动

第三节 抄平起拨道捣固车

我国铁路现用的几种大型抄平起拨道捣固车是从奥地利普拉塞和陶依尔公司进口的，或是引进该公司生产技术，由昆明中铁大型养路机械集团公司批量生产的。最近几年，襄樊金鹰轨道车辆公司生产的抄平起拨道捣固车也投入使用。

捣固车用在铁道线路的新线建设、旧线大修清筛和运营线路、道岔维修作业中，对轨道进行拨道、起道抄平、石砟捣固及道床肩部石砟的夯实作业，使轨道方向、左右水平和前后高低均达到线路设计标准或线路维修规则的要求，提高道床石砟的密实度，增加轨道的稳定性，保证列车安全运行。

道砟捣固是向指定方向迁移道砟和增加道砟密度的过程。机械化捣固时，采用成对高频振动的捣镐在轨枕两侧同时插入道砟，在规定深度做相对夹持动作，将道砟捣密，如图 4-18 所示。捣固过程重构了道床结构，使道砟产生流动、聚集并重组。可稳定起拨道后轨道的位置、提高道床缓冲能力，并直接消除某些线路病害。

捣固车的类型很多，按照划分的方式不同，可有以下几种类型：

（1）按作业对象，分为线路捣固车、道岔捣固车。如 D08-32、D09-32、09-3X、09-4X 型捣固车是线路捣固车，CD08-475 型捣固车是道岔捣固车。

（2）按走行方式，分为步进式和连续式捣固车。如 D08-32、CD08-475 型捣固车是步进式捣固车，D09-32、09-3X、09-4X 型捣固车是连续式捣固车。

（3）按同时可捣固轨枕数目，分为单枕捣固车、双枕捣固车和多枕捣固车。如 CD08-475

型捣固车是单枕捣固车,D08-32、D09-32 型捣固车是双枕捣固车,09-3X、09-4X 型捣固车是多枕捣固车。

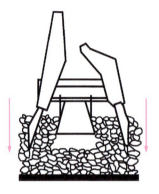

图 4-18　道砟捣固

捣固车在铁路线路养护中是最常用的作业机械之一,在线路养护中占有十分重要的地位,目前,我国常用的捣固车型号为 D08-32、D09-32、D09-3X 和 CD08-475 型等。本节将从结构、技术性能和作业特点几方面介绍这几种型号的捣固车。

一、D08-32 型捣固车

D08-32 型捣固车在世界多国家的铁路获得广泛运用已有多年,可以同时对线路进行拨道、起道抄平、捣固、砟肩夯实作业。捣固车与配砟整形车、动力稳定车配套作业,组成机械化维修列车。对线路进行线路维修作业,可以较大地提高线路质量,减少列车慢行次数。

捣固车必须在封闭线路进行作业,捣固车在运行状态下与其他机械车辆连挂进入封闭区间,到达作业地点后,机组解体,捣固车由运行状态转换为作业状态后开始工作,作业中捣固车需要操纵及辅助人员共 5~7 人。

D08-32 型捣固车最高自运行速度为 80km/h,长途挂运时捣固车应连挂在货运列车的尾部,允许挂运速度为 100km/h。

我国于 1984 年开始引进普拉塞和陶依尔公司的 D08-32 型抄平起拨道捣固车,并用于铁路养路作业。1990 年,又引进了 D08-32 型捣固车的生产制造技术,在昆明机械厂开始批量生产,并逐步装备到各铁路局、铁路工程局等,成为机械化养路的主要设备之一。该型捣固车是目前技术相对较成熟、应用最广泛的一种捣固车。D08-32 型捣固车,如图 4-19 所示。

图 4-19　D08-32 型捣固车

1. 总体构成

D08-32 型捣固车是集机、电、液、气为一体的机械,采用了大量的先进技术,如电液伺服控制技术、自动检测技术、微机控制技术、激光准直等,为多功能的线路捣固车。其具有操作简便、性能良好、作业高效的特点。该车共有 32 个捣固镐头,同时可以捣固两根轨枕,作业走行是步进式,能进行起道、拨道、抄平、钢轨两侧枕下道砟捣固和枕端砟肩夯实作业;该车利用车上测量系统,可对作业前、后线路的轨道几何参数进行测量和记录,并通过控制系统按设定的轨道几何参数进行作业;该车作业方式为"定点式"捣固,即一次捣固循环周期为:主机运行→主机制动→捣镐振动下插→捣镐枕下夹实。

D08-32 型捣固车由专用车体和前司机室、后司机室、两轴转向架、起拨道装置、捣固装置、夯实装置、检测装置、液压系统、电气系统、气动系统、动力及动力传动系统、制动系统、操纵装置等组成,附属设备有材料车、激光准直设备、线路测量设备等,捣固车总体结构,如图 4-20 所示。

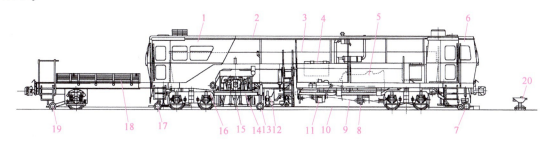

图 4-20 D08-32 捣固车结构

1-后司机室;2-车顶棚;3-高低检测弦线;4-油箱;5-柴油机;6-前司机室;7-D 点检测轮;8-分动箱;9-传动轴;10-方向检测弦线;11-液力机械变速箱;12-起拨道装置;13-C 点检测轮;14-夯实器;15-捣固装置;16-两轴转向架;17-B 点检测轮;18-材料车;19-A 点检测轮;20-激光发射器

D08-32 型捣固车动力装置选用一台德国道依茨(DEUTZ)公司生产的 F12L413F 型风冷柴油机,它是 FL413 系列柴油机中的 12 缸柴油机,早期引进的 D08-32 捣固车采用该系列中的 10 缸柴油机。由于 FL413F 系列风冷柴油机采用积木式结构,具有良好的配套性能,可以根据不同的使用要求进行多种变形,因此,该系列柴油机应用十分广泛。FL413F 系列风冷柴油机在国内有两家合资企业。

F12L413F 型风冷柴油机为 V 形 12 缸、直喷式斜筒型燃烧室、风冷车用高速四冲程柴油机,额定转速为 2300r/min,额定功率为 235kW,最大转矩为 1226N·m(转速 2500r/min),燃油消耗率≤211g/(kW·h)。

D08-32 型捣固车工作装置包括捣固装置、起拨道装置及夯实装置,它们可以组合工作,对线路进行起拨道、捣固、夯实综合作业,也可单独操作作业。

2. 捣固装置及工作原理

1) 捣固装置

D08-32 型捣固车的捣固装置如图 4-21 所示,两套捣固装置在捣固车中部左右对称地安装,每套捣固装置装有 16 把捣固镐,每次可以同时捣固两根轨枕。左右两套捣固装置既能同步捣固两根轨枕,也能单独使用左右任意一个捣固装置。捣固装置除了振动、夹持动作外,还能垂直升降和横向移动。升降和横移的控制,由各自独立的自动控制机构来完成。

捣固装置主要由箱体、捣固臂、捣固镐、偏心轴、飞轮、内外夹持油缸、捣固镐夹持宽度调整机构、液压系统和润滑系统等组成。捣固装置结构,如图4-22所示。

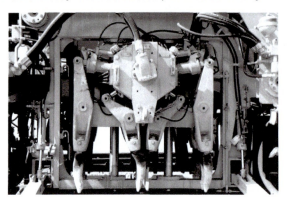

图4-21 捣固装置

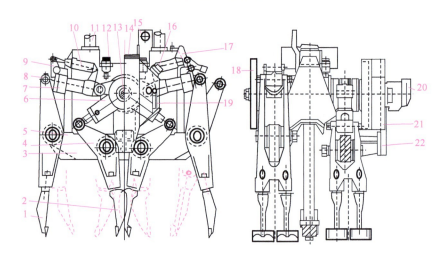

图4-22 捣固装置结构

1-外镐;2-内镐;3-箱体;4-内捣固臂;5-销轴;6-内侧夹持油缸;7-外侧夹持油缸;8-销轴;9-加宽块;10-汽缸;11-导向柱;12-油杯;13-偏心轴;14-注油嘴;15-悬挂吊板;16-加油口盖;17-油管接头集成块;18-飞轮;19-油位表;20-液压马达;21-油箱;22-固定支架

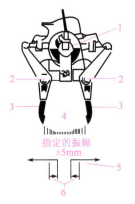

图4-23 异步定压捣固原理
1-振动;2-固定旋转点;3-异步挤压;4-道砟阻力;5-放大的振幅;6-力传递区

2)捣固装置工作原理

双枕捣固装置是异步夹持式捣固装置,是以偏心轴连杆摇摆式振动、异步定压捣固原理工作的,如图4-23所示。当装有液压马达驱动的偏心振动轴旋转时,装在偏心轴颈上的内外侧夹持油缸,在偏心振动轴的作用下做往复运动,这样装在捣固臂下端的镐头就产生摇摆式强迫振动。捣固时下插过程中的捣固镐把振动力传递给石砟,使石砟产生振动并向较稳定的方向移动,增加道床的密实度。

当捣固镐下插到设定深度后,踩下捣固镐夹持踏板(图4-24),使轨枕两侧的捣固镐在夹持油缸作用下边振动边向轨枕方向产生夹持运动。在夹持过程中,镐头受到枕底被挤压道砟逐渐增大的反作用力。一旦道砟的反作用力达到预设夹持油缸的作用力时,相应的捣固镐自动停止挤压道砟,而其余的捣固镐继续挤压道砟直至达到预设的压力。

夹持油缸控制捣固镐的夹持和张开动作,捣固装置的所有夹持油缸是由各自独立的液压控制回路单独进行的,这样可确保对每个捣固镐施加相同的压力,它们之间没有机械或液压同步结构。虽然每一对捣固镐之间的压力是完全相同的,但轨枕两侧捣固镐的夹持移动距离却因在道砟中遇到的阻力不同而有所不同,所以称为异步夹持原理。

这种异步夹持动作,能够使每根轨枕下的石砟密实度均匀。当某侧捣固镐所夹持的石砟较疏松时,夹持阻力较小,捣固镐的夹持移动距离就大,直到夹持阻力达到设定的油压力时,夹持动作才能停止,所以,捣固后的石砟密实度是一致的。

3. 起拨道装置

起拨道装置由起道架、摆架、起道油缸、拨道油缸、导向柱、夹轨轮组及拨道轮等组成,如图 4-25 所示。

图 4-24 捣固镐夹持踏板
1-捣固头下降脚踏开关;2-液压走行脚踏开关

图 4-25 起拨道装置

夹轨轮组由内、外两个夹轨轮 5 和夹轨油缸 3 组成,当夹轨液压缸的活塞缩回时,相对的两个夹轨轮 5 合拢,即可夹住钢轨头,如图 4-26b) 所示,并可随捣固车运行而滚动夹持前进。D08-32 型捣固车起道装置的最大起道量为 150mm,最大起道力为 250kN。

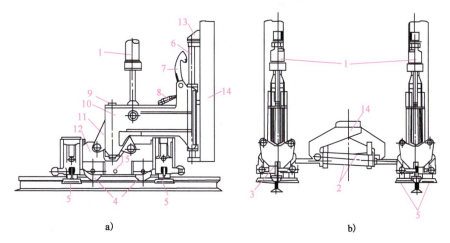

图 4-26 起拨道装置的结构
1-起道油缸;2-拨道油缸;3-夹轨油缸;4-拨道轮;5-夹轨轮;6-导向柱;7-钩;8-汽缸;9-竖销轴;10-起道架;11-吊耳;12-摆动架;13-钩座;14-车架;15-接近开关

拨道油缸装在主车架的纵梁上，拨道时一个油缸用推力，另一个油缸用拉力，主车架承受拨道反作用力。装在摆架上的双轮缘拨道轮 4 可横向卡在轨头上，如图 4-26a) 所示。当拨道油缸横向推拉摆架时，通过拨道轮推、拉钢轨，使该处的整个轨排横向移动，如图 4-26b) 所示。最大拨道量为双向各 150mm，最大拨道力为 150kN。

4. 线路检测装置及 GVA 系统

铁道线路方向及水平的检测是捣固车进行起拨道作业的前提条件。D08-32 型捣固车装有线路方向偏差检测装置、线路横向水平检测装置、线路纵向高低检测装置、激光矫直装置和检查记录装置。

(1) 线路方向偏差检测装置示意图，如图 4-27 所示，线路方向偏差检测装置是由 A、B、C、D 四台测量小车、一根钢弦线、两横矢距传感器及相应的显示仪表等组成。钢弦线穿在各测量小车下面，D 点测量小车为钢弦线一固定点，钢弦线另一端在 A 点由汽缸控制松紧，在 B、C 测量小车上各安装一台矢距传感器，钢弦线穿过矢距传感器拨叉，当在 B 点或 C 点处线路方向出现偏差时，就会在相应的矢距传感器上输出偏差信号。

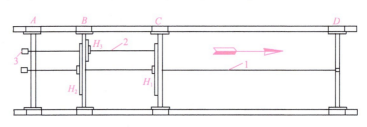

图 4-27 线路方向偏差检测装置示意图
1-检测弦线；2-检查弦线；3-弦线张紧汽缸；A、B、C、D-检测小车；H_1、H_2、H_3-矢距传感器

(2) 线路横向水平检测装置，如图 4-28 所示。在 B、C、D 测量小车上各安装一台水平传感器，水平传感器也称电子摆。线路横向水平又称轨道左右水平，线路横向水平检测主要是测量平直线路两股钢轨之间的高度差，当两股钢轨出现高度差时，电子摆内的摆锤将向一侧摆动，输出相应的信号，通过转换就可测出两股钢轨间的高度差。当测量曲线外轨超高时，检测原理相同。

图 4-28 横向水平检测装置——水平传感器(电子摆)

(3) 线路纵向高低检测装置示意图，如图 4-29 所示。线路纵向高低检测装置是由安装在 B、C、D 三台测量小车上的探测杆、两根钢弦线和两台高低传感器组成。钢弦线一端固定在 F 探测杆的随动机构上，另一端由汽缸 4 控制松紧，在 M 点左右两根钢弦线分别穿过 C 测量小车上的左右升降探测杆顶端高低传感器 2 的触杆，当 C 测量小车处的轨道相对于钢弦线有高低变化时，M 升降探测杆上的高低传感器随 C 测量小车有升降变化，此时高低传感器的触杆被钢弦线的拉动而转动，则轨道 C 处的高低偏差就以电信号输出。探测杆 M 升降变化的数量就反映出该点线路对 RF 基准线的高低偏差量。

由于线路纵向高低在两股钢轨上不完全相同，在不同区段要选择左股或右股钢轨为基准，因此在每股钢轨上各有一套高低偏差检测装置。

(4) D08-32 型捣固车装备的激光准直测量系统。准直,就是给出一条标准的直线作为测量的基准线。捣固车检测线路方向偏差的基准线是张紧于 A、D 两检测小车之间的钢弦线,这根仅 21.1m 长的钢弦线用在曲线地段可以满足检测精度的要求,但用在直线区段,尤其是在百米以上的长直线区段,其检测精度显然是不够的,不能保证在长直线区段拨道的质量。为了提高长直线区段检测精度和拨道质量,我国铁路大型捣固车都装备有激光准直测量系统。

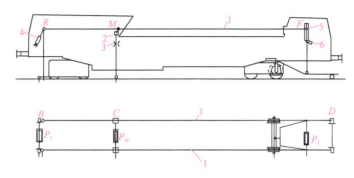

图 4-29 纵向高低检测装置示意图

1-钢弦线;2-高低传感器;3-导套;4-张紧汽缸;5-标尺;6-升降电机;F-前探测杆;M-升降探测杆;R-后探测杆;D-前张紧小车;C-拨道小车;B-测量小车;P_r、P_m、P_f-电子摆

激光准直测量系统主要由激光发射器、发射电池箱、发射调整架、激光接收器等组成,如图 4-30 所示。其激光发射器向捣固车前端的激光接收器发射出一个宽为 20mm 的垂直扇面光

a)

b)

c)

图 4-30 激光准直系统
a) 激光发射器; b) 激光接收器; c) 激光准直系统

束,这个垂直扇面光束是很好的准直基准光源,激光接收器会自动跟踪激光束,使接收器中央始终处于激光束的中心。在跟踪激光束的过程中,激光接收器配合测控装置可以检测出水平方向的偏差,并将偏差量转换成相应的电信号,经控制电路处理后,指导捣固车的拨道机构自动进行拨道作业。该系统最大工作距离600m,作业时通常将激光发射小车推至距捣固车前300m处并锁定在轨道上,如图4-30c)所示。作业后的线路轨向精度可以达到±2mm。

随着光电控制技术的进步,尤其是激光器件的技术突破,捣固车的激光准直测量系统也引入了新材料、新技术、新工艺,使JZT型产品由A型向B型更新换代。

A型激光系统,发射器采用的光源是He-Ne气体激光器,耗电量大,需要配用电容量较大的12V蓄电瓶;接收器的控制电路为模拟电路。B型激光系统,发射器采用的光源是半导体激光器,省电、轻便,配用3节1号普通干电池或充电电池;接收器的控制电路为数字电路。B型激光系统可与A型激光系统互换,使用性能完全相同。A型和B型发射器,如图4-31所示。

 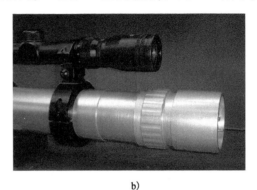

图 4-31 A 型和 B 型发射器
a) A 型发射器;b) B 型发射器

JZT-A型发射器的主要特点:

①激光器采用He-Ne气体激光管,管内封装He-Ne气体,外管为石英玻璃材料,输出光束 $\phi 1mm$。

②光学扩束系统将激光器射出的激光束扩束为直径 $\phi 20mm$ 的平行光束。光学扩束系统与发射器外筒精确同心。

③光束调平装置将物镜射出的 $\phi 20mm$ 的平行激光束扩展成宽度为20mm的垂直光带(距离100m处光束高2m),满足捣固车在有竖曲线的线路上作业的需要,如图4-32所示。

JZT-B型发射器的主要特点:

①以半导体激光器替代He-Ne气体激光器。

图 4-32 垂直光带

②采用普通1号干电池作为发射器电源,从而取消了A型发射器所需的笨重的充电电源箱。

③由于半导体激光耗电量小,约每工作40h换一次电池即可。

④与A型激光器完全通用。

(5)检查记录装置,如图4-33所示,用于记录铁路线路维修前后的线路状态。在早期引进的大型养路机械上,普遍采用国外进口的电子多通道记录仪,如EL-T730和EL-T7025型记录仪,如图4-33a)所示。该种记录仪为模拟信号,无法与轨道检查车进行数据交换。现已被 KT3-2JLA 型多通道数字式记录仪所取代,KT3-2JLA 型多通道数字式记录仪如图 4-33b) 所示,主要包括工业计算机、工业液晶显示器、触摸键盘和微型打印机等几部分。这几部分都集成在一个工业计算机机箱内,机箱具有良好的电磁屏蔽作用。安装机架把记录仪固定在养路机械上,同时该机架具有减振的作用。记录仪工作时可以直接使用车上的 24V 直流电源。在计算机的适配槽上,插有信号转换卡、信号采集卡等。整个硬件系统的工作温度为: -10 ~ 50℃。

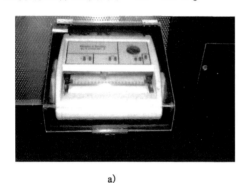
a)

b)

图 4-33 记录仪

KT3-2JLA 型多通道数字式记录仪具有以下几方面的功能:

①在测量过程中,随着检测车向前运行,可以实时采集检测车上的信号,将其转换成数字信号,以信号向前滚动的方式显示在屏幕上,并能够将数字信号存储为电子文件的形式,该电子文件由四个部分组成:文件名(反映测量日期和测量方式)、公里标、查询标记和信号数据。测量中如出现信号超标,系统会显示报警的文字提示,同时有声音报警。信号超标的标准可以人为设定。对超标的地段有特殊的标记显示,并能统计超标地段的数目和超标地段的长度,而且可将超标地段的数目和超标地段的长度点,列出专门的表格,便于分析查找原因。

②在测量过程中,某些地段如需要重新测量,检测车向后运行,信号向后滚动,重新测量的信号会覆盖原有的信号,而不需要重新测量的地段,其信号保持不变。

③重新测量后的电子文件可以随时调出来进行分析,可以依据线别、上行、下行、测量日期、公里标以及特殊查询标记来查询电子文件。当调出某一电子文件后,不仅可以用曲线滚动(提供向前、向后滚动和暂停三种功能,曲线滚动的速度可调)的方式显示信号,同时可以测出任意点的信号值。另外,还可以直接查询任意点附近的曲线。信号显示的横坐标可以选择四种比例:1:1、1:5、1:20 和 1:50,1:1 的含义是:显示器上一屏可以显示 40m 距离的信号;1:5 的含义是:显示器上一屏可以显示 200m 距离的信号;1:20 的含义是:显示器上一屏可以显示 800m 距离的信号;1:50 的含义是:显示器上一屏可以显示 2000m 距离的信号。信号分析时,可以先选择 1:20,1:50 的比例来粗略了解整个测量信号的变化,再选择 1:1 和 1:5 的比例对信号进行详细分析。

④电子文件可以通过软盘、USB 盘、移动硬盘或计算机串行口转移到其他计算机上。这一功能可以用于把电子文件转移到服务器上。在服务器上,可以对多个检测车上的电子文件进行存档和管理。

⑤电子文件中的测量信号可以随时调出进行打印。打印机采用针式打印机(选择连续纸打印)。打印功能可以使数字多通道记录仪保留原电子记录仪的功能,并在此基础上进行功能扩展。

⑥为了提高电子文件的存储可靠性,采用双存储介质,即将所有的电子文件一式两份地存储在两个电子硬盘(或普通硬盘)内,当一个硬盘发生故障时,另一个硬盘可以完好地保存测量数据。

(6)随 D08-32 型捣固车引进的 GVA 控制系统是由 6502 为中央处理器的 8 位微机控制系统组成,如图 4-34 所示。其主要功能是根据预先输入的轨道理论几何数据,包括公里标、曲线半径、基本起道量、超高、坡度等数据,自动计算出捣固车起道、拨道和抄平所要参与控制的 5 种给定值,从而替代了烦琐的人工给定,实现了半自动作业,提高了作业效率。

图 4-34 GVA 控制系统
1-GVA 控制器;2-GVA 监视器;3-作业控制箱 B4;4-GVA 数据输入键

5. 主要技术性能

D08-32 型捣固车作业条件见表 4-5。

D08-32 型捣固车作业条件   表 4-5

项 目	作业条件	项 目	作业条件
钢轨	50kg/m、60kg/m、75kg/m	线路最大坡度	3.3‰
轨枕	木枕或混凝土轨枕	作业最小曲线半径	120m
道床	碎石道床	运行最小曲线半径	100m
作业线路	单线或线间距 4m 及以上的复线与多线	最大海拔高度	1000m
特殊环境	可在雨天和夜间及风沙、灰尘严重的情况下作业	环境温度	10~40℃
轨距	1435mm	环境湿度	平均70%
线路最大超高	150mm		

D08-32 型捣固车的主要结构参数,见表 4-6。

D08-32 型捣固车的主要结构参数   表 4-6

项 目	参 数	项 目	参 数
总 长	约为 24180mm	空载总重	46t
总 宽	3050mm	空载前转向架轴重	10t
总 高	约为 3285mm	空载后转向架轴重	10.25t
心盘距	11000mm	空载材料车轴重	5.5t
转向架轴距	1500mm	负载后总重	60t
材料车轴至后转向架中心	5800mm	负载后前转向架轴重	10t
轮 径	840mm	负载后后转向架轴重	14t
车钩中心高	距轨面(880±10)mm	负载后材料车轴重	12t
车轮内侧距	(1353±2)mm		

三、D09-32 型连续式捣固车

D09-32 型连续式捣固车是奥地利普拉塞和陶依尔公司 20 世纪 80 年代后期的产品,是 D08-32 型捣固车的换代产品,也是目前世界上非常先进的线路捣固机械,具有较高的作业精度和作业效率。

D09-32 型连续式捣固车是在我国成功引进 D08-32 型捣固车的制造技术的基础上,通过技术引进和技术创新相结合的科技成果,其核心技术是采用整车主机与工作小车分离的新结构,捣固装置、起拨道装置和夯实器等工作装置安装在车体下部的工作小车上,作业时整车主机始终连续、匀速地向前运行,工作小车在主机下部以钢轨导向步进作业,从一根枕木到下一根枕木循环移动,一次捣固循环周期为:工作小车运行→工作小车制动→捣镐振动下插→捣镐枕下夹实→捣镐提升→工作小车运行,即整车主机不参与工作循环。D09-32 型捣固车,如图 4-35 所示。

图 4-35 D09-32 型捣固车

由于工作小车与主车架是分离的,因此实现了与整车主机的差速运动。与 D08-32 型捣固车相比,D09-32 型捣固车步进时加速和制动部分,只限于工作小车,其部件质量仅占整机质量的 20%,运动惯量减小,降低动力消耗,工作效率比 08-32 型捣固车提高约 30%。整车主机没有了作业时频繁起动与制动带来的颠簸振动,给操作人员创造了舒适的工作环境。作业中,捣固车需要操纵及辅助人员共 3~5 人。

D09-32 型捣固车最高自运行速度为 90km/h,长途挂运时捣固车应连挂在货运列车的尾部,允许挂运速度为 100km/h。

1. 总体构成

D09-32 型捣固车由两轴转向架、专用车体和前司机室、后司机室、工作小车、捣固装置、夯实装置、起拨道装置、检测装置、液压系统、电气系统、气动系统、动力及动力传动系统、制动系统、操纵系统等组成。附属设备有材料小车、激光准直设备、线路测量设备等。捣固车总体结构,如图 4-36 所示。

2. 捣固车的工作小车及工作原理

捣固车的工作小车,如图 4-37 所示,在工作小车上安装了捣固装置、起拨道装置、夯实器和加速油缸等工作装置。捣固装置、起拨道装置、夯实器等工作装置的结构和工作原理与 D08-32 型捣固车的工作装置基本相同,在捣固装置上也成对安装了 32 把捣固镐,采用异步等压捣固原理,能一次捣固两根枕木。工作小车通过液压缸支撑在捣固车上,由液压马达驱动,能在捣固车下部以钢轨导向步进作业,工作小车的制动采用气动方式制动。

为防止工作小车与整车主机相撞,在工作小车前部与后部安装了缓冲油缸,用以缓冲因工作小车步进而与整车主机冲撞。

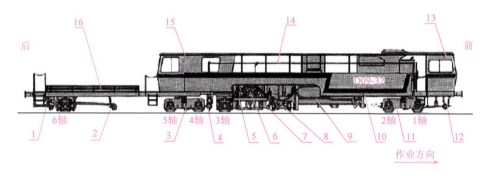

图 4-36 D09-32 型捣固车总体结构

1-记录小车;2-后张紧小车;3-后转向架;4-测量小车;5-枕端夯拍装置;6-捣固装置;7-拨道小车;8-起拨道装置;9-工作小车;10-主车架;11-前转向架;12-前张紧小车;13-前司机室;14-测量弦;15-后司机室;16-材料小车

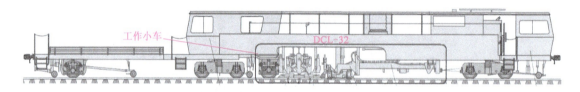

图 4-37 工作小车

工作小车工作原理:

首先,拨动选择开关至"con"位(右侧),踩下走行踏板,降在钢轨上的工作小车缓慢向前移动到前位(为了避免整车主机撞到工作小车,刚开始时工作小车必须到前位,整车主机才开始走行);之后通过电位计设定整车主机速度和工作小车作业速度,踏下驱动踏板,整车主机向前运动。当整车主机运动到作业位置时,踏下捣固装置下降踏板,捣固装置下降捣镐振动下插,当捣固装置下插时,工作小车自动以约 5×10^5 Pa 的气动压力制动。整个捣固循环结束后(或当捣固小车在后位时)捣固装置自动提起,完成一次捣固循环,即工作小车运行→工作小车制动→捣镐振动下插→捣镐枕下夹实→捣镐提升。为重复下一次工作循环,工作小车自动向前移动,同时加速油缸会自动辅助工作小车加速移动到前位。工作小车的速度能自动适应整车主机运行速度。

捣镐提升后,松开捣固装置下降踏板,捣固装置停止作业,工作小车停止运动。松开驱动踏板,整车主机停止运动。捣固装置下降踏板和驱动踏板,如图 4-38 所示。

为了提高作业效率,减轻操作手的劳动强度,D09-32 型捣固车采用两种作业方式,即人工踩镐和自动踩镐。

除此之外,D09-32 型捣固车还在电气系统方面作了许多改进,有些在 D08-32 型捣固车上由机械控制的装置,在 D09-32 型捣固车上改成了电气控制。为了提高作业效率和质量,D09-32 型捣固车增加了两大功能和七大的电气控制系统。两大功能:

(1)能测量优化线路。

(2)作业连续。

七大电气控制系统:

(1) 加速踏板电机控制系统。
(2) 工作小车比例控制系统。
(3) 夹持压力比例调节系统。

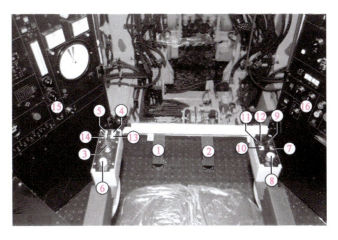

图 4-38 捣固装置下降踏板和驱动踏板

1-捣固装置下降踏板;2-在工作状态时驱动捣固车向前运动的驱动踏板;3-中间状态开关(位置:前位——手动夹持和保持捣固装置在下位、位置:后位——机器反向运行、位置:左位——左侧捣固装置下降、位置:右位——右侧捣固装置下降);4-右侧前部限位块动作开关;5-左侧前部限位块动作开关;6-起道修正电位计;7-自动模式("开"和"关");8-修正电位计(距离修正 0~14cm);9-距离修正开关(±8cm);10-自动循环复位(在中断时);11-脉冲信号显示用 LED;12-"替代距离"信号 LED(捣固装置下位);13-右侧后部限位块动作开关;14-左侧后部限位块动作开关;15-工作控制面板 B19;16-工作控制面板 B2

(4) 大车液压走行控制系统。
(5) 自动踩镐控制系统。
(6) 安全系统。
(7) 中央润滑系统。

3. 主要技术性能

D09-32 型捣固车整机特性如下:
(1) 作业条件。
①温度范围: -10~50℃。
②相对湿度:平均 70%。
③适用轨距:1435mm。
④最大超高:150mm。
⑤最大坡度:3.3%。
⑥钢轨类型:50kg/m、60kg/m 和 75kg/m 钢轨。
⑦轨枕配置:1660~1920 根/km;水泥枕或木枕。
⑧线路:单线或中心相距 4.0m 的复线。
⑨最小作业曲线半径:250m。
(2) 外形尺寸。
①长度:27700mm。
②宽度:3050mm。

③高度:3750mm。
④车钩中心距轨面高度:880mm±10mm。
⑤前后转向架中心距:13800mm。
⑥转向架轴距:1800mm。
⑦从动转向架中心至材料小车轴距:7500mm。

(3)轴重与质量。

前转向架每轴重:14t。

步进式小车轴重:11t。

后转向架每轴重:9.5t。

材料车后轴轴重:5t。

总重(含材料车):69t。

(4)作业性能。

①捣固系统。

a. 捣固装置:左、右股钢轨上方各一个装置,共两个。

b. 捣镐:每个捣固装置有16把捣镐,共32把,可同时捣固两根轨枕,也可左右分开作业。

c. 偏心振动轴转速:2100r/min。

d. 镐头振动频率:35Hz。

e. 镐头振幅:约6mm。

f. 捣固深度:轨顶面以下不小于560mm。

②起拨道系统。

a. 最大起道力:250kN。

b. 最大起道量:150mm。

c. 最大拨道力:150kN。

d. 最大拨道量:±150mm。

e. 起道作业精度:横向水平:±2mm。纵向水平:在10m内任意两测点差值≤4mm。

f. 拨道作业精度:用16m弦长在4m距离内测量最大正矢误差为±2mm。

③夯拍装置。

a. 形式:偏心块单轴振动器。

b. 夯实静压力:5kN。

c. 激振力:8kN。

d. 总计:13kN。

e. 单位夯实压强:3.25 N/cm^2。

f. 夯实振动频率:32Hz。

④机器连续工作:6h。

⑤工作走行速度:0~2km/h可调。

⑥工作效率:在平直轨道上效率为1500~1800m/h。

⑦机器能够在雨天、夜晚及有尘天气条件下作业。

(5)运行性能。

①最小通过曲线半径:180m。

②最大双向自行速度:90km/h。
③最大联挂速度:100km/h。
④速度为80km/h时在平直道上制动距离:≤400m。

4. 主要特点

(1) 采用异步捣固原理,起、拨、捣固同时进行,能在起道同时将道砟捣实,保证轨道的几何形位,提高稳定性。

(2) 连续式的起道量均匀,不会出现"鼓包"和"坑凹"。

(3) 具有枕端夯实的功能。在捣固的同时,对枕端道砟进行夯实,可阻止道砟自枕端溢出,有利于枕底道砟挤紧密实,且能直接提高约10%的线路横向阻力,对提高线路捣固质量和稳定性极有好处。

(4) 在同一作业地点同时完成起、拨、捣和枕端夯实作业,不仅能充分保证作业质量,而且效率高。根据线路作业需要,也可将起、拨、捣、夯作业单独进行。

(5) 先进的检测系统。D09-32型捣固车采用电子计算机控制系统,由机、电、液机构自动反馈执行得以实现各种作业功能。在作业中,可实现人工、半自动或自动控制。计算机为工业PC机,能存储各种线路的几何参数及作业所需的正矢补偿值。当线路状态未知时,该系统能通过本车检测获得线路状态参数,经处理后提供出指导作业的优化参数,以控制机器作业。其作业精度为:起道作业精度,横向水平:±2mm;纵向水平:直线10m的两测点之间的差为4mm。拨道作业精度,用16m弦长在4m距离内测量最大正矢误差为±2mm。能自动记录作业精度和检测结果。

(6) 在长大直线区段进行拨道作业时,为提高线路的准直精度,可在机器前方轨道上200~600m的距离范围内安置一个激光发射器,使拨道精度达到每300m不大于±1.5mm。

三、CD08-475型道岔捣固车

道岔是轨道结构中零部件较多、结构比较复杂的设备,是铁路轨道中不可缺少的重要组成部分,通常由转辙器、辙岔和连接部分等组成。转辙器主要由基本轨、尖轨、连接零件和转辙机械等组成;辙岔主要由辙岔心、翼轨及护轮轨等组成;连接部分主要由直轨和导曲线轨等组成。上述部分安装在专用的混凝土岔枕上形成道岔整体。

由于道岔的组成部件多样且各部件相互间的距离不等,某些部位常因空间不够而无法采用线路捣固车进行捣固作业。CD08-475型道岔捣固车是道岔捣固作业专用的线路机械,属于单枕捣固车,如图4-39所示。

图4-39　CD08-475型道岔捣固车

CD08-475 型道岔捣固车是继我国采用技贸结合方式引进 D08-32 型自动抄平起拨道捣固车和 SRM80 型全断面道砟清筛机制造技术国产化取得成功后,再次引进制造技术由昆明中铁大型养路机械集团公司进行国产化生产的大型养路机械。

CD08-475 型道岔捣固车作为一种先进的道岔和线路维修机械,是集机械、电子、液压、气压于一体的步进式单枕捣固机,应用了许多先进技术,如电液伺服控制、自动检测、微机控制和激光准直等,能够实现对有砟线路的多种钢轨类型和枕木道岔及线路的自动抄平起拨道捣固作业,具有结构复杂、操作简便、性能良好、作业高效的特点。

CD08-475 型道岔捣固车在线路封锁条件下,采用科学的三线同步起道、四线同步捣固作业原理,能够对单线、复线、多线及复线转辙、道岔和交叉区间进行钢轨两侧枕下道砟捣固和枕端道砟夯实、拨道、起道抄平等作业。该车上的测量系统,可以对作业前、后道岔的几何参数进行测量和记录,并可通过控制系统,实现按设定的道岔几何参数进行作业。

CD08-475 型道岔捣固车最高自运行速度达 90km/h,长途挂运时捣固车应连挂在货运列车的尾部,允许挂运速度为 100km/h。

1. 总体构成

CD08-475 型道岔捣固车结构,如图 4-40 所示。捣固车主要由主车架、控制司机室、后走行司机室、工作司机室、转向架、车钩缓冲装置、材料车、捣固装置、起拨道装置、枕端夯实装置、辅助起道装置、检测系统、液压系统、电气系统、气动系统、动力传动系统及制动系统等部分组成。

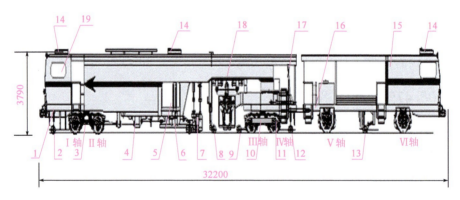

图 4-40 CD08-475 型道岔捣固车结构
1-主车架;2-前张紧小车;3-前转向架;4-动力传动系统;5-工作司机室;6-辅助起道装置;7-起拨道装置;8-拨道小车;9-记录弦张紧小车;10-夯拍装置;11-后转向架;12-测量小车;13-后张紧小车;14-空调;15-后走行司机室;16-材料车;17-抄平系统;18-捣固装置;19-控制司机室

CD08-475 型道岔捣固车,其车架为铰接式,捣固车部分和材料车部分铰接组成,即捣固车和材料车一体化。其前段坐落在一前一后的两台轴转向架上;其后段与前段相连接,坐落在自由转向轴上。作业装置的机架处于两转向架之间。此机架通过其前端的纵向导向滚轮与主车架相连接并通过其后端的转向轴坐落于轨道上。前后转向架之间有两根上弦梁,如图 4-41 所示。车架两端装有缓冲梁、缓冲器以及牵引车钩。在行走和作业时,前转向架驱动,后转向架从动(在轴上带一辅助作业驱动装置)。材料车的车轴是从动轴。车轴和转向架构架之间装有金属—橡胶弹簧,转向架和车架之间有两个垂直螺旋弹簧,此悬架机构足以吸收振动,保证车辆平稳运行。在轴承箱和构架之间安装油压减振器。

CD08-475型道岔捣固车共有前后两个独立的司机室,分别为前控制司机室、后走行司机室和工作司机室。前后司机室都配备有无线列调和运行监控装置可分别控制整车的起动、机械运行。作业司机室位于机器中部,在作业装置前面。该室配备有作业所需的所有控制机构、作业控制和作业观察所需的电器箱。整车的电力供应由3台交流发电机并联提供。输出功率约6400W。其中,一台55A/28V;一台120A/28V;一台55A/28V。该车配备有先进的计算机控制系统ALC——自动导向计算机(由工业计算机、彩色监控器、工业键盘组成,用于引导捣固机以恢复轨道的目标几何形状)。

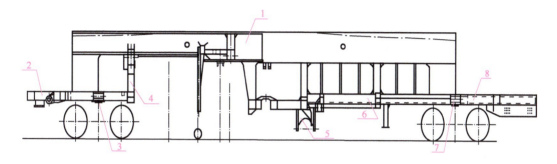

图4-41 CD08-475型道岔捣固车车架结构
1-上弦梁;2-车架后部;3-心盘座后主横梁;4-捣固装置横移构架;5-起拨道装置纵向导柱支座;6-下弦梁构架;7-心盘座前主横梁;8-车架前部

2. 捣固装置及工作原理

CD08-475型道岔捣固车的工作原理与D08-32、D09-32型捣固车相似,其主要区别在于工作装置的不同。首先,D08-475型道岔捣固车多方向捣固装置是由4套相互独立、均可独立的可做横向移动和伸缩回转的捣固装置组成,可以横移到车体之外的第三、第四根钢轨上进行捣固,如图4-42所示,其作业范围距线路中心可达3200mm。其次是对应于每根钢轨,捣固装置装有一套带起道钩和拨道滚轮的综合式起拨道装置,无需另加支撑,在道床上即可实现三线同步起道。

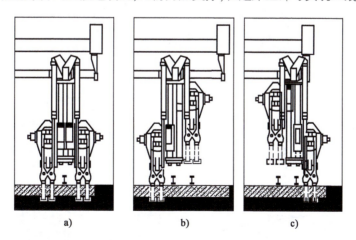

图4-42 CD08-475型道岔捣固车的横移和单侧捣固装置

四套捣固装置分别被左右对称地安装在四个捣固框架内,四个捣固框架分别是两个内侧捣固框架和两个外侧捣固框架,捣固框架如图4-43所示。每套捣固装置上装有4根可以独立抬起的捣镐,依捣固处道岔钢轨设置的情况不同而在钢轨双侧或单侧进行捣固,如图4-43所示,从而实现对道岔岔心、翼轨和护轮轨等位置的有效作业,如图4-44所示外侧捣固框架内的捣固装置,在一个工作循环中捣固一根轨枕。当捣固道岔作业时,通过连接在四个捣固框架上的滑移回转装置和伸缩旋转装置,根据道岔分股的几何变化,把四个捣固框架分别滑移、旋转到所要捣固的道岔分股线路上,捣固框架的主要运动有:内捣固框架回转滑移,外捣固框架伸缩旋转,如图4-45所示,当道岔捣固车进入道岔前,四个捣固框架两两合并,进行常规的两线捣固,如图4-45a)所示;当道岔捣固车进入道岔分股区域时,四个捣固框架分别滑移、旋转到要捣固的道岔分股线路上的四线捣固,如图4-45b)所示;当道岔捣固车驶出道岔分股区域时,四个捣固框架又两两合并,进行常规的两线捣固,如图4-45c)所示。

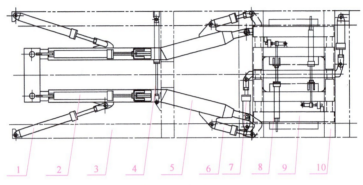

图4-43 捣固框架

1-旋转伸缩臂旋转油缸;2-旋转伸缩臂伸缩油缸;3-主车架;4-工字架横移油缸;5-旋转伸缩臂;6-外捣固框架翻转油缸;7-内捣固框架回转装置油缸;8-内捣固框架横移油缸;9-单片捣固框架(外);10-回转装置运动桥

图4-44 外侧捣固框架及捣固装置

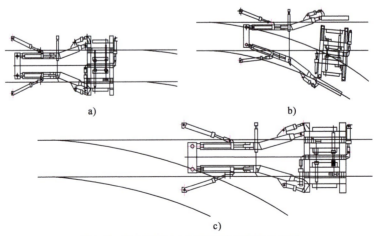

图4-45 道岔捣固时4个捣固框架的位置示意图

3. 主要技术性能

CD08-475 型道岔捣固车整机特性如下：
(1) 作业条件（表 4-7）。

作业条件　　　　　　　　　　　　　　　表 4-7

项　目	参　数
钢轨类型	50kg/m、60kg/m 和 75kg/m 钢轨
轨枕配置	1660~1920 根/km 的 Ⅱ 型或 Ⅲ 型混凝土枕或 200mm 宽木枕
道床类型	碎石道床
作业线路	单线或线间距 4m 及以上的复线、多线的道岔和交叉区间
适用轨距	1435mm
线路最大超高	150mm
线路最大坡度	3.3‰
最小作业曲线半径	180m
环境温度	-10~40℃
特殊环境	可在雨天和夜间及风沙、灰尘严重的环境下作业

(2) 作业性能（表 4-8）。

作业性能　　　　　　　　　　　　　　　表 4-8

项　目		参　数
最大起道量		150mm
最大拨道量		±150mm
捣固深度		轨顶面以下不小于 580mm
起道作业精度	横向水平	±2mm
	纵向水平	相距 10m 两测点偏差 ≤4mm
	拨道作业精度	用 20m 弦线在弦中点测量最大正矢误差为 ±2mm
	夯实振动频率	32~35Hz
	机器连续工作时间	6h
	作业走行速度	0~7.7km/h 无级可调
	作业走行制动方式	液压制动
作业效率	在平直轨道上	不少于 500m/h
	12 号单道岔	不超过 35min

(3) 整机性能（表 4-9）。

整机性能　　　　　　　　　　　　　　　表 4-9

项　目	参　数
轮径	φ920mm
车钩最大摆角	±14°
车钩中心高	距轨面(880±10)mm
柴油机型号	BF12L513C
柴油机功率	348kW

续上表

项　目		参　数
最小运行曲线半径		180m
最高双向自行速度		90km/h
最大联挂运行速度		100km/h
驱动形式	高速走行驱动	液力机械传动
	作业走行驱动	开式液压传动
	前后转向架中心距	14000mm
	转向架轴距	1800mm
	后转向架心盘距材料车前轴距	5050mm
	材料车前后轴距	6000mm
	自运行制动方式	空气排风制动
	单机紧急制动距离	80km/h速度下不大于400m
外形尺寸	长度	32200mm
	宽度	3080mm
	高度	3790mm
	整机质量	约100t

（4）CD08-475型道岔捣固车运行模式的限制。

CD08-475型道岔捣固车运行模式的限制，见表4-10。

CD08-475型道岔捣固车运行模式的限制　　　　　　　　　表4-10

序　号	参　数	单　位	限　制　值
1	最小可通行水平半径	m	180
2	最小可通行垂直半径	m	900
3	最大可通行超高	mm	180
4	最大可通行坡度（即最大停车制动坡度）	‰	3.5
5	最高自行速度	km/h	90
6	最高联挂速度	km/h	100

（5）CD08-475型道岔捣固车作业模式的限制。

CD08-475型道岔捣固车作业模式的限制，见表4-11。

CD08-475型道岔捣固车作业模式的限制　　　　　　　　　表4-11

序　号	参　数	单　位	限　制　值
1	最小可作业水平半径	m	180
2	跨距超过3m时的最大允许轨道扭曲（未支撑机器）	mm/m	10
3	跨距超过3m时的最大允许轨道扭曲（已支撑机器）	mm/m	5
4	最大可作业超高	mm	180
5	最大可作业坡度	1	1:100
6	跨距超过10m时的垂直曲率误差	mm	50（顶至顶）
7	测量小车对基准轨预加载时ZF齿轮箱的最高工作速度	km/h	10

四、D09-3X 型捣固车简介

D09-3X 型捣固车如图 4-46 所示。它是普拉塞和陶依尔公司的新技术产品,也是我国引进的新一代大型养路机械,它能够实现三枕捣固作业,比连续式双枕捣固车效率提高 30%～40%,是当今世界上作业精度和作业效率最高、性能最先进的线路捣固机械之一。其结构如图 4-47 所示。

图 4-46　D09-3X 型捣固车

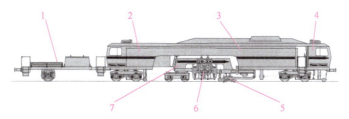

图 4-47　D09-3X 型捣固车结构图
1-材料小车;2-作业司机室;3-主机;4-控制司机室;5-起拨道装置;6-捣固装置;7-工作小车

D09-3X 型捣固车的基本作业原理与 D09-32 型捣固车相同,即工作小车与主车架分离,捣固车主车架向前连续、匀速运行,工作小车在主机下部以钢轨导向步进作业。

D09-3X 型捣固车是基于连续式捣固车技术并结合多年实践经验进一步开发而成的高精度、高效率、低能耗、注重环保和人体工效学的新一代线路捣固机械。D09-3X 型捣固车的重大创新是两侧的三轨枕捣固装置,如图 4-48 所示,左、右股钢轨上方各两套装置,每套捣固装置有 12 把捣镐,四套捣固装置的 48 把捣镐在作业过程中能同时捣固三根轨枕。捣固装置采用可分式结构,即每侧的钢轨上方由前、后两套独立的捣固装置组成,可以满足轨枕距离不均匀时或某些复杂区域的捣固作业需求。此时,操作人员根据需要可选择任意侧的,或前、后独立捣固装置参与捣固作业,并且能够选择是否加宽。捣固装置的灵活选择配置,提高了整台设备作业的机动性和灵活性,

图 4-48　三枕捣固装置
1-右前部捣固装置;2-右后部捣固装置;3-捣固臂轴承润滑油箱;4-捣固臂轴承润滑油箱油位计;5-捣固装置安全链;6-捣固装置锁定装置;7-捣固装置锁定接近开关;8-拨道测量小车

必要时它还可以成为一台高性能的单枕捣固车。

D09-3X 型捣固车还广泛采用串行通信技术、视频技术等现代信息技术,大大简化和节省整车数字开关量信号线的布线走线。数十路的信号仅用三个根线就可以完成通信。视频技术使得作业位能够观察到捣固车前后线路的障碍情况,也可以观察到左右侧起拨道装置夹轨状态,省去了原 3 号、4 号作业位人员配置。

D09-3X 型捣固车安全应急措施得到很大强化,增加了一台应急发动机驱动应急液压泵,便于在主柴油机出现故障失去动力时,完成收车撤离工作。改变了蓄电池驱动的应急液压泵系统可靠性差、持续时间短等缺点,其外接油口还可以供给其他应急液压泵源的需求。

D09-3X 型连续式捣固车主要技术性能如下:

(1) 主要参数(表 4-12)。

主要参数　　　　　　　　　　　表 4-12

项　目		参　数
长度		22940mm(不带材料车)
		29890mm(带材料车)
宽度		3000mm
高度		4000mm
转向架心轴距		15700mm
转向架车轴距	前/后转向架	1800mm
	捣固架转向架	1500mm
轮径	前/后转向架及材料车	920mm
	工作小车	730mm
总重		83t(不含材料车)
		94t(含材料车)
发动机型号		BF8M-1015CP
发动机功率	作业时	440kW
	转移工地时	370kW
额定转速		2300r/min
高速走行驱动		液力机械传动
作业驱动		液压驱动
最小运行半径		180m
最小作业半径		250m
最大允许联挂速度		120km/h
最大允许自走行速度		100km/h
紧急制动距离		340~400m(在平直道上速度为80km/h时)
起拨道系统	最大起道力	250kN
	最大起道量	150mm
	最大拨道力	150kN
	最大拨道量	±150mm
	纵向水平	≤4mm(10m 弦长内测量前后高低差)

续上表

项　　目		参　　数
起拨道系统	横向水平	±2mm
	正矢	±2mm（16m弦长在每4m距离内测量）
	作业效率	2200～2400m/h
捣固系统	捣固装置	左、右股钢轨上方各两个装置，共四套捣固装置，每个捣固装置有12把捣镐，共48把捣镐同时捣固三根轨枕，也可左右、前后分开作业

（2）主要特点。

①D09-3X型具备了D09-32型捣固车的所有先进功能，且由于一次捣固三根轨枕以及整修的作业面积更大从而具有更好的作业质量，在对新线或新更换的道床实施捣固作业效果非常好，也更充分利用了线路封锁时间，工作效率比D09-32型提高了30%。

②需要时，按下按钮即可改换为单枕捣固。

拓展延伸

激光入门知识

在日常生活中，我们可以看到各种各样的光，如日光、灯光、烛光等，但世界上还有一种特殊的光——激光。这个词我们经常听到，但它究竟是什么？是怎么产生的？

在谈激光的原理之前，先来看看激光与普通光之间有什么区别。

第一，激光的方向性很好，如图4-49所示。普通光源如太阳光、灯光等向四面八方发散，即方向性不好。手电筒、探照灯具有一定方向性，但传播一定距离后也发散得比较厉害。而激光就不同，在激光测距中，人们用激光打到月球上再反射回来，用时间差来计算地月距离，其光斑发散不超过一个足球场大小，这是普通光源无法比拟的。

第二，激光的单色性好，如图4-50所示。普通的白光如太阳光经三棱镜后会出现七彩的颜色，每种颜色在物理上对应一个波长，其中肉眼可以看见的称为可见光，对应波长在450～750nm间的光（nm即纳米，是一个长度单位，1nm是1μm的千分之一），这种光称为"非单色"的或"复色"的。而激光的波长范围非常窄，例如He-Ne激光的波长范围只有0.0001nm，可以说这种光几乎是"单色"的。从视觉上会觉得激光的颜色非常纯，当然，不存在绝对单色的光。

图4-49　激光测距

图4-50　激光的单色性

第三，激光的亮度非常高。亮度是光源在单位面积上，向某一方向的单位立体角内发射的功率。激光的输出功率虽然有个限度，但由于其光束细（发散特别小），功率密度特别大，因而其亮度也特别大。分散在180°范围内的光集中到0.18°范围，如图4-51所示，由于激光的高方向性、单色性等特点，决定了它具有极高的单色定向亮度，太阳光是日常生活中比较亮的光源，白天肉眼直视会感到很刺眼。但激光的亮度可以达到太阳表面亮度的几亿倍。另外，脉冲激光可以将能量在时间上集中，达到非常高的瞬间功率。

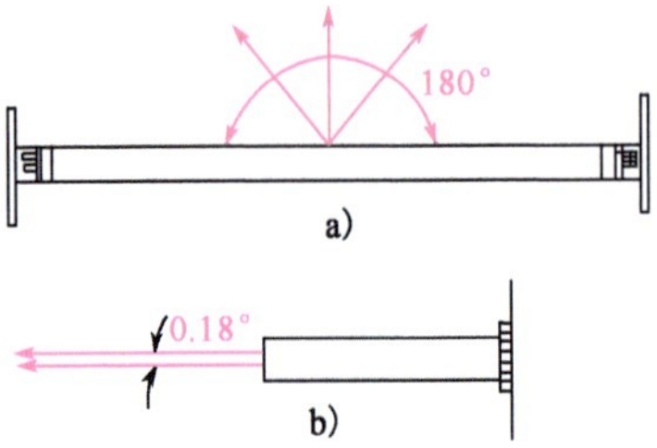

图4-51 激光的亮度
a) 日光灯；b) 激光器

第四，也是反映更本质的性质，激光的相干性好。什么是相干性？打个比方，广场上有很多游客在随意走动，每个人都自己决定朝哪个方向走、走多快，也就是说人跟人之间互不"相干"。但换一种情况，阅兵式的时候，步兵方阵走过广场，每个人的步伐都是一致的，那么这种情况就是"相干"的。对光来说，可以认为光也是由许许多多的小颗粒"光子"构成的，普通光源中每个光子都是随意运动的，因此是"非相干"的。而激光中所有光子的步调一致，是"相干"的，正是这个性质，使得激光具有亮度高、颜色纯等特别的性质。

激光具有这些特性使之应用在很多领域，其中很多都是我们日常生活中能够见到的。在工业上，有激光测距（利用方向性）、激光探伤（利用相干性）、激光加工（利用能量集中）。在医学上，可用于激光除斑。在军事上，用于激光武器、激光制导等。特别是在通信领域有广泛应用，如无线情况下可进行点对点的激光空间通信，有线时就是光纤通信。在我们身边，激光打印机、光驱、光电鼠标、超市条码扫描器、激光防伪标志等。

激光有优异的特性和广泛的应用，那么激光到底是怎么产生的呢？激光的英语单词是Laser，是Light Amplification of Stimulated Emission of Radiation 的首字母缩写，意思是"受激辐射的光放大"。激光产生的原理就包含在激光的名字中，这个词组提示，辐射（Radiation）有几种，将其中一种叫作受激辐射（Stimulated Emission）的辐射进行放大（Amplification）就能得到激光。

近代物理学的发展告诉我们，世间万物都是由原子构成的，原子又是由原子核和绕着核转的电子构成，就像地球绕着太阳转一样，如图4-52所示。但是量子力学规定，电子只能在一些指定的"轨道"上运动，而不能在任意地方运动，就像是一栋楼房，电子可以选择住在1楼、2楼，但不能住1.2楼、1.3楼等。但是，电子有时会串门，从一个轨道跳到另一个轨道，并同时吸收或放出辐射能量，如果这些能量大小合适，就是我们看见的光了，如图4-53所示。详细的理论需要了解量子力学的更多知识，就不在这里多说了。

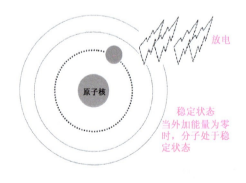

图4-52 原子结构

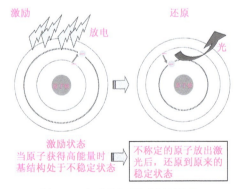

图4-53 电子吸收或放出辐射能量

在这样的原子模型中，爱因斯坦提出，光与原子间有三种最基本的游戏，分别叫作"受激吸收""自发辐射"和"受激辐射"。在"受激吸收"过程中，一个电子吸收一个光子的能量，并从能量较低的轨道跳（"跃迁"）到能量较高的轨道。显然，这个过程只会使光减弱。

电子跑到较高的轨道后,过一段时间,发现上面也没什么好玩的,就又跳回较低的轨道,并同时放出一个光子来。同一轨道上可能有很多电子,每个电子都自己决定什么时候,朝哪个方向,以及以什么姿态跳下来,相互之间没有商量,所以它们发射的光子们之间是"非相干"。这个过程就是"自发辐射"。我们平时看到所有普通光都是由自发辐射过程产生的。

如果电子在上面轨道的时候,正好有个光子跑过来"刺激"它,那么电子也会"跳楼",同时放出一个光子,这种过程就叫作"受激辐射"。比较奇特的是,电子放出的光子和开始跑进来的那个光子长得一模一样,包括运动方向、能量、步伐等在内完全相同,完全是克隆出来的。这样,从总体效果来说,一个光子进来,两个光子出去,光被放大了,而且这种光是"相干"的。

综上所述,受激吸收过程会使光减弱,自发辐射和受激辐射过程都放出光,但只有受激辐射过程产生相干光。所以要产生激光,需要利用受激辐射过程。

但问题没有这么简单,在实际情况中,这三种基本过程都同时存在,它们之间存在竞争。那么谁更强呢? 在一般状态下,受激吸收过程是最强的。因为不同能量轨道上的电子数量不同,能量越高的轨道,电子的数量越少。就像是一栋没有电梯的楼房,让人们去选住几楼,绝大部分人都选择住一楼。电子也是一样,所以一般情况下,绝大部分电子都选择住在"楼下"(基态)。这样,当光子们跑过来的时候,从下往上跳的电子,比从上往下跳的电子要多得多(如100:1),光通过之后只会减弱,不会放大。

解决问题的办法是用一台"电子泵",预先把电子抽到楼上(激发态)去,最终使得楼上电子比楼下多,达到称为"粒子数反转"的状态。这样,光再通过的时候,就能被放大。制造这种电子泵的方法很多,如给点电压、化学反应、普通光照等。

除了受激吸收与受激辐射竞争外,自发辐射也与受激辐射竞争消耗着电子。如果抽水机一边往上抽水,水一边纷纷往下漏,效果肯定也不好。电子在较高的能量上一般待的时间非常短,然后就以自发辐射漏到底能量状态上去了。在实际情况中,需要挑选一类具有"亚稳态"的原子,在这些亚稳态上,电子可以待很长时间,从而使电子在抽水机工作的时候,能积累在这些状态上,达到粒子数反转。

最后,如果光只通过原子一次,则只能放大一倍,效率很低。为了充分利用受激辐射,我们在原子两边装两个镜子,让光在两个镜子间来回跑,光每折返一次就放大一倍。开始只有一个光子,一变二、二变四、四变八,这样折返成千上万次之后,光就会变得非常强。而自发辐射呢? 由于是自发产生的,不受外界光的刺激,所以没有放大。这样的两个镜子以及其中的空间叫作"谐振腔",两个镜子叫作"腔镜",如图4-54所示。但是,如果仅这样,光就在腔里面来回反射出不来了。所以其中一面镜子做成有一点点透明(如反射率95%,透射率5%),把光引出来,激光就产生了。由于光要在两面镜子间反射成千上万次,稍微有点歪的光线反射几次之后就跑掉了,所以只有那些方向非常平的光才最终形成激光,因此谐振腔使激光有非常好的方向性。另外,谐振腔还能调整激光的横模纵模等性质。

最后来总结一下,要产生激光必要的两个要素是:

(1)要有粒子数反转的工作物质(原子)。

(2)谐振腔。

尽管激光种类繁多,从小巧的激光教鞭到大型的激光武器,但都遵循这两点要求。

激光是在1960年正式问世的。但是,激光的历史却已有100多年。确切地说,远在1893年,在波尔多一所中学任教的物理教师布卢什就已经指出,两面靠近和平行镜子之间反射的黄钠光线随着两面镜子之间距离的变化而变化。他虽然不能解释这一点,但为未来发明激光发现了一个极为重要的现象。

1917年,爱因斯坦提出"受激辐射"的概念,奠定了激光的理论基础。1958年,美国科学家肖洛和汤斯发现了一种奇怪的现象:当他们将闪光灯泡所发射的光照在一种稀土晶体上时,晶体的分子会发出鲜艳的、始终会聚在一起的强光。由此他们提出了"激光原理",受激辐射可以得到一种单色性、亮度又很高的新型光源。1958年,贝尔实验室的汤斯和肖洛发表了关于激光器的经典论文,奠定了激光发展的基础。1960年,美国人梅曼发明了世界上第一台红宝石激光器,如图4-55所示。梅曼利用红宝石晶体作为发光材料,用发光度很高的脉冲氙灯作为激发光源,获得了人类有史以来的第一束激光。1965年,第一台可产生大功率激光的器件——二氧化碳激光器诞生,如图4-56所示。1967年,第一台X射线激光器研制成功。1997年,美国麻省理工学院的研究人员研制出第一台原子激光器。

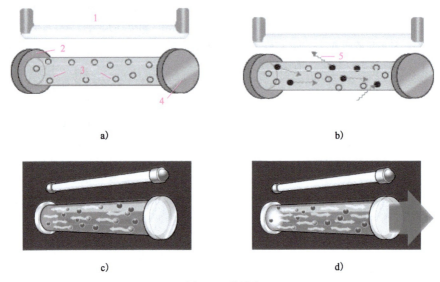

图4-54 谐振腔
1-闪光管;2-反光表面;3-原子;4-部分反光表面;5-发射出的光

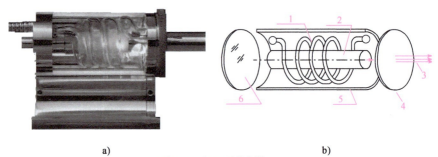

图4-55 红宝石激光器
a)红宝石激光器结构图;b)固体激光示意图
1-氙闪光灯;2-红宝石棒;3-激光束;4-部分反射镜;5-反射罩;6-全反射镜

激光器是能发射激光的装置。按工作介质的不同,激光器可分为气体激光器、固体激光器、半导体激光器和染料激光器4大类。近年来,还发展了自由电子激光器,大功率激光器通常都是脉冲式输出。

激光器的结构一般包括三个部分:

(1)激光工作介质。激光的产生必须选择合适的工作介质,可以是气体、液体、固体或半导体。在这种介质中,可以实现粒子数反转,以制造获得激光的必要条件。显然亚稳态能级的存在,对实现粒子数反转是非常有利的。现有工作介质近千种,可产生的激光波长包括从真空紫外到远红外,非常广泛。

(2)激励源。为了使工作介质中出现粒子数反转,必须用一定的方法去激励原子体系,使处于上能级的粒子数增加。一般可以用气体放电的办法来利用具有动能的电子去激发介质原子,称为电激励;也可用脉冲光源来照射工作介质,称为光激励;还有热激励、化学激励等。各种激励方式被形象化地称为泵浦或抽运。为了不断得到激光输出,必须不断地"泵浦",以维持处于上能级的粒子数比下能级多。

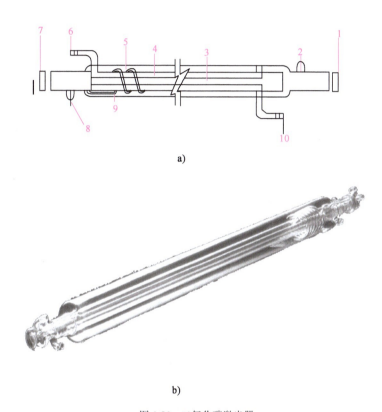

图4-56 二氧化碳激光器
a)二氧化碳激光器结构图;b)二氧化碳激光器实物图
1-输出反射镜;2-电极(-);3-放电管;4-水冷套;5-储气管;6-出水;7-全反镜;8-电极(+);9-回气管;10-进水

(3)谐振腔。有了合适的工作物质和激励源后,可实现粒子数反转,但这样产生的受激辐射强度很弱,无法实际应用。于是人们就想到了用光学谐振腔进行放大。所谓光学谐振腔,实际是在激光器两端,面对面装上两块反射率很高的镜。一块几乎全反射,一块光大部分反射,少量透射出去,以使激光可透过这块镜子而射出。被反射回到工作介质的光,继续诱发新的受激辐射,光被放大。因此,光在谐振腔中来回振荡,造成连锁反应,雪崩似的获得放大,产生强烈的激光,从部分反射镜子一端输出。

激光器的种类很多,一般可分为固体、半导体、气体、染料等类型:

(1)固体激光器一般小而坚固,脉冲辐射功率较高,应用范围较广泛。

(2)半导体激光器是以半导体材料作为工作介质的。这种激光器体积小、质量轻、寿命长、结构简单,特别适于在飞机、军舰、车辆和宇宙飞船上使用。半导体激光器可以通过外加的电场、磁场、温度、压力等改变激光的波长,能将电能直接转换为激光能,所以发展迅速。

(3)气体激光器以气体为工作物质,气体激光器具有结构简单、造价低、操作方便、工作介质均匀,光束质量好以及能长时间较稳定地连续工作的特点。在工农业、医学、精密测量、全息技术等方面应用广泛。气体激光器有电能、热能、化学能、光能、核能等多种激励方式。

（4）采用有机染料为工作介质的染料激光器于1966年问世，广泛应用于各种科学研究领域。现在已发现的能产生激光的染料，大约在500种。这些染料可以溶于酒精、苯、丙酮、水或其他溶液。它们还可以包含在有机塑料中以固态出现，或升华为蒸气，以气态形式出现。所以染料激光器也称为"液体激光器"。染料激光器的突出特点是波长连续可调。染料激光器种类繁多，价格低廉，效率高，输出功率可与气体和固体激光器相媲美，应用于分光光谱、光化学、医疗和农业。

（5）自由电子激光器，这类激光器比其他类型更适于产生很大功率的辐射。它的工作机制与众不同，它从加速器中获得几千万伏高能调整电子束，经周期磁场，形成不同能态的能级，产生受激辐射。

第四节　动力稳定车

动力稳定车在铁道线路的新线建设、旧线大修清筛和运营线路维修作业中，能够迅速提高线路横向阻力和道床稳定性，保证列车安全运行。动力稳定车是我国铁道大型养路机械作业机组中的重要配套设备之一。

20世纪60～70年代，铁路建设发达的国家就很注重养路机械的发展。先后有瑞士的Matissa公司、澳大利亚的Tamper公司、奥地利的Plasser公司和美国的Kershaw公司等生产了动力稳定车。铁路养护作业先进的国家，通常采用MDZ机组进行养护维修专业。所谓MDZ机组，就是由配砟整形车、抄平起道捣固车、动力稳定车组成，其中动力稳定车是其重要的组成部分。动力稳定车可模拟列车运行时对轨道产生的压力和振动，使道砟在水平振动力和垂直压力的共同作用下重新排列，互相填充密实，轨道产生有控制的均匀下沉。动力稳定车一次作业后，线路横向阻力值便可恢复到作业前的80%以上，有效地提高了捣固作业后的线路质量，减少或消除因施工造成的慢行时间，保证列车按规定速度安全运行。

铁道部为了改变我国线路施工机械的落后面貌，赶上国际先进水平，1984年从普拉塞和陶依尔公司进口DGS-62N型动力稳定车。随后，铁道部又组织了动力稳定车的国产化工作，对走形传动系统、液压、气动及制动系统、作业装置等做了改进设计，1993年5月研究和试制成功国产化的第一台WD320型动力稳定车，填补了我国不能制造动力稳定车的空白，WD320型动力稳定车如图4-57所示。WD320型动力稳定车的动力采用道依茨公司BF12L513C型风冷柴油机，功率为348kW。作业走行采用液压驱动，走行速度0～2.5km/h。区间运行时为液力机械传动，最高自运行速度80km/h，长途挂运时动力稳定车应连挂在货运列车的尾部，允许挂运速度为100km/h。

图4-57　WD320型动力稳定车

一 总体构成

动力稳定车是集机、电、液、气和微机控制于一体自带动力的大型铁路工程机械。WD320型动力稳定车结构如图4-58所示。它由动力与走行传动系统、稳定装置、单弦与双弦测量系统、液压系统、电气系统、制动系统、气动系统和车钩缓冲装置、转向架、车架与顶棚、前后司机室、空调与采暖设备等部分组成。

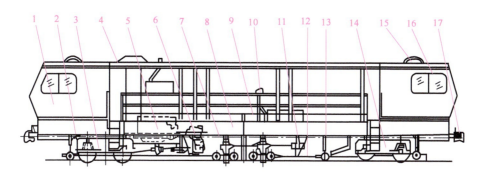

图4-58 WD320型动力稳定车结构

1-后司机室;2-主动转向架;3-制动系统;4-顶棚;5-柴油机;6-走行传动系统;7-稳定装置;8-车架;9-双弦测量系统;10-电气系统;11-液压系统;12-单弦测量系统;13-气动系统;14-从动转向架;15-空调与采暖设备;16-前司机室;17-车钩缓冲装置

动力稳定车是通过两套动力稳定装置(图4-59)模拟运行列车对轨道产生的压力和振动等综合作用而工作的,动力稳定装置位于稳定车中部,作业时稳定装置放在轨道上,其走行轮和夹钳轮夹住轨头;区间运行时,稳定装置提起并在车架上锁定。

图4-59 稳定装置

二 动力稳定工作装置与工作原理

稳定装置如图4-59所示,其结构组成如图4-60所示,稳定装置由液压马达、传动轴、稳定装置Ⅰ、稳定装置Ⅱ和四杆机构等部分组成。前后稳定装置是动力稳定车非常重要的部分,它通过带有橡胶减振器的纵向四杆机构7和由4个垂直液压缸吊挂在车架悬架梁上,两激振器之间用中间传动轴5连接。

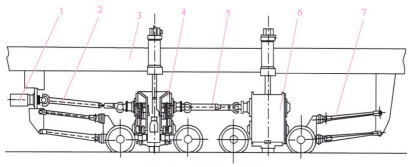

图4-60 稳定装置结构组成

1-液压马达;2-传动轴;3-车架;4-稳定装置Ⅰ;5-中间传动轴;6-稳定装置Ⅱ;7-四杆机构

在作业时,由一台液压马达通过传动轴同时驱动两个激振器,使其产生同步水平振动。调节液压马达的转速,可以改变激振器的振动频率。振动频率和振幅分别由安装在稳定装置上的频率传感器和加速度传感器检测。在作业过程中,一旦作业走行速度低于 0.2km/h 或突然停止,振动也自动停止。

为了保证动力稳定车运行安全,作业结束后,必须将稳定装置提起并牢固地锁定在车架上。

稳定装置的工作原理如图 4-61 所示:在液压马达驱动下,稳定装置的两个激振器产生强烈的同步水平振动,使轨排产生同样水平振动的同时,再由稳定装置的垂直液压缸对每股钢轨自动地施加必要的下压力,轨道在水平振动力和垂直下压力的共同作用下,道砟重新排列达到密实,稳定车在慢速走行过程中使轨道有控制地均匀下沉到预定量,为列车的安全运行创造了必要的条件。

稳定装置的激振器结构如图 4-62 所示,激振器是将液压马达的转矩转换为激振力的能量转换装置,是整个稳定装置的关键部件。它由传动轴、齿轮、轴承、偏心块、箱体等零部件组成。

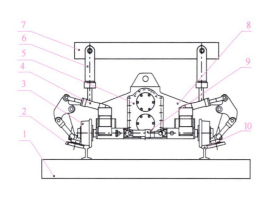

图 4-61 稳定装置的工作原理图
1-轨枕;2-夹钳轮部件;3-滚轮部件;4-夹钳液压缸;
5-激振器;6-垂直液压缸;7-悬架梁;8-箱体;9-水平
液压缸;10-钢轨

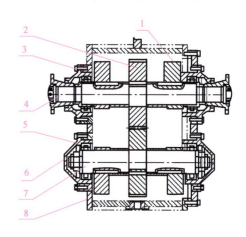

图 4-62 稳定装置的激振器结构
1-球轴承;2-齿轮;3-偏心块;4-主动轴;5-圆柱
滚子轴承;6-轴承座;7-从动轴;8-箱体

激振器为全密闭、两轴平行的结构形式。主、从动轴通过轴承座内的轴承支撑在箱体上,在每根轴的两端靠近轴承座的地方,安装着两个偏心块,两轴上的偏心块对称安装。在每根轴的中间位置,安装着一个直齿圆柱齿轮。激振器工作时,液压马达带动主动轴旋转,由啮合齿轮驱动从动轴同时旋转,并产生水平振动,如图 4-63 所示。

当主、从动轴上的偏心块分别处于向上和向下的垂直位置时(图 4-63a),两轴上的偏心块远离;两轴继续旋转 180°,两轴上的偏心块靠得最近(图 4-63b)。在上述两种情况,激振器产生的激振力互相抵消。随两轴旋转 90°或 270°时,两轴的四个偏心块同时处于同一个水平方向,激振力是叠加的,这一激振力称为水平激振力。

三 动力稳定车主要技术性能

动力稳定车一般在新建及大中修线路上,配合捣固车成组的联合作业。其主要技术性能见表 4-13。

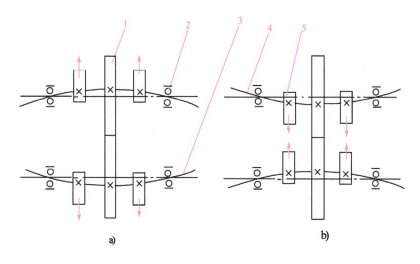

图 4-63 激振器振动示意图
a)偏心块处于远离位置;b)偏心块处于靠近位置
1—齿轮;2—轴承;3—从动轴;4—主动轴;5—偏心块

WD320型动力稳定车主要技术性能 表 4-13

	参 数 名 称	单位	参数		参 数 名 称	单位	参数
作业条件	线路最大超高	mm	150		发动机型号	KHD	BF12L513C 型
	线路最大坡度	‰	3.3		发动机功率	kW	348
	最小曲线半径	m	180	速度	区间运行	km/h	80
	最大允许轴重	t	23		作业走行	km/h	0.2~2.5
	最大海拔高度	m	1000		联挂运行	km/h	100
	环境温度	℃	-10~40		最大轴重	t	15
	相对湿度	%	70		传动类型	—	机械—液力传动
运行时通过的最小曲线半径		m	100		车钩形式	—	上作用13号
					缓冲器	—	MX-1型
轨距		mm	1435		车钩水平中心线距轨面高度	mm	880±10
转向架轴距		mm	1500				
心盘距		mm	12000		长×宽×高	mm	18942×2700×3970
轮径		mm	840		整车质量	t	60

第五节 钢轨打磨列车

钢轨作为铁路交通的主要部件,在铁路交通中发挥着重要的作用。由于钢轨与列车的车轮直接接触,因此钢轨与车轮间的轮轨关系直接影响到列车运行的安全性和平稳性。钢轨从开始使用就长期处于恶劣的环境中,由于列车的动力作用、自然环境和钢轨本身质量等原因,钢轨不可避免的会产生擦伤、肥边、裂纹、磨耗(波磨、掉块等)等病害,钢轨的常见病害如图 4-64 所示。这些病害降低了钢轨的使用寿命,增加了铁路运营的使用成本,同时直接影响车轮与钢轨间的轮轨关系,降低列车运行的平顺性和安全性。因此,在铁路维护工作中,预防和治理钢轨产生的病害就显得十分重要。目前国内外均采用大型钢轨打磨列车来预防和治理钢轨产生的病害,钢轨打磨列车是安装有一定数量打磨砂轮的工作车组,打磨砂轮可按钢轨断面形状需要进行分布,对钢轨进行连续打磨。大型钢轨打磨列车正是综合整治这些突出病害的现代化大型养路机械,在铁路事业的发展中发挥了很大的作用。

图 4-64　钢轨的常见病害
a)擦伤;b)肥边;c)波磨;d)裂纹、掉块

所谓钢轨打磨,主要是采用高速旋转的砂轮对线路钢轨轨头内侧 50°~外侧 45°或道岔钢轨轨头内侧 75°~外侧 45°范围内进行打磨处理,利用高速旋转的砂轮与钢轨轨头接触,并以一定的速度延钢轨延展方向运行,消除钢轨表面不平顺、轨头表面缺陷及将轨头轮廓恢复到原始设计要求,从而实现减缓钢轨表面缺陷的发展、提高钢轨表面平滑度,进一步达到改善旅客乘车舒适度、降低轮轨噪声、延长钢轨使用寿命的目的。目前,采用的大型钢轨打磨列车,涵盖了既有铁路线路、高速铁路中的道岔、线路全部范围内的打磨工作,只是根据不同地段、地点、位置所采用的打磨方式有所不同。

钢轨打磨技术的最初应用是为了消除钢轨波形磨耗、车轮擦伤及接头处的马鞍形磨耗,以及改善钢轨头部断面形状,满足轮、轨接触特性(即所谓的最佳断面),从而减少钢轨及车轮的磨耗率。随着钢轨打磨技术的发展和推广,越来越多的高速铁路、重载铁路和城市轨道交通都采用该项技术来延长钢轨寿命。总的来说,钢轨打磨的目的主要有以下几方面。

(1)修正、控制钢轨波磨以及低接头。这些缺陷会增加轮轨噪声、加快车辆部件和轨道部件的恶化率,甚至造成列车限速。

(2)通过修正钢轨断面形状,改善轮、轨接触关系,从而减少轮、轨接触应力和磨耗。

(3)修正、控制滚动接触疲劳缺陷。这些缺陷会增加钢轨损伤的风险,甚至降低超声波钢轨探伤的效果。

(4)修正、控制其他钢轨缺陷(如车轮滚伤、压溃、轨头垂向及纵向裂纹)。

(5)减少车辆横向不稳定性(蛇行运动)。

（6）减少噪声和振动，减少普通接头和焊接接头的垂向不平顺，控制钢轨波磨。

（7）减少车轮和转向架运动的不利影响，这种情况下，会加剧钢轨磨耗和缺陷的恶化。

（8）改善轮轨接触条件。

随着大型养路机械应用技术的发展，钢轨打磨已发展成为一种高效的钢轨养护技术。根据《钢轨打磨列车运用技术条件（试行）》的规定，钢轨打磨作业分为预防性打磨和修理性打磨两种。

（1）预防性打磨。预防性打磨是在钢轨轨头裂纹开始扩展前就把裂纹萌生区打磨掉，防止接触疲劳型波磨的产生和发展。预防性打磨的特点以消除轨面碾压层或脱碳层，保持良好的钢轨廓形，减缓波浪磨耗发展为目的。预防性打磨时，应选用全断面成型打磨模式。由于钢轨的打磨具有显著的社会效益和经济效益，在新线交付验收时需对轨面进行保养性的打磨。特别是高速铁路，列车高速运行对轨面不平顺特别敏感，因而在高速铁路开通前都要进行钢轨打磨。

（2）修理性打磨。修理性打磨是打磨已经产生的钢轨表面病害，直至磨消掉钢轨表面病害。修理性打磨的特点是以消除钢轨表面缺陷为重点，采用大打磨量，恢复钢轨廓形。修理性打磨时，应先选用可消除各种缺陷的打磨模式，再选用具有全断面成型打磨模式对断面轮廓进行修整。

由于客、货混运在我国铁路占有较大比重，行车密度大、客运提速、货运重载，行车条件恶劣，对轨道结构破坏严重，特别易造成轨面状态不良，打磨工作量很大。依据国外资料，不同波长条件下的钢轨纵向平顺的临界值为：

①短波，波长在 100～300mm、临界值为 0.3mm。

②长波，波长在 300～1000mm、临界值 0.5mm。

③长波，波长在 1000～3000mm、临界值 0.8mm。

一 历史概述

在国外，铁路上最早发现钢轨有波浪磨耗缺陷，是在 20 世纪 20 年代，但数量很少，未被引起注意，50 年代后，随着世界各国经济的迅速发展，货运量大幅增加，钢轨的波浪形磨耗也随之增加，造成铁路轨道和机车车辆受损。20 世纪 60 年代，Speno 公司研制了第一列打磨列车，为铁路运营带来了很好的效益，之后 Loram 公司也相继研发同类产品。美国、加拿大、澳大利亚及西欧等一些国家分别购置这类列车，对钢轨进行定期打磨处理。

我国铁路最早在 1960 年前后发现钢轨轨顶波磨病害，此后若干年内，国家大量科研人员从轨道结构、线路平纵断面、机车车辆的构造、轴重、车辆振动、钢轨的成分制造工艺等方面进行整治和改良，但效果均不理想。由于铁路运量的加大和列车运行速度的提高，波浪形磨耗等病害日益增多，铁道部于 1989 年从国外引进第一列打磨列车，用于预防和治理钢轨病害，在实际使用中效果良好，随后铁道部陆续引进打磨列车，配属各铁路局使用。

钢轨打磨技术的应用，能够有效地改善轮轨关系，延长钢轨使用寿命和更换周期，减少由于轮轨关系的恶化而导致的车辆镟轮、转向架维修等车辆修理费用，同时还可以改善列车运行的平顺性和稳定性，减小噪声、振动，增加乘客乘坐的舒适度。钢轨打磨，最初主要用于整治波浪形磨耗，现已发展成为一种预防和治理波浪磨耗、肥边、裂纹等的多功能现代化养路技术，打磨的重点也已从钢轨病害治理转向钢轨病害的预防。

国内外应用中的钢轨打磨列车

随着现代铁路的发展,工务维护作业面临新的挑战。如何提高钢轨维护作业的效率和质量变得越来越重要。因此,国际上有许多国家和公司不断开发和研制出了多种类型的大型钢轨打磨设备。在实际应用中,主要有下面几种类型:

1. 美国 Jackson 公司生产的 PGM-48/3 型钢轨打磨列车

Jackson 公司生产的 PGM-48/3 型钢轨打磨列车如图 4-65 所示。该列车共由三节车组成,每节车下装有打磨作业小车,全车共有 48 个打磨单元,作业装置采用电力驱动,打磨砂轮角度可以实现内侧 45°～外侧 30°范围内的角度偏转,打磨砂轮直接安装在打磨电机上。打磨作业时,打磨电机直接驱动打磨砂轮。根据不同的打磨需求,可调节打磨砂轮在钢轨轨头表面的偏转角度及横向位移置,并由液压油缸控制打磨砂轮的升降,实现打磨砂轮与钢轨的接触和分离,以完成钢轨的打磨作业。打磨作业运行时,打磨小车自行导向,通过车体牵引按一定的速度运行。非打磨作业运行时,小车悬挂在车体下部,并以机械和液压锁定。该车还装有轨廓和波磨检测系统,可以随时检查打磨效果和打磨质量。

图 4-65　Jackson 公司 PGM-48/3 型钢轨打磨列车

2. 瑞士 Speno 公司的 RR48 HP4 型钢轨打磨列车

由瑞士 Speno 公司生产的 RR48 HP4 型钢轨打磨列车,如图 4-66 所示。该车组由三节车组成,装配有六个作业小车,分别安装在列车下部。作业装置采用电力驱动,结构形式与 Jackson 公司生产的 PGM-48/3 车型类似。

图 4-66　Speno 公司 RR48 HP4 型钢轨打磨列车

3. 美国 HTT 公司生产的 RGH10C 型和 RGH20C 型打磨列车

HTT 公司生产的 RGH10C 型和 RGH20C 型打磨列车，如图 4-67 所示。该车共有 10 个打磨单元，作业装置采用液压驱动，主要是对城市轨道、地铁、机场线进行打磨。两台 RGH10C 型打磨列车构成了 RGH20C 型道岔打磨列车，由 20 个打磨单元组成，可以实现内侧 75°～外侧 45°范围内的角度偏转，主要是对铁路线路中的道岔进行打磨，作业效率、精度高。

图 4-67　HTT 公司 RGH20C 型打磨列车

4. 美国 HTT 公司生产的 PGM-48 型钢轨打磨列车

PGM-48 型钢轨打磨列车主要用于对钢轨线路进行打磨维修，主要去除钢轨肥边、波磨、剥离、掉块等表面缺陷，同时修复轨头廓形，恢复轮轨关系。该打磨列车集动力、牵引（驱动）、检测和打磨于一体，是目前国内外钢轨打磨列车中比较先进的一种。PGM-48 型打磨列车，如图 4-68 所示。

图 4-68　HTT 公司 PGM-48 型钢轨打磨列车

5. 瑞士 Speno 公司生产的 RR-16 型打磨列车

瑞士 Speno 公司生产的 RR-16 型打磨列车，如图 4-69 所示。该车共有 16 个打磨单元，作业装置采用电力驱动，打磨单元可以实现内侧 75°～外侧 15°范围内的角度偏转，主要是对铁路线路中的道岔进行打磨，作业精度高，打磨效果好。

6. 96 型打磨列车

随着几次大的铁路提速，瑞士 Speno 公司和美国 HTT 公司分别研制了拥有 96 个打磨单元的打磨列车，作业装置结构类似于 48 个打磨单元的打磨列车，96 个打磨单元的打磨列车的应用将大大提高打磨作业效率。96 型打磨列车，如图 4-70 所示。

图 4-69　Speno 公司 RR-16 型打磨列车

a)　　　　　　　　　　　　　　　　　　b)

图 4-70　96 型打磨列车

a) Speno 公司 GMC96 型打磨列车；b) HTT 公司 PGM-96 型打磨列车

我国钢轨打磨列车使用的发展历程

我国铁路已经有百余年的历史。百余年来，铁路养护手段随着铁路事业的整体进步，亦得到了飞速发展，从纯粹的人力到小型机械化，再到大型机械化，铁路养护手段发展的历史，就是铁路百年史的缩影。

我国从 1989 年开始，在工务维修中使用钢轨打磨列车。过去由于对钢轨打磨技术重视不够，铁路维修中所使用的打磨列车均为引进，并且数量有限，很难对既有线路进行全面打磨。随着铁道部提速战略的实施和全国大中城市轨道交通的兴起，钢轨不平顺、剥落、接触疲劳和噪声等病害成为轨道交通工程师们所面临的一个重要问题。北京铁路局在 1989 年配备了瑞士 Speno 公司的钢轨打磨列车后，钢轨病害得到了很好的解决，而且通过合理安排打磨周期，经济效益也非常明显。

1994 年，郑州铁路局配备了一列由美国 Jackson 公司生产的 PGM-48 型钢轨打磨列车，并很快应用于生产。通过对打磨后钢轨纵向断面测绘和轨检车动态检查发现，钢轨打磨对高速线路的轮轨接触具有较大的改善作用，同时有效地降低了高速运行车辆垂向振动频率和车辆蛇行幅度。

1998 年，北京铁路局配备了一列由瑞士 Speno 公司生产的 RR48HP4 型钢轨打磨列车，对钢轨线路进行打磨，打磨效果良好。

2003 年，郑州铁路局配备了由美国 HTT 公司生产的 RGH20C 型道岔打磨列车，主要用于既有线路的道岔打磨，通过使用，有效减缓了道岔上的晃车、蛇形运动，消除了波磨、肥边等病害，提高了列车通过道岔的平顺性和乘客的舒适性。

20 世纪 90 年代,铁道部将打磨列车国产化纳入铁路建设日程,针对打磨列车制造起步晚、基础弱的现状,采取技术转让、合作生产的方式,在消化吸收进口打磨列车技术的基础上开发国产化打磨列车。与美国潘德罗·杰克逊公司采用技术引进的方式于 1999 年 3 月在宝鸡新铁养路机械厂成功生产了第一台国产化的具有 48 个打磨单元的用于线路打磨的打磨列车,并于当年 6 月投入使用,随后又陆续与美国 HTT 公司合作生产了采用 CAN 总线技术的钢轨打磨列车多列。2007 年 6 月,由昆明中铁大型养路机械集团有限公司与瑞士 Speno 公司合作生产的 CMG-16 型道岔打磨列车配属沈阳铁路局使用,该车型主要用于道岔打磨,可以进行各类线路道岔的连续打磨作业,有效预防和消除道岔区域钢轨的磨耗及其他各种病害。由国内生产的打磨列车,作业精度能够达到进口同类产品的作业精度,满足国内铁路线路的技术要求。

为了满足铁路提速和高速铁路建设对大型养路设备的需求,尤其是高速铁路对打磨列车的需求,我国在 2007 年先后与瑞士 Speno 公司和美国 HTT 公司达成合作开发协议,在中国北车集团北京二七机车有限责任公司和襄樊金鹰轨道车辆厂生产两种具有 96 个打磨单元的高效率打磨列车,以满足国内铁路发展需要。

目前,我国各铁路局相继配备了线路打磨列车和道岔打磨列车,由于国际上有许多国家和公司不断开发和研制对钢轨的修理设备,而我国铁路部门使用最多的车型是美国 HTT 公司制造的 PGM-48 型打磨列车和 RGH20C 型道岔打磨车,另外,随着瑞士和美国研制的 96 个打磨单元的打磨列车在我国也正投入使用。因此,本书主要介绍 PGM-48 型打磨列车、RGH20C 型道岔打磨车和 GMC96 型打磨列车。

四 美国 HTT 公司生产的 PGM-48 型钢轨打磨列车

第一台 PGM-48 型打磨列车是由美国杰克逊公司生产的,在后期的发展中,由于国外公司的重组和收购,改名为 HTT 公司,后期引进的打磨列车由 HTT 公司在我国宝鸡工程机械厂合作生产。

1. 总体构成

PGM-48 型钢轨打磨列车是一种结构复杂,控制先进的线路养护机械,集机、电、液、气及计算机技术于一体,主要用于消除钢轨的波磨、擦伤、肥边等损伤,以进一步提高线路的质量。它通过廓形和波磨测量系统获得钢轨的磨损状况,并将测量结果提供到计算机控制系统,经过运算与比较,计算机控制系统将设置在 1 号车、2 号车、3 号车上的打磨小车附属的 48 个打磨电动机完成偏转、横移和加压,对钢轨进行打磨作业。

全列 PGM-48 型钢轨打磨列车由 3 节车构成:
(1) 1 号车,也被称为控制车或 A 端车。
(2) 2 号车,也被称为生活车。
(3) 3 号车,也被称为末端车或 B 端车。

PGM-48 型钢轨打磨列车全车共有 48 个打磨头,可以使钢轨达到最佳的运行轮廓。打磨列车主要由发动机动力系统、制动系统、打磨工作机构、液压系统、气动系统、水系统、集尘器系统、消防系统、操作控制系统以及计算机控制系统等部分组成,还包括一辆生活车。其前后左右的方向是根据操作者在 1 号车驾驶室驾驶座上的方位所决定的,操作者的右手边就是钢轨打磨列车的右边,而打磨列车的左边就是操作者的左手边,如图 4-71 所示。

PGM-48 型钢轨打磨列车的结构,如图 4-72 所示,1 号车和 3 号车分别位于列车的两端,2

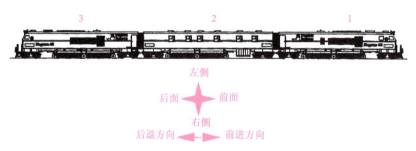

图 4-71　PGM-48 型钢轨打磨列车
1-控制车 1 号车；2-生活车 2 号车；3-末端车 3 号车

号车位于列车中部。1 号车由驾驶室、主动力室、辅助发电机室、电气控制室四部分组成；3 号车由驾驶室、动力室、物料间、电气控制室四部分组成，1、3 号车驾驶室如图 4-73 所示；2 号车由卧室、盥洗间、厨房间、休息娱乐室四部分组成，2 号车卧室、休息娱乐室如图 4-74 所示。此外，钢轨打磨列车还包括了车架、转向架、牵引装置、防火装置、检测系统等部分。

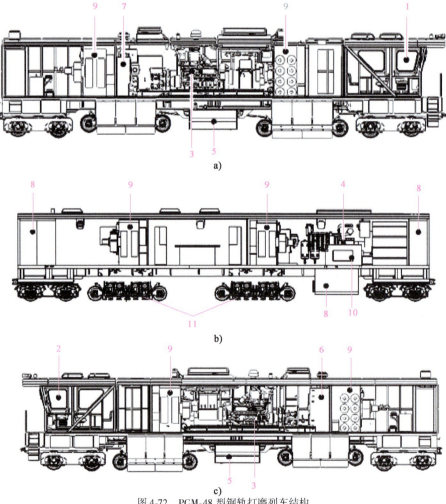

图 4-72　PGM-48 型钢轨打磨列车结构
a）1 号车；b）2 号车；c）3 号车

1-驾驶室 A；2-驾驶室 B；3-主动力机组（发动机、液压泵和主发电机）；4-自备供电装置；5-燃料箱；6-驱动系统液压储油器；
7-打磨系统液压储油器与液压泵；8-防火水容量；9-除尘器；10-辅助空气压缩机；11-打磨小车

图 4-73 1、3 号车驾驶室

a)

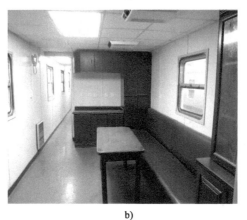

b)

图 4-74 2 号车卧室、休息娱乐室
a)卧室；b)休息娱乐室

2. 打磨工作机构与工作原理

打磨工作机构是打磨列车的重要组成部分，是实现打磨功能的执行机构，其机构复杂，包含机、电、液、计算机等。因打磨工作机构是吊装在打磨车底部的整体机构，亦称打磨小车。按照功能可分为液压系统、角度控制、电机旋转、计算机等几部分组成。它们相互关联共同作用，实现对钢轨各部位磨削的功能。

打磨工作机构的整体形式是打磨小车,打磨小车结构,如图 4-75 所示。在打磨小车上,安装有 8 个打磨电动机及砂轮、磨头施压机构、磨头角度偏转机构、调节油缸、基准轮、悬架机构、车架、走行轮以及控制系统等部分。每两个打磨电动机组成一个打磨单元,打磨单元结构,如图 4-76 所示。在打磨小车上,每侧各两个打磨单元。打磨作业时,打磨电动机直接驱动打磨砂轮。根据不同的打磨范围,可调节磨头在钢轨顶面的偏转角度及横移位置,并由液压油缸对磨头施压,实现对钢轨的打磨作业。

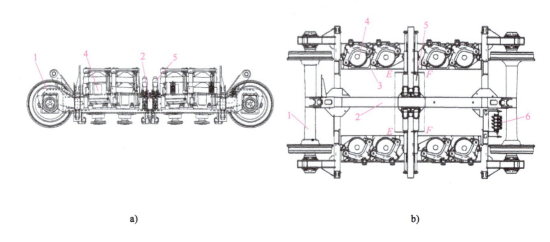

图 4-75 打磨小车
1-导向轮;2-车架;3-打磨电动机辅助摇架;4-打磨电动机;5-偏转电动机;6-控制阀座

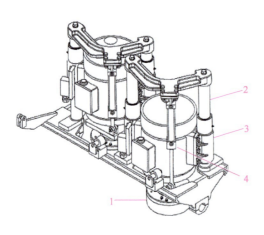

图 4-76 打磨单元
1-打磨砂轮;2-导轴;3-导向管;4-液压油缸

由于打磨工作机构包含机、电、液、计算机等几个方面,因此打磨工作原理主要也由机、电、液、计算机等这几个方面所组成:

(1) 液压系统控制原理。打磨液压系统包括液压泵驱动电机,由液压泵、紧急液压泵、减压阀、蓄能器、散热器等组成,液压控制系统如图 4-77 所示。

① 驱动电动机功率为 37kW,电压为 600V 交流电,频率为 120Hz,转速为 1785r/min,其控制方式分为手动控制和远程控制。手动控制开关分别在每台液压泵起动控制柜里,而远程控制开关是通过计算机控制,有相应指示灯显示其工作状态。

② 打磨液压泵。打磨液压泵由驱动电动机驱动,提供工作装置所需要的压力。例如,打磨电动机的升降,摇架偏转、横移,基准轮的升降、加载以及打磨小车的升降等。

③ 紧急液压泵。它是由一个 24V 直流电动机驱动,同样能够给工作装置提供压力的一套应急机构。三台车各有一套,由主发动机的蓄电机提供 24V 直流电源,在左右侧收放打磨小车的控制柜里有起动开关。发动机主发电机或主液压泵出现故障不能提供系统压力时,扳动

紧急液压泵起动开关,可以完成打磨小车的收放等功能。

④减压阀。液压泵输出的8.6MPa(1250psi)的油压减到3.0MPa(430psi)。

⑤蓄能器和散热器。蓄能器可以缓解来自打磨电动机,因钢轨高低不平而产生的冲击力。散热器是一个由直流电动机驱动风扇对打磨液压油进行散热的一套装置,被散热后的液压油回到邮箱。

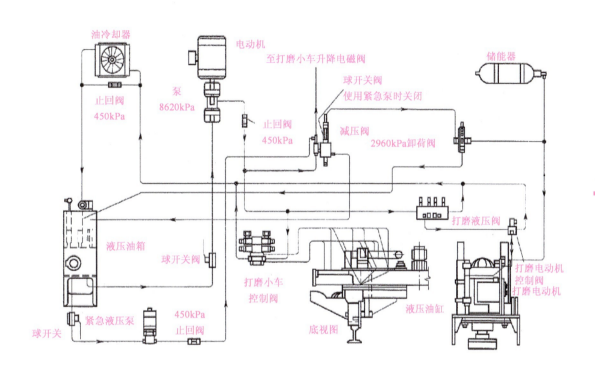

图4-77 液压控制系统

下面依照打磨液压系统油路图分析其工作原理:

第一路液压系统8.6MPa(1250psi)的压力油连接到电动机升降控制阀,当控制阀打开时,压力油连接到电动机升降油缸的下端,给打磨电动机下降提供动力;控制阀关闭时,电动机升降油缸的下端通往油箱。

第二路压力油连接到摇架偏转,摇架横移及其基准轮的升降加载的控制电磁阀的入口。从而在计算机指控下控制这些装置的运动。

第三路压力油连接到打磨小车升降电磁阀,用于收放打磨小车。

第四路压力油经过减压阀和一个卸荷阀将油压降至3.0MPa(430psi)后连到1.4MPa(200psi)的蓄能器和电机升降油缸的上端。

第五路液压系统由紧急液压泵提供压力油连接到打磨小车升降电磁阀,在紧急情况下用于升降打磨小车。

(2)角度控制机构工作原理。打磨电动机的实际角度(以钢轨的中心线为依据)为向内偏50°向外45°。打磨角度是由两部分构成,一部分是偏转电动机,带动打磨电动机可以产生±25°的偏转。另一部分是由打磨电动机摇架带动打磨电动机可以产生+25°~-20°的偏转。因此当打磨电动机的所需角度超过±25°后就需要相应的摇架向内外侧偏转,所差的角度再由偏转电动机进行修正。角度控制机构,如图 4-78 所示。

(3)打磨电动机旋转工作原理。打磨电动机电压为 AC 600V,120Hz,功率 22kW,峰值功率 29kW,转速 3600r/min,打磨电动机由一个 600 V 3 相 50A 的空气开关和一个交流接触器来控制。打磨电动机如图 4-79 所示。

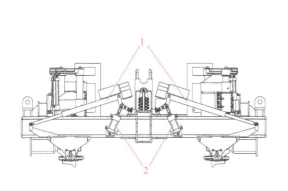
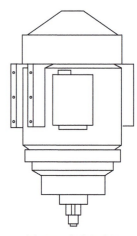

图 4-78　角度控制机构　　　　　　　　图 4-79　打磨电动机
1-偏转电动机;2-调节油缸

空气开关是由手动控制,通常是在闭合状态,交流接触器的通断是由计算机来控制的。打磨计算机控制相应电动机的起动控制模块来实现交流接触器的闭合,使打磨电动机旋转。为了避免打磨电动机过载、短路,加入了相应的保护电路,当过载短路发生时会反馈相应信息到打磨控制计算机(GCC),由计算机发出指令断开交流接触器,切断故障打磨电动机的电源,当故障被排除后可以通过打磨控制计算机进行复位,复位后就可以正常起动打磨电动机了。

(4)计算机打磨控制系统工作原理。计算机打磨控制系统由一台 SCADA 主机和 3 台 GCC 共同构成一个网络,计算机打磨控制系统如图 4-80 所示。操作人员可以通过 SCADA 计算机控制全车 48 个打磨电动机,最终实现 48 个打磨电动机的角度偏转、磨头旋转、磨头升降,同时还可以反馈相应的信息给操作人员,例如每个打磨电动机的偏转角度、旋转情况、升降状态、打磨功率大小以及电动机的温度、电动机有无过载、短路等情况。

通过对打磨工作机构分析,打磨列车打磨原理是:将 6 个打磨小车上的 48 个打磨砂轮对称分布在正对于两段钢轨的上方,即对于每股钢轨有 24 个打磨砂轮;打磨砂轮可按钢轨断面形状需要进行分布,对钢轨进行连续打磨。打磨小车上除安装打磨砂轮外,还安装有打磨电动机和液压控制系统,打磨电动机用于驱动打磨砂轮,控制系统用于调整和固定砂轮角度,并对砂轮施加对钢轨的压力;砂轮可沿钢轨横断面偏转,角度范围在钢轨内侧为 50°,在钢轨外侧为 -45°可调,打磨电动机角度范围如图 4-81 所示;打磨量在 0.2mm/遍左右;打磨功率在 22.5kW(最小为 15kW)左右。

作业中,每个打磨砂轮按一定角度偏转,在对钢轨多遍打磨后,将缺陷消除并使钢轨断面成型。打磨砂轮这种按不同角度分布和选定的打磨功率形成的固定组合方式称之为打磨模式。每种打磨模式实际上就是由砂轮磨削面组成的一个固定包络线,就是钢轨断面形状。我国使用的打磨列车上共预存有 99 个打磨模式,常设有 30 多个供作业时选取。在选定的打磨模式下,每个砂轮在钢轨断面轮廓半径的切线方向进行磨削,随着打磨列车运行,实现对钢轨持续打磨。钢轨打磨过程是通过操作人员在打磨列车上操作,由车上的电子计算机控制自动完成的。

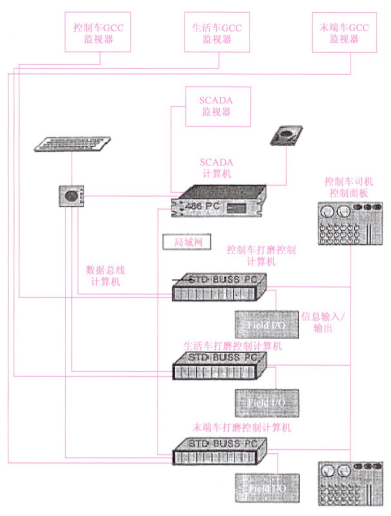

图 4-80 计算机打磨控制系统

从打磨原理可以看出,与标准钢轨比较,经打磨后的钢轨断面是由许多小平面组成的,这些小平面的数量和宽度,决定了被修复钢轨的圆顺性。

我国使用的打磨列车,无论是瑞士 Speno 公司还是美国 HTT 公司,在出厂时都已经为用户提供了常用打磨模式;在实际运用中,各企业也补充了不少打磨模式。这些打磨模式大致可以分成两类,一类用于消除钢轨波浪磨耗,一类用于消除钢轨飞边、擦伤、压溃等。但因打磨列车的结构和性能(功率、打磨量、作业速度)有所不同,在针对同一钢轨缺陷时,所采用的打磨模式也有所不同,但由于采用多遍打磨,其打磨效果则是基本一致的。

3. PGM-48 型钢轨打磨列车主要技术参数

PGM-48 型钢轨打磨列车主要技术参数见表 4-14。

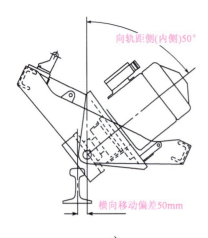 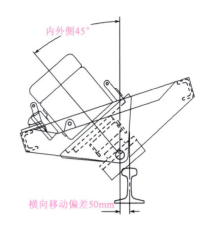

a)   b)

图 4-81 打磨电动机角度范围
a) 钢轨内侧；b) 钢轨外侧

PGM-48 型钢轨打磨列车主要技术参数   表 4-14

项　目	性　能　参　数
主柴油机	CUMMINS KTA38 910kW×2 对应转速 1800r/min
主发电机	KATO8p6-1500 680kW×2 对应转速 1800r/min
辅助发电机	GENSET 85DGDB 380/220V,50Hz,77kW
传动形式	REXROTH 静液压轴驱动 DURST 双速传动
制动形式	单元式机车制动机 JZ-7 型空气制动机系统
气动功率	总供气量 1123.17m³/min,每台 KTA38 可供 501.42m³/min,共两台。辅助发电机可供 120.34m³/min
轨距	1435mm
最高速度	80km/h
构造速度	100km/h
打磨作业最小曲线半径	100m
打磨电动机功率	持续 22kW,间歇 29kW
打磨电动机转速	3600rpm
打磨速度	1.6~16km/h
打磨量	平均 0.2mm（单头、单遍、速度 7km/h、打磨量 60kg/m,HB=350）
打磨电动机	48 个
打磨程序	100 个（0~99）
打磨电动机水平横移量	±50mm
打磨电动机偏转角度	+50°~-45°
燃油箱（2 个）	3400L/个
液压油箱	走行 2 个,2275L/个;打磨 3 个,285L/个

续上表

项 目	性 能 参 数
防火水容量	16500L
生活水箱	总容量:2150L
外形尺寸(长×宽×高)	63m×2.9m×4.3m
列车总重	约256t

4. PGM-48型钢轨打磨列车作业条件

PGM-48型钢轨打磨列车作业条件见表4-15。

PGM-48型钢轨打磨列车作业条件　　　　表4-15

项 目	作业条件	项 目	作业条件
轨距	1435mm	线路最大坡度	3.3‰
线路最大超高	150mm	最小运行曲线半径	110m
环境温度	-10~40℃	特殊环境	可在雨天和夜间及风沙、灰尘严重的情况下作业

5. PGM-48型钢轨打磨列车的特点

(1) PGM-48型钢轨打磨列车配备着迄今为止与其他钢轨打磨列车相比最复杂又最易操作的计算机控制系统,它由一台图形界面主控计算机及由其控制的4台分开的计算机组成。

(2) 本车可在两个方向作业,工作速度为1.6~16km/h,考虑到安全原因,程序设计者将最低速控制在2km/h,低于这个速度打磨电动机将自动提升速度。

(3) 本车可在大于100m的曲线上进行打磨作业,打磨小车轮对的轴距为4.76m,因此可在标准轨距的曲线条件下有足够的横向移动量,保证安全通过曲线。

(4) 障碍自动避让系统单独升降每一个打磨电动机,以便避让预知的障碍,安装在轴上的光学编码器监视本车在线路上的位置,操作人员输入不需要打磨的障碍(如道口和道岔)的起止位置,当打磨列车经过这些预知的障碍时,砂轮将自动地、单独地升起和下降。

(5) 可连续工作6h,但砂轮在6h内发生消耗时,这个连续工作时间则不含更换砂轮的时间。

五 RGH10C和RGH20C型打磨列车

美国HTT公司生产的RGH10C型地铁打磨列车主要用于城市轻轨、机场专用线打磨,是为打磨正线、道岔和交叉道的内、外铁轨的顶部和两侧而设计的。两台RGH10C型地铁打磨列车联挂在一起组成20头的打磨列车,通过结构和控制设计成为一个整体,形成了RGH20C型道岔打磨列车。两种打磨列车的结构和操作是基本一样的,主要的不同是工具间的位置、轨道波浪磨耗测量装置和砂箱。我国在2003年引进第一台美国HTT公司生产的RGH20C型道岔打磨列车,主要是用于对目前在用的1/12型号以上的固定心轨道岔和可动心轨道岔进行预防性和修复性打磨,消除道岔直股钢轨产生的病害,恢复轨顶轮廓,改善轮轨关系,减少和消除列车通过道岔时的振动和晃车现象。在使用中,通常称该车为RGH20C型道岔打磨列车,以区别于PGM-48型线路打磨列车。目前,国内各局开始相继配备该车,在铁路提速中发挥了很大的作用。

1. 总体构成

RGH20C 型道岔打磨列车由两节机械、电气、液压、气动装置等完全相同的 RGH10C 型单车组成,通过网络系统实现集中控制,并在电气控制方面实现了两端的互控,是集动力、牵引(驱动)、打磨和检测于一体的较为先进的道岔打磨设备。其主要由发动机动力系统、制动系统、作业系统、液压系统、气动系统、水系统、集尘器系统、消防系统等部分组成。两节车都为动力车,其外形、侧面简图,如图 4-82、图 4-83 所示。

图 4-82 RGH20C 型道岔打磨列车外观

图 4-83 RGH20C 型道岔打磨列车侧面简图

RGH20C 型道岔打磨列车,其 1 号车和 2 号车的划分,是按安装计算机操作软件时来确定的,因为两节车从结构设计到操作控制完全相同,因此,1 号车和 2 号车的划分可以根据在安装的软件来区分,即安装 1 号车操作软件的为 1 号车,安装 2 号车操作软件的为 2 号车。

RGH20C 型道岔打磨列车的整车结构布置图如图 4-84、图 4-85 所示。

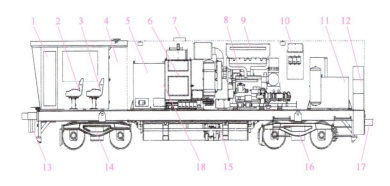

图 4-84 RGH20C 型道岔打磨列车结构图
1-司机室;2-司机位(操作位);3-副司机位;4-隔间;5-消防水箱;6-集尘装置;7-空压机散热器;8-发动机及液压泵站;9-冷却液及液压油散热器;10-液压油箱;11-燃油箱;12-材料柜;13-消防水带;14-从动转向架;15-打磨作业小车;16-主动转向架;17-两车连接;18-消防用灭火器罐

RGH20C型道岔打磨列车前后和左右摇确定与PGM-48型线路打磨列车相同，1号车即为前端，2号车即为后端，左右侧是根据操作员坐在1号车驾驶室操作位而定的：操作员的右手边是车的右侧，操作员的左手边是车的左侧。打磨单元分布及顺序如图4-85所示。两车之间通过连接销尾部相连，在任意一端都可以实现对两台车的控制，两台车的前后运行正好相反：向前端运行时，1号车前行、2号车后退；向后端运行时，1号车后退、2号车前行。

2.道岔打磨工作过程与工作装置

RGH20C型道岔打磨列车工作过程与PGM-48型钢轨打磨列车相似，在动力传递上统一采用发动机—液压泵—液压马达的形式，该车工作过程采用全液压驱动，包括走行、打磨马达、散热风扇、集尘装置、消防水泵等都通过液压泵驱动，单节车共有19台液压泵，以提供动力。液压泵通过一台美国约翰迪尔公司12.5L涡轮增压柴油Tier Ⅲ RG6125H系列6缸水冷电喷发动机（部分车型采用了13.5L涡轮增压柴油机Tier Ⅲ RG6135H系列6缸水冷电喷发动机）驱动，发动机功率317kW·1800r/min作业转速，怠速转速为900r/min，为车辆运行和作业提供足够动力。约翰迪尔公司12.5L涡轮增压柴油Tier Ⅲ

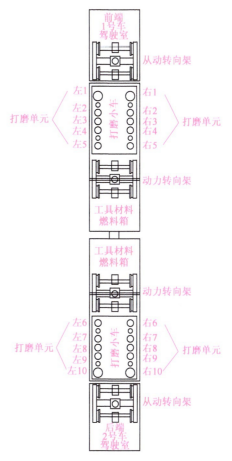

图4-85 RGH20C型道岔打磨列车结构布置简图

RG6125H系列6缸水冷电喷发动机如图4-86所示。操作位设在驾驶室的中间，操作台在操作位的左侧和右侧，方便了操作人员操作。

图4-86 约翰迪尔公司电控柴油增压发动机

该车工作装置是两个打磨小车，打磨小车及车上的打磨单元采用液压驱动，打磨单元可以实现独立的角度、横移、升降功能。液压驱动的设计可以节省设计空间，同时又满足功率要求。全车共有20个打磨单元，分配在两个打磨小车上，每个打磨小车上各有10个打磨单元，该打磨列车两侧各有10个打磨单元，其中有4个打磨单元采用直径280mm（11in）的砂轮，另外16个打磨单元采用直径152mm（6in）的砂轮。每个打磨单元都有独立的角度和横移控制功能，实现不同角度和横移的调整，以满足道岔打磨时不同位置打磨时调整的需要。

为了保证安全，车内设置了用于消防的灭火器罐，在驾驶室内右侧操作台后端和车下两端及两节车连接部位都连接有触发器，一旦车内发生火情，可以通过任何一个触发器激活灭火器罐，及时控制火情。驾驶室后端设立隔间，可以起到隔音、防尘的效果，有效减少噪声和粉尘，同时驾驶室内还安装有增压器,用于增大驾驶室内与外界的压力差,可以减少粉尘进入驾驶室内,以及对电气设备和人身的损伤。

3. RGH20C型道岔打磨列车的性能参数

(1) RGH20C型道岔打磨列车的主要技术性能参数,如表4-16所示。

RGH20C型道岔打磨列车的主要技术性能参数 表4-16

项 目	性 能 参 数
长/宽/高/重	24.7m、2.591m、3.429m、92t
轴数	8根,其中:驱动轴4根,从动轴4根
心盘距	单节车6.502m
发动机	两台美国John Deere(强鹿)12.5L涡轮增压柴油Tier Ⅲ RG6125H系列6缸水冷电喷发动机,317kW转速1800r/min,急速转速900r/nin
消防设备	两个20kg干粉存储罐式灭火器,消防喷嘴位于发动机间、集尘器和打磨小车,同时有发动机起动互锁开关;两个便携式灭火器
走行驱动方式	液压驱动,两速车轴齿轮箱(高、低速),液压系统在齿轮箱高速或低速时可再实现两级输出
制动方式	JZ-7型空气制动机系统,基础制动采用独立单元制动器,停车制动采用手制动形式
空气压缩机	两台螺旋式空压机,发动机皮带驱动,具有自润滑和冷却功能,每台功率为1.98m³/min
液压油箱	两个660L液压油箱
燃油箱	两个1800L燃油箱
消防水箱	两个3000L消防水箱
打磨单元	20个
打磨角度范围	内侧75°~外侧45°
打磨作业方式	双向作业
打磨作业速度	1~16km/h(根据线路情况调整)
打磨马达功率	2.5~17kW,液压负载控制
打磨模式组数	最多存储99种打磨模式
打磨砂轮参数	砂轮直径152mm,厚度80mm;转速6000r/min
砂轮驱动方式	液压驱动
单遍打磨量	每个砂轮产生的钢轨平均磨耗量为0.2mm

(2) RGH20C型道岔打磨列车作业条件,如表4-17所示。

RGH20C型道岔打磨列车的作业条件 表4-17

项 目	作 业 条 件
作业区域	道岔区段,包含两道岔间<100m的夹直线
轨距	标准轨距1435mm
线路最大坡度	5‰
线路最大超高	150mm
最小作业曲线半径	80m
海拔高度	≤1000m
相对平均湿度	≤72%
环境温度	-40℃~70℃
特殊环境	可在雨天、雪天、风沙天气或夜间作业
连续作业性能	可连续工作6h,连续工作时间不含更换砂轮的时间

(3) RGH20C 型道岔打磨列车的运行性能,如表 4-18 所示。

RGH20C 型道岔打磨列车运行性能　　　　　　　　　　表 4-18

项　目	运　行　性　能
轨距	标准轨距 1435mm
编挂列车速度	≤100km/h
自轮运行最高速度	80km/h
最大爬坡度	≤6‰
最小通过曲线半径	打磨小车收起时:20m;打磨小车放下时:50m
车钩类型	13 号车钩,带有缓冲器,可编挂在列车尾部
制动性能	JZ-7 型制动机制动性能符合相关标准要求,运行速度 80km/h 时,施加紧急制动,制动距离小于 400m
特殊情况	当本车处于非打磨状态,而打磨小车置于钢轨上时,本车能够以不大于 16km/h 的速度通过 50/60/75kg/m 标准钢轨的 8～20 号道岔,超过此条件应相应降低运行速度或提起打磨小车运行

4. RGH20C 型道岔打磨列车的特点

(1) RGH20C 型道岔打磨列车的设计小巧,走行系统采用液压驱动方式,起动和停车运行平稳、无冲击。它是集机、电、液、气于一体,全车所有走行系统采用液压驱动的方式,走行系统有两套重载转向架。单车前转向架有 2 个从动轴,后转向架由 2 个动力轴组成。驱动轴是由一个双速变速箱驱动。每个变速箱由一个变速液压马达驱动,实现动力传动,所以在车辆挡位控制上有四个挡位:1、2、3、4 挡。1、2 挡为低速挡(又称作业挡位),1、2 挡间的转换通过变速液压马达实现;3、4 挡为高速挡(又称运行挡位),3、4 挡间的转换也通过变速液压马达实现;2、3 挡间转换必须停车后进行,因为 2、3 挡转换是通过双速齿轮箱变换齿轮比来实现的。

(2) 发动机采用了约翰迪尔公司 6125 电控柴油增压发动机,提供走行和打磨作业动力。电喷柴油增压发动机的使用可以有效地保证发动机的输出功率稳定,同时发动机的排放也达到了欧Ⅲ标准,减少排放污染。但是对燃油的清洁度要求较高,这就要求在日常使用中,要加大保养、检查力度。

(3) 道岔打磨列车的控制系统采用了先进的 jupiter2000 计算机控制系统,它不仅控制所有打磨功能,而且监视和控制整个列车的所有工作功能。单车控制系统包括一台主控制计算机和多个分控单元模块,通过网络连接构成工作局域网络系统(CAN),通过主控计算机实现中心控制,分控单元模块通过控制执行机构动作和反馈数据信号的方式实现对全车的监控,两车间主机通过网络线连接,通过软件设计,构成两节车的网络连接,实现对整车监控。

(4) 部分道岔打磨列车安装了检测系统,包括波磨检测和轨头廓形检测两个系统,实现作业、检测于一体。检测装置有便携式和车体附挂式两种,以方便现场使用。

(5) 道岔打磨列车的设计由于其设计小巧,不仅能够满足道岔打磨的需要,还能够满足地铁打磨、机场专用线打磨的需要,因此,在道岔打磨列车的设计中也加装有集尘装置,其与线路打磨列车的工作原理相同,区别在于两者风机驱动方式、风量、风速、功率等参数和外形设计。集尘装置的设计对于道岔打磨和地铁打磨有很大的用途,可以减少粉尘对人体的伤害和环境的污染,可以有效地减少打磨灰尘对道岔的影响,减少清扫道岔的劳动量,尤其是对于地铁线路,集尘装置有效减少了对地铁内部的污染,降低了清扫的强度,保持了站内环境卫生。

(6) 道岔打磨列车发动机动力输出后,通过分动齿轮箱为走行装置、打磨作业装置和附属设备提供驱动力。由于采用了全液压驱动方式,在道岔打磨列车上只设计了 24V 的供电系统,以提供作业照明和各电气部分的供电。

(7) 道岔打磨列车不仅设计与 PGM-48 型线路打磨列车相同的车外消防系统,还设计了车内消防系统,采用干粉灭火器罐,并在车内外安装触发器和发动机联锁互控装置,以有效控制车内火情,避免火灾事故。

(8) 道岔打磨列车带有两个装备齐全的驾驶室,它们分别位于列车的 1 号车(A 端)和 2 号车(B 端),并可在任意一端进行驾驶,司机座位设计成中间位,驾驶室前风窗玻璃设计成整体式倾斜框架双层玻璃,增大了道岔打磨作业时的观察视野。

(9) 两节车组成的道岔打磨列车,既能够两节车同时运行,又能够实现每一节车独立运行。因此在设备状态良好时,道岔打磨列车能够独立上道运行,不需要保驾车辆;在一节车出现设备故障不能运转时,又能够通过另一节车应急运行处理。

六、GMC96 型钢轨打磨列车

2007 年 7 月,中国北车二七装备公司和瑞士 Speno 公司联合设计、合作制造生产 GMC96 型钢轨打磨列车,由一辆动力车和六辆打磨作业车组成,能使 96 个打磨单元同时作业,可通过列车微机网络控制系统,针对不同的钢轨缺陷采取 99 种模式实施快速打磨。钢轨打磨列车自带实时检测和记录装置,能以最快速度针对需打磨钢轨确定打磨模式;打磨精度最高可达到 1000mm 范围内不大于 0.02mm;列车装有集尘装置符合环保要求,可收集打磨作业粉尘,抑制轨面火花飞溅,减少对环境和列车装备的污染。钢轨打磨列车自运行时速 100km/h,可快速到达作业现场,联挂最大速度 120km/h。

该车能在运行中,对线路上的钢轨进行磨削,能对线路上的钢轨波浪形磨耗、钢轨肥边、马鞍形磨耗、焊缝凹陷及鱼鳞裂纹等病害进行打磨,从而改善轨头工作部分的轮廓。该车适用于 50kg/m、60kg/m、75kg/m 钢轨。

1. 总体构成

该车引进瑞士 Speno 公司原型 RR96M 型钢轨打磨列车技术,经国产化后的 GMC96 型钢轨打磨列车由(B1—C1—A—C2—C3—C4—B2)七节车组成,即一节动力车和六节打磨作业车,其外形、结构如图 4-87 和图 4-88 所示。每节作业车下部悬挂 2 组打磨小车,全车共有 12 组打磨小车(编号为 C1~C12),每组打磨小车由 8 个打磨头组成,在列车两侧各布置 4 个。车下安装的检测装置对钢轨实施自动检测。列车全长约 1.45m。

GMC96 型钢轨打磨列车主要由驾驶室、转向架、发动机动力系统、制动系统、作业发电装置、打磨控制系统、打磨装置、液压系统、气动系统、水系统、集尘器系统、检测装置、消防系统等部分组成。

GMC96 型钢轨打磨列车按主要功能划分为:A 车、B 车和 C 车,各节车排列如下:B1—C1—A—C2—C3—C4—B2。

A 车是动力车,为列车走行提供牵引动力,并提供列车辅助用电(照明、生活),动力车结构,如图 4-89 所示。

图 4-87 GMC96 型钢轨打磨列车

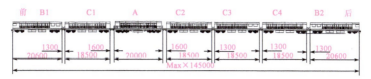

图 4-88　GMC96 型钢轨打磨列车结构

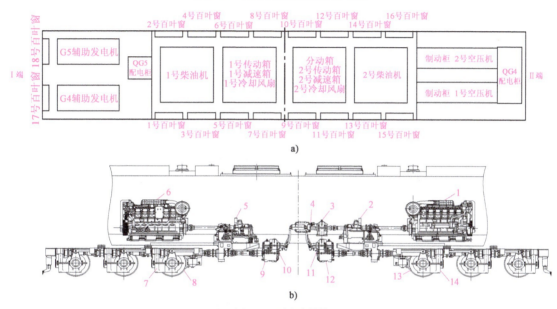

图 4-89　动力车结构

1-柴油机；2、5-传动箱；3-分动箱；4-泵；6-柴油机；7、14-车轴齿轮箱；8-车轮；9、12-减速箱；10、11-马达；13-车轮

　　动力车上安装了两套柴油机—传动箱系统，互为保护。在列车高速运行时，可使用任意一套柴油机—传动箱系统牵引，并通过传动箱的换向离合器实现前进/后退的换向。在列车大坡道运行且动力不够时，可使用另一套柴油机—传动箱系统同时牵引。

　　动力车有高速自运行和低恒速打磨作业运行两种模式：高速运行牵引和恒低速运行牵引。高速运行时，通过控制减速箱内的离合器处于脱离状态来保证恒低速系统不工作。恒低速运行时，通过控制传动箱的变矩器不充油来保证高速运行系统不工作。

　　高速自运行模式采用液力传动方式，由柴油机通过高弹联轴器、万向轴把转矩传递到传动箱的输入轴，通过传动箱内部的变矩器，把转矩传递到传动箱的输出轴，再通过万向轴把转矩传递到安装在转向架上的车轴齿轮箱上，车轴齿轮箱驱动转向架车轮旋转，从而驱动列车运行。每套柴油机—传动箱系统的功率为 1500kW。

　　高速自运行模式其传动路线为：

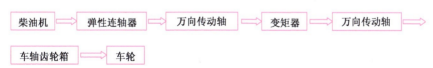

　　低恒速打磨作业运行模式采用液压传动方式，由 1 台柴油机驱动 2 组液压泵，经液压控制系统驱动 4 台变量液压马达，经减速箱、万向传动轴分别驱动 2 台转向架。速度可调范围为 3～15km/h，作业时一般为 4～7km/h。

　　低恒速作业运行模式其传动路线为：

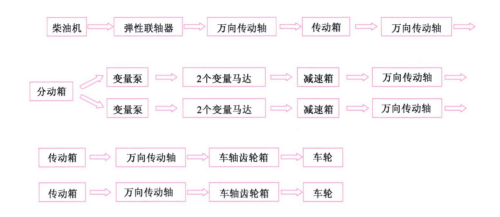

B1、C1、C2、C3、C4、B2为作业车,实现对钢轨的打磨。

B1车位于GMC96B型钢轨打磨列车的前部,主要进行钢轨轮廓、飞边等打磨作业,B1车结构如图4-90所示。该车设置有司机室,可在此进行列车各项操作。该车设置有水箱,可为B1/C1车提供消防和喷淋用水,同时也可为工作间提供生活用水。该车设置有工作间,可为司乘人员提供办公和休息场所。

B2车总体布置与B1车基本相同,各设备布置与B1车基本对称。

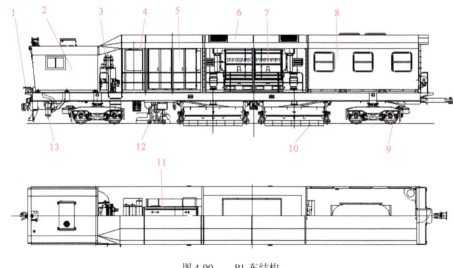

图4-90　B1车结构

1-水炮;2-司机室;3-液压动力包及蓄能器;4-作业风源装置;5-电气气动柜;6-车体车架;7-集尘装置;8-工作间;9-从动转向架;10-打磨小车;11-水箱;12-检测小车;13-司机室增压装置

C1车位于GMC96B型钢轨打磨列车的前部,C1车结构如图4-91所示。一端与B1车通过连接杆相连接,另一端与A车相连接,主要进行钢轨轮廓、波磨等打磨作业。其他总体布置与C1车基本相同,各设备布置与C1车也基本一致。

6节作业车按上述排列,每两节车组成一个单元,每个单元装有一套作业发电机组,将所需的电能传送给打磨系统,且能根据打磨作业进行调节。C1车为本车和B1车供电,C2车为本车和C3车供电,C4车为本车和B2车供电。该动力源为打磨电动机和集尘通风机电动机提供440V(AC)60Hz电力。C1、C2、C4车装有作业发电机组及其油箱,B1、C3、B2车装有消防用水水箱。每节作业车上各安装 2 组打磨装置(打磨小车),每个打磨装置中安装 8 个打磨头;整列车共 96 个打磨头。

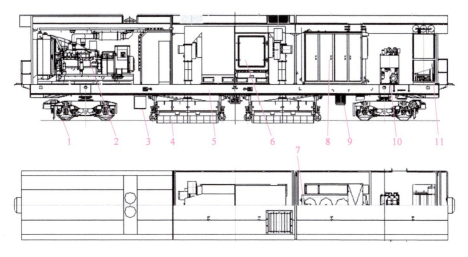

图 4-91　C1 车结构

1-转向架;2-作业发电机组;3-水系统;4-打磨小车;5-车体车架;6-集尘装置;7-油箱;8-电气气动柜;9-液压油冷却器;10-液压动力包及蓄能器;11-作业风源装置

B1 和 B2 车两端安装有 13 号车钩及 ST 型缓冲器。B1—C1、C1—A、A—C2、C2—C3、C3—C4 及 C4—B2 之间由刚性连接杆连接,如图 4-92 所示。各车间的连接还有水系统连接软管、制动系统连接软管、空气系统连接软管、连接电缆等。

2. 主要工作装置

(1)打磨装置。打磨装置,也称打磨小车,是钢轨打磨列车的作业装置。分为轨廓打磨小车和波磨打磨小车。其中,轨廓打磨小车主要用于钢轨廓形打磨,波磨打磨小车用于去除钢轨波浪形磨耗。

打磨小车由一个焊接框架、四个用于控制小车升降的液压缸、锁紧装置、牵引装置,以及四组可以倾斜的打磨单元、四个带轮缘的支撑轮等组成。

(2)集尘装置。集尘装置用于收集打磨作业过程中产生的打磨粉尘,减少污染,尤其是对于无砟轨道,必须及时清理打磨粉尘。

图 4-92　刚性连接杆

全车车共有 12 套集尘装置,每节打磨作业车有两个集尘装置,一个集尘装置对应一台打磨小车。

集尘装置采用离心式通风机、采用顶部进风、旁插扁袋结构,利用高压脉冲反吹清灰方式。具体结构包括进气管道、过滤器、反吹控制装置、通风机及驱动电机、排气消音器、系统控制装置等。

(3)作业控制系统。作业控制系统由 PLC 网络控制及逻辑控制系统组成,其中 PLC 网络控制是作业控制系统的核心,由电源、三台 PLC、两台触摸显示屏、CCLINL 网络及 A/D 等模块组成,三台 PLC 分别安装在 B1、A、B2 车上,称为 B1PLC、APLC、B2PLC,系统采用主从式的控制网络,其中 APLC 为主机,B1PLC、B2PLC 为分位机。另外,在 A 车还配置一台备用 PLC(AF-

PLC),作为应急走车控制。PLC 网络控制系统对列车主动力—传动牵引系统、恒低速作业走行系统、作业发电机组运行状态参数采集、传输、记录,对柴油机在各工况下的累计工作时间、列车累计走行里程进行统计,通过触摸显示屏对参数设定、显示及提示故障报警等,实现良好的人机对话。

3. 工作过程与工作原理

GMC96 型钢轨打磨列车的 96 个打磨头分别布置在两侧钢轨上。每个打磨头都可以沿轨头外形偏转,B1、B2 车打磨头偏转角度为 0°～-70°,主要用于打磨钢轨轮廓和内侧飞边,C 车为 15°～-20°,主要用于打磨钢轨轮廓顶面,多个打磨头的打磨面的包络线构成轨头轮廓。

作业时,打磨小车下降到轨面上,打磨头通过风压装置压紧在钢轨表面,打磨电动机带动砂轮旋转,对钢轨表面进行磨削,去除钢轨的波浪形磨耗、钢轨肥边、马鞍形磨耗、焊缝凹陷及鱼鳞裂纹等病害。通过调整液压装置的下压力,可以调整每遍打磨的磨削量。同一位置利用多个打磨头的多次磨削,就可以彻底清除各种病害。打磨头在计算机的控制下,可以具有 99 种打磨模式,以适应不同的打磨要求。

4. GMC96 型钢轨打磨列车主要技术参数

(1)运行性能。GMC96 型钢轨打磨列车运行性能,如表 4-19 所示。

GMC96 型钢轨打磨列车运行性能　　　　　表 4-19

项　目	指　标
最大自走行速度(双向)	100km/h
联挂最大速度	120km/h
最大制动距离	制动初速度 90km/h 实施制动,停车距离<800m
通过最小曲线半径	150m
通过最大坡度	3.3%
轨距	1435mm
最大轴重	23t
最大超高	150mm

(2)打磨性能。GMC96 型钢轨打磨列车打磨性能,如表 4-20 所示。

GMC96 型钢轨打磨列车打磨性能　　　　　表 4-20

打磨速度	可调范围 3～15km/h;作业时一般为 4～7km/h;速度低于 3km/h 时,打磨头自动脱离轨面
连续工作时间	一般线路上 6h,在隧道(3km)内 2h
打磨能力	打磨速度为 7km/h 时,轨顶面轮廓金属磨削量不少于 0.2mm/遍
纵向轨面打磨精度	300mm、1000mm 范围最大幅值分别为 0.02mm 和 0.2mm
打磨后钢轨表面粗糙度	小于 R_a10μm,不得连续发蓝(轨顶 R300 处)
最小作业曲线半径	300m
最大作业坡度	3.3%

5. GMC96 型钢轨打磨列车作业条件

最大海拔高度:2000m;环境温度范围:-10~50℃;打磨列车能在雨天、夜间、风沙、灰尘严重的条件下工作。

第六节 几种新型养路机械

一、DWL-48 型连续捣固稳定车

按照铁道部"引进先进技术、联合设计生产、打造中国品牌"的总体方针,高标准、成系统、集中引进大型养路机械最新技术,实施引进消化吸收再创新,在更高层次发展我国的大型养路机械,推进中国铁路装备现代化和装备制造业现代化的进程。DWL-48 型连续捣固稳定车正是在这种背景下,从奥地利普拉塞和陶依尔公司引进的当今世界最先进的大型养路机械,是铁道部引进技术国产化的重点项目之一。DWL-48 型连续捣固稳定车采用成熟的捣固稳定集成技术、三枕连续式捣固技术、新型电气控制系统、二维激光起拨道技术等先进技术,在捣固作业的同时完成线路稳定作业。DWL-48 型连续捣固稳定车,如图 4-93 所示。该车能以较高的效率对线路进行捣固、稳定综合作业,大大地提高线路的维修速度和维修质量。它是我国已经批量投入使用的、作业效率最高、作业精度最高的捣稳综合作业机械。

图 4-93 DWL-48 型连续捣固稳定车
a)国外车型;b)国内车型

DWL-48 型连续捣固稳定车成功地实现了大型养路机械国产化,并大量装备到客运专线基础设施维修基地,填补了国内捣固稳定综合作业车的空白。可较好地满足我国繁忙干线的高精度快速维修保养的需求。

1. 总体构成

DWL-48 型连续捣固稳定车结构,如图 4-94 所示。它由动力传动装置、工作小车、捣固装置、起拨道装置、测量装置、激光装置等部分组成。

DWL-48 型连续捣固稳定车最高作业效率可达 2.4km/h,大大提高了线路维修养护作业的效率和精度,能够保证维修作业后即刻满载全速开通线路,是目前世界最先进的线路养护综合机械之一,代表了当今世界大型养路机械技术发展的方向,引领了我国铁路养修模式发展的趋势。

DWL-48 型连续捣固稳定车最高自运行速度 100km/h,长途挂运时动力稳定车应联挂在

货运列车的尾部,允许挂运速度为120km/h。

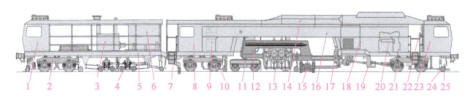

图4-94 DWL-48型捣固稳定车结构

1-控制司机室;2-稳定小车转向架;3-发动机;4-动力稳定装置;5-稳定小车车架;6-油箱;7-各种安装设备;8-控制司机室;9-电气系统;10-从动转向架;11-枕端夯拍装置;12-工作小车;13-捣固装置;14-机罩及顶棚;15-起拨道装置;16-主车架;17-支撑和锁紧装置;18-液压系统;19-动力传动装置;20-发动机;21-驱动转向架;22-制动装置;23-作业司机室;24-测量装置;25-激光装置

2. 性能及特点

DWL-48型连续捣固稳定车是在普拉塞和陶依尔公司连续式三枕捣固车基础上,结合线路稳定车技术发展而成的,沿袭了普拉塞和陶依尔公司养路机械特有的技术风格和路线。我国引进技术生产的机型为09-3X Dynamic的基本型,在此型的基础上对其结构进行了优化设计,各工作装置及其组成部分布置更为合理,结构更为紧凑,其作业效率比连续式双枕捣固车(D09-32型连续式捣固车)提高了30%~40%。此外,其采用了人体功效学原理,重新设计了所有操作控制台和指示显示仪表,提高了操作舒适性和准确性。

DWL-48型连续捣固稳定车广泛采用多种全新技术,包括三枕捣固装置技术、线路动力稳定技术、捣固稳定匹配控制技术、工作小车双液力驱动轴转向架技术、整体结构的起拨道装置、大功率水冷发动机、新型动力传动与驱动系统、新型应急发动机—泵系统、新型电气控制系统(含采用串行通信技术)、二维激光起拨道技术等,有效提高了机械综合作业性能。

DWL-48型连续捣固稳定车的重大创新是两侧的三轨枕捣固装置,如图4-95所示。在作业过程中能同时捣固三根轨枕。此外,该捣固装置采用可分式结构,即每侧的捣固装置由前、后两个独立的捣固头组成,以便轨枕距离不均匀或在某些复杂区域也能进行捣固作业。此时,操作人员根据需要可选择任意侧的或前或后的独立捣固头参与捣固作业,并且可选择是否加宽。捣固装置的灵活选择配置,提高了整机作业的机动性和灵活性,必要时它还可以成为一台高性能的单枕捣固车。

图4-95 三轨枕捣固装置

DWL-48型连续捣固稳定车利用激光准直技术开发的二维激光跟踪系统(包括激光发射器、水平和垂直方向自动跟踪的接收器和数据处理系统),如图4-96所示。延长了检测基准弦的长度,该系统能够较好地解决线路长波不平顺的问题,从而提高了捣固车的作业精度。

DWL-48型连续捣固稳定车安全应急措施得到了很大强化,增加了一台应急发动机驱动齿轮泵,便于在主柴油机出现故障失去动力时,完成收车撤离工作。改变了蓄电池驱动的应急泵系统可靠性差、持续时间短等缺点。

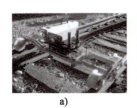  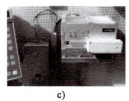

图 4-96 二维激光跟踪系统
a) 激光发射器；b) 激光接收器；c) 数据处理系统

3. 主要技术参数（表4-21）

主要参数　　　　　　　　　　　　　　　表4-21

项　目		参　数
长度：车钩中心距		33990mm
最大外形长度尺寸		34180mm
宽度		3180mm
高度		4300mm
整机整备重		约130.73t
高速走行驱动		液力机械传动、辅助液压驱动
作业驱动		液压驱动
发动机	主发动机型号	BF8M-1015CP
	发动机功率	440kW
	高速走行输出功率	370kW
	额定转速	2100r/min
	第二发动机型号	BF6M-1013C
	发动机功率	167kW
	额定转速	2300r/min
	应急泵系统发动机型号	HATZ 1B40/EX
	发动机功率	6.8kW
	额定转速	3000r/min
最小运行半径		180m
最小作业半径		250m
最大允许联挂速度		120km/h
最大允许自走行速度		100km/h
作业效率		2200~2400m/h
捣固装置		左、右股钢轨上方各两个装置，共四套捣固装置，每个捣固装置有12把捣镐，共48把捣镐。可同时捣固三根轨枕，也可左、右分开作业

MFS 散粒物料特种装卸运输车(特种污土车)

MFS 散粒物料特种装卸运输车(简称 MFS)是奥地利普拉塞和陶依尔公司 20 世纪 80 年代中后期研制的、用于装运道床清筛时产生的废弃污土的线路养护机械。MFS 散粒物料特种装卸运输车,如图 4-97 所示。

MFS 是一种标准的铁路平板车,装有两条不同的传送带:一条底板传送带和一条位于车辆后端的输出传送带。底板传送带保证料仓的连续装料或物料通过式传送,后端的输出传送带将散粒物料卸到下一个料仓或适合的场地,该传送带可以左右分别转动 45°。

通常 MFS 与道床清筛机联挂在一起,一台道床清筛机可联挂的 MFS 数量视道床清筛机的作业效率而定。MFS 施工作业的一个重要特点是它的装载量很大(例如,一台 MFS100 装载量高达 68m³),整个物料的装载、传送、存储和卸载过程完全机械化,操作简便,作业灵活,可以适应各种不同的施工现场和作业条件。应用 MFS 可以大大提高道床清筛、废弃污土的工作效率,提高"天窗"利用率。

SF03-FFS 型钢轨铣磨车

除了采用砂轮对钢轨进行整形以外,奥地利 Linsinger 公司在 1995 年研制生产的 SF03-FFS 型钢轨铣磨车,应用于欧洲铁路的钢轨整形作业,SF03-FFS 型钢轨铣磨车,如图 4-98 所示。作为一种新型的钢轨整形技术和设备,其满足了当前形势下钢轨维护作业的更高要求。

图 4-97 MFS 散粒物料特种装卸运输车

图 4-98 Linsinger 公司 SF03-FFS 型钢轨铣磨车

钢轨铣磨是欧洲国家特别是德国高速铁路钢轨修理的主要技术措施。采用铣磨车定期对钢轨进行铣磨,一遍通过即可达到要求的作业效果。不仅能消除钢轨波形磨耗,同时也可清除钢轨表面的接触疲劳层,防止轨头剥落掉块,有效延长钢轨使用寿命,降低轮轨噪声,提高高速列车运行平稳性和旅客乘坐舒适度。经过十几年的实践应用,钢轨铣磨车因其更加优异的作业性能,已逐渐取代钢轨打磨列车成为德国铁路钢轨修理的主要车型。

我国于 2009 年 1 月引进了一台 Linsinger 公司的 SF03-FFS 型钢轨铣磨车,在上海客运专线基础设施维修基地投入使用。随后,北京客运专线基础设施维修基地和朔黄铁路发展有限责任公司肃宁铁路机辆分公司各引进了一台钢轨铣磨车。

1. 总体构成

SF03-FFS 型钢轨铣磨车重 120t,长 23.8m,总体结构,如图 4-99 所示。铣磨车由前司机室、后司机室、发动机动力系统、制动系统、两个三轴转向架、铣磨作业装置、铁屑收集装置等部分组成。发动机动力装置选用一台功率为749kW的卡特彼勒主发动机和功率为700kW的发电机以及一台功率为18kW的辅助发动机。SF03-FFS型钢轨铣磨车最高自运行速度100km/h,长途挂运时允许挂运速度为120km/h。铣磨车作业速度0~25m/min。

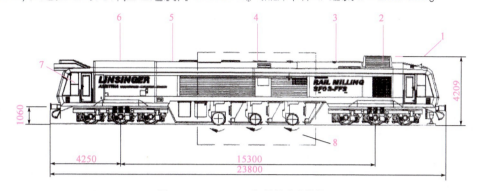

图4-99　SF03-FFS型钢轨铣磨车结构

1-1号驾驶室;2-冷却室;3-发动机舱;4-工具间;5-电气控制柜间;6-铁屑收集箱;7-2号驾驶室;8-铣磨作业装置

钢轨铣磨车的作业原理主要采用圆周铣削和圆周打磨技术及高精度的仿形来实现对钢轨的整形作业。一次铣削深度为0.3~3mm(如作业速度20m/min,双铣削盘),修复轨头断面的精度非常高,误差能控制在0.1mm以内。铣磨车的铣磨作业装置包括车体左右两侧各装备2组铣削单元和1组打磨单元,铣削单元用于切削钢轨,打磨单元用于改善钢轨表面的粗糙度,每套工作装置(铣盘或磨盘)都配备有集尘装置,钢轨打磨一遍成型,所产生铁屑经管道吸入铁屑箱,作业清洁高效。标准作业模式为1组粗铣削、1组精铣削和1套打磨。各个作业单元都是相对独立的,针对不同的钢轨病害时,可以采取不同的作业模式进行铣磨作业,以达到最佳的铣磨效果。

2.铣磨装置及工作原理

铣磨车的铣磨装置是铣磨技术的核心,设置"二铣一磨"(每股钢轨)装置。

(1)铣削机构及工作原理。钢轨铣磨车的作业执行机构是铣盘和磨盘,铣盘和铣刀刀粒安装,如图4-100所示,该铣盘为数控机床整体加工而成,直径600mm。铣盘的径向面上装有22组专用的硬质合金刀粒,每组刀粒由8个不同位置的刀粒组成,安装好刀粒的铣盘横断面正好是一标准的钢轨横断面(如60轨)。每组8颗刀粒分成两种刀粒,如图4-100b)所示,1号刀粒为圆弧形刀粒,用于铣削轨距角,铣削后钢轨轨距角处为圆滑的曲面;2~8号刀粒为方形刀粒,用于铣削钢轨顶部,铣削后钢轨顶面由众多约8mm×4mm的"小凹面"构成。

a)

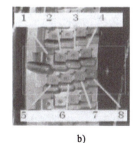
b)

图4-100　铣盘结构

a)铣盘;b)刀粒

1-圆弧形刀粒;2~8-方形刀粒

铣磨车在每套铣削装置的前方还装配了一套长为 400mm 的竖向定位控制标尺,如图 4-101 所示,作业时该标尺紧压在钢轨轨顶,起到竖直方向定位的作用,是切削深度的基准面。在确定了切削深度后,这个基准面就保证了铣盘不会随着钢轨既有的短波纵向不平顺而上下移动,这样一来就可以波峰多切、波谷少切,从而能够消除纵向的不平顺。除此之外,在铣盘内侧也设有一横向定位控制标尺,如图 4-102 所示,用于控制铣盘相对于钢轨的横向定位,以确定铣削出标准的轨距角。作业时,该标尺下放并紧靠钢轨内侧轨面以下 16mm 处,该处钢轨基本没有磨耗,所以铣盘和磨盘横向定位非常准确。

图 4-101 竖向定位控制标尺
1-竖向定位控制标尺

图 4-102 横向定位控制标尺
1-横向定位控制标尺

(2)打磨机构及工作原理。打磨机构设有一个打磨砂轮,可按圆周打磨法打磨,完成对每股钢轨顶部的打磨,其作用主要是用于抛光,打磨砂轮如图 4-103 所示,该砂轮直径 800mm,砂轮外圆是一个凹面。打磨时,该凹面压在钢轨顶部,且整个砂轮向外偏转一小角度(约 5°),使打磨范围正好能完全覆盖方形刀粒的铣削范围。经砂轮打磨后,可彻底消除铣盘铣削钢轨后产生的众多细小凹面,加上铣削时轨距角就已经是圆滑的曲面,这样整个轨头区域都可获得较高的光滑度。

图 4-103 打磨砂轮

铣磨装置在作业时的横向移动都是由步进电机来控制的,垂直升降则是由液压控制,铣削深度是通过交流伺服电机来控制完成的,同时所有铣磨装置(铣削盘、磨盘)的转动都是由电动机驱动实现的。

(3)SF03-FFS 型钢轨铣磨列车技术参数,如表 4-22 所示。

技 术 参 数　　　　表 4-22

项　　目	参　　数
车体长度(缓冲器之间)	23.8m
车体高度	4227mm
车体宽度	3100mm
最大自行速度	100km/h
最大联挂速度	120km/h
最大作业速度	25m/min
轴重	20t
总重	120t

续上表

项　　目	参　　数
最小运行曲线半径	150m
作业单元数量(两铣一磨)	每侧3个作业单元： 2个铣削单元 1个打磨单元
轨距	1435mm

思考题与习题

1. 我国铁路常用的线路机械设备主要有哪些？
2. 清筛机有什么用途？
3. 清筛机由哪些部分组成？
4. 配砟整形车有什么作用？
5. 何谓 MDZ 机组？
6. 配砟整形车的中犁装置能完成哪 8 种工况的配砟作业？
7. 何谓道砟捣固？
8. 捣固车有什么作用？
9. 捣固车是如何划分类型的？
10. 动力稳定车有何用途？
11. 试述动力稳定车稳定装置的工作原理。
12. 何谓钢轨打磨？
13. 目前，在用的钢轨打磨列车有哪些？
14. 钢轨打磨都有哪些策略？其特点是什么？
15. DWL-48 型连续捣固稳定车采用哪些新技术？
16. MFS 散粒物料特种装卸运输车有哪些特点？
17. 钢轨铣磨车的作业原理主要采用哪些新技术？整车结构主要由哪些部分组成？

第五章

机械化养路的组织实施

铁路线路是列车高速、安全运行的基础设施,无论是整体,还是各组成部分,都要有一定的坚固性和稳定性。受自然条件的影响和列车载荷的作用,这个连续的长大工程,在极其复杂的条件下工作,它区别于其他结构物的基本特点是:边运营、边变形、边修理。因此,其养护维修工作是一门包括材料学、金属学、轨道力学、结构力学、机械、电子等多种自然学科及现代管理学科,是跨部门、跨学科、跨专业的综合科学。为适应高速运行和繁重运输任务的需要,必须采用先进的技术手段加强线路的养护维修工作,以保证线路的质量和行车安全。世界上一些国家在高速铁路线路的养护维修方面进行了大量的探索和实践,正确地认识和理解国外的实践成果,结合我国铁路线路设备的特点,找出适合铁路线路检修的模式,是尽快提高我国铁路线路检修水平的捷径。

第一节　国内外线路养护维修概况

一　国内外线路养护维修概况

高速铁路首创于日本,发展于西欧,现在世界上许多国家已建成有高速铁路,其中在综合维修管理上比较成熟的国家有日本、法国和德国,现简要介绍它们的做法。

1. 国外高速铁路的发展及其养护维修特点

国外高速铁路发展三十多年,尤其是近十多年以来飞速发展。世界铁路处在各种激烈竞争中,取得了高新技术,在某种程度上,铁路线路的质量代表了铁路技术的水平和行车速度的高低,而保证线路质量的关键是做好线路维修养护。

国外铁路发展的共同特点是想将线路变为少维修或不维修的轨道,以省力、经济、高效的新型线路维修为目标。维修水平主要表现在采用先进的检测系统、高度机械化作业方式、科学诊断和自动化等管理方面。

国外铁路的研究及经验证明:在线路方面直接影响、控制行车速度的主要因素,一是线路的平、纵断面;另一是线路的平顺性。法国TGV的成功经验证明,若提高和保持轨道结构的平顺性,便可以满足300km/h高速行车的要求。因此,国外铁路近年来特别重视对轨道的诊断监测,高度机械化的维修以及自动化的科学管理,以使轨道始终保持平顺状态,提高旅客舒适度,缩短列车运行时间。

近年来,发达国家在轨道维修管理现代化方面正在实现三个转变:
(1) 从定性和传统经验管理向定量化科学管理转变。
(2) 对轨道状态和质量的检测从静态检测向动态检测、综合检测转变。
(3) 轨道管理系统从分散的单独系统向覆盖全路的综合化、网络化、智能化系统转变。

发达国家铁路都制定了本国轨道的管理目标值,通过先进的检测车进行监测,对高速铁路线路平顺状态进行严格的管理。

1) 日本新干线高速铁路工务维修养护

日本铁路自1964年建成东海道高速新干线之后,已先后建设山阳新干线、东北新干线、上越新干线,共计约1800km。维修工作完全外包给专业维修公司承担。维修公司下设维修基地,维修基地平均50km设置一个。维修基地均配有大型养路机械,如轨道检测车、清筛机、捣固车、动力稳定车、钢轨打磨车等。但这些维修设备产权属铁路客运公司,是租赁给维修公司使用,小型维修机具则由维修公司自行购置。

日本的线路维修养护全面贯彻预防性修理的指导思想,设定预防性维修极限值,在该阶段内实施修理,对特殊情况进行事后修理。新干线由日本客运公司进行管理,公司设立线路检查中心,采用综合试验车来检查线路的状态。检查结果直接输入综合数字通信网,可及时指导有关部门实施维修。

日本新干线由东海铁道公司管理。公司下设铁道事业部,事业部下设设施部,设施部下设保线课,保线课下设 10 个保线所。新干线内部的各保线所只负责轨道的检查、监督外包养护维修作业的进度和质量,统计和上报日常养护作业情况。新干线保线所一般管辖线路区段 40~60km,平均 50km(双线 100km),人员平均 1 人/km。

日本新干线白天的行车密度很大,因此除了必不可少的巡回检查外。全部维修养护作业都安排在 0:00~6:00 之间列车停运的时间内,扣除确认车的时间,实际可供轨道维修作业的时间约有 4h。

2)法国高速铁路工务维修养护

法国高速铁路由法铁总局管理,管理机构分为总局、地区局及基层单位(工务段)。法国高速铁路的养护与维修工作主要外包给维修公司承担,各地区局所辖高速线的工务段各工区主要负责线路的日常养护管理、检查、巡视和监督工作。维修公司配备有大型机械,按铁路工务部门与之签订的合同进行轨道维修。这些大型机械包括起拨道捣固车、配砟整形车、动力稳定车、钢轨打磨车等。主要的维修工作包括起道、捣固、轨向拨正、轨头打磨等。

法国高速铁路线路维修的"天窗"时间通常安排在列车停运的夜间进行(约 6h),其中 3h 为双线同时中断行车(因夜间有少量邮政列车通过)。随着客运量的不断增加,夜间停运的时间可能缩短,但最短不得短于 3.5h。

另外,高速铁路还在白天安排 1~1.5h 的"天窗"时间,该"天窗"时间为两列列车的间隔时间。其目的是使线路工区进行线路检查,以及突发性严重故障的紧急处置。

3)德国高速铁路工务维修养护

德国铁路下设铁路局,铁路局下设总代办处、运营处、机务处及新线建设处。其中,运营处下设工务段、房产段及电务段等机构,并负责管理沿线车站。工务段下设车间,车间下设若干工区。

德国铁路从 1989 年底实行彻底的修养分开,线路的管理和日常检查保养由工务段负责,线路修理和保养全由路外承包商承修。全国共有几十家大型养路机械线路维修、保养公司,维修保养公司拥有捣固机、配砟整形车、动力稳定车、铺砟夯实排污车、大修列车、运输车、道岔更换车等,轨道检测采用高性能轨检车、钢轨探伤车、巡道摄像记录车等。

德国客运专线与既有铁路线路连接成网,客货混行,列车密度很大,白天开行高速旅客列车,夜间开行货物列车。根据列车运行图规定,维修工作只能在行车密度不大的凌晨 3:30~6:00 时间内进行,对于需要较长时间作业的维修工作,则安排在周末夜间没有货车通过时的较长"天窗"时间内进行。

以上是主要国家的线路养护维修情况,它们基本上都不进行周期性维修。各国有各自的线路管理目标值及需要维修的标准值,根据轨检车检测的基础数据进行补修。根据整备目标值,制定维修计划,根据作业能力按计划进行,即状态监视维修。但其共同点是严格管理、高度机械化作业、科学的诊断。

2. 我国线路养护维修

我国线路养护维修是铁道部—铁路局—基层站段的三级运营管理模式,线路养护维修的组织管理可分为"修养分开"和"修养合一"两种形式。"修养分开"主要有三种组织形式:一是机械化线路维修段负责综合维修,工务段配合,负责经常保养和临时补修;二是工务段直接领导的机械化维修队负责综合维修,养路领工区配合;三是养路领工区下设的机械化工队负责综合维修,保养工区配合。"修养合一"与"修养分开"最主要的区别就是"修养合一"由机械化工队或养路工区负责全面线路养护维修工作。

我国铁路线路养护维修主要是贯彻"预防为主,防治结合,修养并重"的维修技术原则,按照设备技术状态的各种变化,不同程度地进行相应的维修工作。线路检测以人工每月检测为主,轨道检测车主要负责线路的动态检测。铁路线路的养护维修按周期有计划地进行,分为综合维修、经常保养和临时维修。

国外大型养路机械线路检测及维修周期的信息

国外大型养路机械线路检测及维修周期的信息,见表5-1。

国外大型养路机械线路检测及维修周期的信息一览表　　表5-1

国别	维修方式	捣固作业稳定时间	天窗	机组	人员平均分配(人·km)	打磨周期	轨检周期	探伤周期	维修计划依据
法国TGV	外包,路外维修公司	捣固后紧接着钢轨打磨,维修量可减少50%	晚上3.5h,纯作业3h;白天1~1.5h	捣固车、配砟整形车、动力稳定车、打磨车	0.25	1次/3年	1次/3个月	(1~2)次/年	利用轨检车的结果决定维修计划,区段长300m
日本新干线	外包维修	—	6h,纯作业4h	捣固车、清筛车、动力稳定车、打磨车、轨道确认车	1	1次/1年	3次/月	2次/年	利用P值大小决定维修计划,区段长500m
德国ICE	外包维修	5.5年	平时,2~3h,大量维修作业周末进行	MZD机组(填料、起拨道、捣固、动力稳定)	—	线路:1次/4年道岔:1次6年	1次/2个月	3次/年	利用SR_{100}的大小决定维修计划
西班牙	高速线独立配备	—	5h	1套大型机组,线路及道岔捣固、配砟整形、动力稳定	—	—	1次(4~6)个月	—	—
英国	外包专门的维修公司	1~2年	—	机械化维修列车MMT、多用途捣固车MTT、动力稳定车DTS	0.41	—	1次/4个月	2次/年	轨道质量指数区段:长波长500m;短波长200m

第二节　大型机械化养路施工管理

近年来,随着国民经济的发展,铁路部门为满足国民经济发展的需要,不断提高铁路运输能力,进行了提高列车运行速度和密度(主要干线列车间隔已缩短到 5～6min),开行重载列车,大规模实施路网化等一系列重大举措,铁路运输正朝客运高速化,货运重载化的方向发展。这势必对铁路线路的质量有了更高的要求。作为铁路维修的主力军,大型机械化养路对恢复和提高铁路线路设备强度,增强轨道承载力,确保铁路线路质量起着举足轻重的作用。

大型机械化养路的实现,不仅能减轻大量繁重的体力劳动,提高劳动生产率,保证线路养护维修质量,而且还能使养护维修施工与运行的矛盾得到极大的缓解,施工生产中的事故明显减少。但是,有了众多的大型化的养路机械,还须采用先进的施工方法,合理的施工组织,科学地核算经济成本,以及正确合理地使用机械,才能充分发挥大型养路机械的效率,提高铁路线路质量和降低工程成本。为此,必须加强机械化养路施工管理。

一、开"天窗"作业时间的确定

随着铁路提速和重载的发展,行车密度的不断加大,一方面对线路质量和安全生产的要求越来越高;另一方面,无论是从作业安全、作业时间,还是从作业效率等角度考虑,采用利用行车间隔进行线路维修作业的方式,在现代铁路运输形势下已不可能。因此,线路维修要实行"天窗"修制度。

"天窗"修,是指列车运行图中不铺画列车运行线或调整、抽减列车运行线为营业线施工、维修作业预留的时间,按用途分为施工天窗和维修天窗。"天窗"修时间的长短是直接影响作业效率和作业进度的最重要因素。"天窗"时间设定得大,对施工有利,但会对运输效率造成影响;天窗设定得小,对施工不利,但有利于运输组织。

假设以一个维修机组为例(根据施工统计,包括 2 台捣固车):办理封锁时间 3min,运行至作业点时间 11min,准备作业时间 10min,返回准备时间 14min,返回车站时间 11min,办理开通时间 2min,则无效时间为 3min + 11min + 10min + 14min + 11min + 2min = 51min。

以 D08-32 型捣固车为例,单台不计复捣进度为 1.2km/h,由以上数据得出表 5-2。

"天窗"利用率　　　　　　　　　　　　　表 5-2

"天窗"时间(min)	纯作业时间(min)	辅助时间(min)	"天窗"利用率(%)	捣固长度(km)
120	69	51	58	2.8
180	129	51	72	5.2
240	189	51	79	7.6
编组情况	2 台捣固车、1 台配砟整形车、1 台动力稳定车			

由表 5-2 中可以看出,增加"天窗"的时间可以明显提高作业效率,尤其是 3h 的"天窗"比 2h 的"天窗"效率提高 1 倍。由此可见,合理的"天窗"时间,应不少于 3h。如果采用 4h 的"天窗",施工效率提高更多。但是,因施工而停运的列车在一天之内难以调整,对运输又会造成影响,无法实现施工与运输兼顾的要求。因此,根据我国铁路繁忙干线运输状况,"天窗"时间定为 3h。

大型机械化养路作业质量标准

大型机械化养路施工作业项目全、程序细、标准高、要求严、作业质量均衡,施工作业项目包括了线路道砟清筛、起道、拨道、配砟整形、捣固、动力稳定和钢轨打磨等内容,用以修正线路水平、高低、轨向、三角坑偏差,消除钢轨表面细微裂纹、波磨、疲劳层、鱼鳞伤、擦伤和肥边等钢轨病害,修正轨头轮廓。

根据《铁路线路维修规则》和《大型养路机械使用管理规则》,经大型机械化养路施工作业后,线路质量在正线速度160km/h以下的轨道静态几何尺寸容许偏差标准见表5-3、在 120km/h < v_{max} ≤160km/h 区段曲线正矢容许偏差标准见表5-4、一次最大拨道量见表5-5、钢轨打磨见表5-6。

正线轨道静态几何尺寸容许偏差标准　　　　　　　　　　　　　　　　表5-3

项　目		v_{max}≤120km/h	120km/h < v_{max} ≤160km/h
轨距(mm)		6≤轨距≤-2	±2
水平(mm)		4	3
高低(mm)		4	3
轨向(直线)(mm)		4	3
三角坑（扭曲）	缓和曲线(mm)	4	3
	直线和圆曲线(mm)	4	3

120km/h < V_{max} ≤160km/h 区段曲线正矢容许偏差标准　　　　表5-4

曲线半径(m)	缓和曲线的实测正矢与计算正矢差(mm)	缓和曲线的正矢差之差(mm)	圆曲线的实测正矢与计算正矢差(mm)	圆曲线正矢连续差(mm)	圆曲线正矢最大最小值之差(mm)
R≥1600	3	4	4	5	6
800<R<1600	3	4	5	5	7

v_{max} ≤120km/h 及曲线半径小于800m的区段曲线正矢线路维修容许偏差,可比照上述标准执行。

一次最大拨道量表　　　　　　　　　　　　　　　　　　　表5-5

曲线半径(m)	圆曲线正矢连续差(mm)	圆曲线正矢量最大最小差值(mm)	一次最大拨道量(mm)	
			四点式	三点式
≤250	14	21	84	43
251~350	12	18	72	36
351~450	10	15	60	30
451~650	8	12	48	24
≥651	6	9	36	18

而速度在200km/h的线路维修作业质量将达到:线路水平、高低、轨向、三角坑均为3mm;钢轨打磨后,钢轨肥边、马鞍形磨耗等不大于0.2mm,波浪形磨耗不大于0.2mm。可见,速度

在200km/h线路的作业质量要求更高。

钢轨打磨容许偏差标准　　　　　　　　表5-6

钢轨轨顶面病害	120km/h < v_{max} ≤160km/h		v_{max} ≤120km/h		测量方法
	打磨列车	小型打磨机	打磨列车	小型打磨机	
工作肥边(mm)	<0.3	<0.3	<0.3	<0.5	1m直尺测量
焊缝凹陷(mm)	<0.3	<0.3	<0.3	<0.5	1m直尺测量矢度
钢轨轨顶面凹陷或马鞍形磨耗(mm)	<0.3	<0.3	<0.3	<0.5	
波浪形磨耗(mm)	<0.2		<0.2		

三、大型机械化养路施工组织

我国铁路大型机械化养路维修机组和大修机组的设备组成与国外铁路一致，不同的是对维修机组的主型机械捣固车和大修机组的主型机械清筛机采取了双台配置，其目的是为了提高封锁"天窗"时间的利用率和确保主型机械在给定"天窗"时间内的作业能有效地实施。

为确保施工工期、质量和运输安全，施工组织的基本原则为"在满足施工技术可行性的前提下，优化运输组织，严格施工进度计划，确保按铁道部规定的期限完成提速施工并实现施工期间运输秩序的基本稳定"。

1. 工务机械段在施工前的准备工作

（1）根据铁路局下达的施工任务研究制订施工方案，组织专人对施工区段的线路状况进行调查，制订切实可行的安全、技术、组织措施和分季、分月实施计划及线路封锁计划，并报铁路局批准。

（2）按照《大型养路机械使用管理规则》及《大型养路机械检修规则》做好机械设备的检查、保养工作，使其保持良好的技术状态，夜间施工作业，须配备状态良好的照明设备。做好全年施工所需机具、材料、配件、油料的计划储备工作，保证施工期间的正常供应。

（3）做好施工宿营车的辅修、段修、厂修，补充完善生活设施，确保后勤保障工作；做好岗前培训工作，对职工进行安全、技术及业务培训，全面提升职工的业务技能、安全防范意识和应急处置能力。

2. 组织实施

（1）明确施工计划，组织召开施工协调会，并与相关单位签订安全协议，施工前通知配合单位做好相关配合工作。

做好施工区段的线路调查，包括缺砟地段、板结情况、曲线资料、锁定轨温、信号机、红外探测仪等，与相关单位共同研究，制定有效可行的施工方案。

（2）调试、检修好大型养路机械，使其保持良好的技术状态。结合施工区段的线路状况、人员、机具及天气状况等进行有针对性的班前教育，布置各车组当日作业计划。

（3）驻站联络员提前到施工区间一端的车站，登记并申请封锁施工"天窗"，待封锁区间命令下达并经核对无误后，大型养路机械联挂进入封锁区间。到达施工作业位置后，大型养路机械实施解体、放车，并按规定开始作业。

(4)作业过程中,工务段质量检查监督人员跟随大型养路机械检查作业质量,如发现作业后的线路质量不合格,应及时通知机组人员立即处理。

(5)按预留时间进行顺坡、收车作业,并联挂返回。

(6)由工务机械段及相关配合单位共同签认,确认作业后的线路符合列车放行条件后,申请开通线路。

四、大型机械化养路作业流程

大型机械化养路作业流程,如图 5-1 所示。

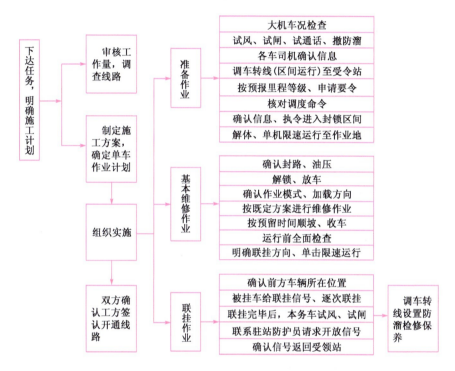

图 5-1 大型养路机械维修施工作业流程图

五、作业方法

大型养路机械功能涉及线路和道岔的起道、拨道、捣固,道床砟肩夯拍,道床稳定,配砟、整形等。这里仅对主要项目的作业方法及功能控制要求作一介绍,其他内容可参阅铁道部 2007 年发布的《大型养路机械使用管理规则》及其他有关资料。

1. 捣固作业

线路捣固是保证轨道几何状态的重要作业项目。捣固质量取决于枕下的道砟量、夹持时间和振动频率等。为保证捣固作业质量,步进式捣固车捣固频率每分钟不超过 18 次,连续式捣固车捣固频率每分钟不超过 22 次。捣固夹实压力内镐控制在 14MPa,外镐控制在 9～13MPa。捣固夹持时间在 0.6～2s 之间。捣固镐下插深度应确保捣固镐上缘离轨枕下缘不小于 150mm。

道岔捣固因受到转辙器、尖轨、翼轨、岔心和钢岔枕等道岔复杂结构的限制,某些部位大型养路机械无法捣固,而需小型机械配合捣固,某些部位只能使用单镐捣固。

由于捣固镐在下插时对枕下道砟的影响深度为150mm,在有砟桥上,枕下道砟厚度不足150mm时不能进行捣固作业;在线路道床严重板结地段(一次下插镐头不能进入枕底面以下可视为严重板结道床)进行捣固作业,既影响捣固质量,也可能损坏捣固车,因此也禁止使用大型养路机械进行捣固作业。

捣镐下插、振动夹实对道砟产生较大的破坏力,使其不同程度地发生粉碎。捣固车的作业遍数越多,对道砟的破坏程度越大。在安排大型养路机械作业时,应严格控制捣固质量,最大限度地减少捣固遍数。在确保线路平顺性的同时,延长道砟的使用寿命。

2. 起道作业

起道作业有精确法、顺平法。精确法需由地面提供准确的起道量,在速度200km/h及以上地段应采用精确法。捣固作业前,工务段用全站仪或水准仪测量起道量,按2.5m间隔在轨枕上标记,提供捣固车按要求进行精确作业。

起道作业时,一次起道量应设置在10~50mm之间,超过50mm时,分2次起道捣固。在需变更曲线超高地段,当里股起道量大于20mm时,应分2次起道捣固。严格控制捣固作业起道量,尽量使用小起道量,同时认真做好顺坡作业,防止高道床的形成。高道床不仅增加了线路纵向长波不平顺,不利于道床稳定,而且大大增加线路维修养护成本。

捣固车作业后,作业地段与未作业地段间存在一段衔接,俗称顺坡地段,在作业后的线路顺坡率不能大于0.08‰。次日再作业时,也要考虑"衔接"。常用的办法是在当天作业结束前,在线路上作出标记,作为次日作业的起点。捣固车在圆曲线上顺坡和缓和曲线上顺坡结束作业,其作业质量不能满足200km/h列车运行要求,所以,应避免在圆曲线上顺坡或在缓和曲线上顺坡结束的作业。为减少和避免道岔区与线路间的顺坡地段,应同时安排道岔区的捣固。

在电气化区段,接触网与线路轨面的距离有严格的要求。提供的起道量应考虑对接触网的影响,使线路起道后的钢轨顶面至接触网距离应符合《铁路技术管理规程》的有关规定。

3. 拨道作业

为确保作业精度应采用精确法拨道。

随着列车运行,线路发生变形,维修人员经常进行养护,尤其是曲线地段的几何形位发生变化,与设计值比较出现较大的偏差,工务段应定期采用全站仪精确测量,确定曲线要素和几何形位,计算并提供拨道量。大型养路机械作业前,工务段应准确提供曲线要素和几何形位以及相关的拨道量。一次拨道量不超过80mm。

在直线地段全部采用激光拨道。

4. 砟肩夯拍作业

捣固车在起拨道和捣固时,轨面不同程度提升,枕端的道砟也松动,捣镐在夹持枕下道砟时也可能使道砟纵向穿动。为提高捣固效果,增加道床横向阻力,在捣固作业的同时进行夯拍道床砟肩。

5. 动力稳定作业

由于动力稳定车能消除捣固后的道床早期不稳定阶段,增加道床的横向阻力,当天捣固地段必须同步稳定,以达到作业质量均衡。

稳定车作业的效果与其作业速度有直接关系。作业速度低,稳定效果相对好。为达到动力稳定的效果,稳定车的作业参数应选为:垂直预加载 8~10MPa,预置下沉量 10mm,振动频率 28~35Hz,作业速度低于 1km/h。

为避免稳定作业对桥梁的损坏,在技术状态不良的桥梁上及在线路水平严重不良地段,禁止进行稳定作业。桥梁上的稳定作业应严格控制,必须在桥梁上进行稳定作业时,应事先了解桥梁固有频率情况,制定安全措施。稳定装置应在桥台外或桥墩处起振、停振,以防止发生共振;作业中设备管理单位应随时观测桥梁状态,遇异常时,应通知稳定车停止作业。

6. 配砟整形作业

由于捣前配砟捣后整形,因此,需要配砟整形车往复作业,确保捣固前捣固区域配足道砟,捣固后道床断面符合标准。

为防止作业时侵入邻线,在线间距不足 4.4m 的双线区段作业时,配砟整形车靠邻线一侧的犁板禁止作业。

六 施工前的准备及配合作业

大型养路机械维修施工作业涉及运输、工务、电务、供电、水电、车辆、机务等有关单位和部门。在线路进行维修作业时,线路质量的均衡一致是至关重要的,线路上任何局部的道床不密实、不均匀,以及局部钢轨、道岔病害未消除,都将导致列车运行品质的下降。因此,施工地段所在铁路局应在施工前组织相关单位和部门召开施工的协调会议,统一安排施工配合、行车组织及后勤保障等具体配合工作,以保证在给定"天窗"时间内的作业能有效实施。配合单位及配合工作内容如下。

1. 工务段配合

大型养路机械作业时,工务段的配合是最重要的环节,其配合的好坏直接关系到施工进度和质量。因此,工务段须做好下列配合施工作业(若有碍行车安全,应办理列车慢行手续)。

(1)作业前。工务段按施工计划,须在作业地段提前补充和均匀石砟、抽板、方枕、改道、更换失效轨枕、调直钢轨及拧紧扣件等,并进行线路测量和标记,向工务机械段提供作业地段的里程、坡度、曲线要素等线路平、纵断面资料和线路起、拨道量资料。

拆除影响大型养路机械作业的线路设施及障碍物,如观测桩、曲线桩、道口报警器、急救夹板、木撑、石撑、防爬器、有砟桥护轨等。轨距拉杆应串移紧靠一侧轨枕,使枕木间捣固净空范围不小于 200mm,对不能拆除的障碍物,在线路上做好醒目标记。

拆除道口铺面、护轮轨、护木以及线路中心线两侧 3.5m 范围内妨碍机械作业的一切设施。轨枕间隔必须符合标准。

(2)作业中。在作业过程中,工务段质量检查监督人员跟随大型养路机械检查作业质量,如发现作业后的线路质量不合格,应及时通知机组人员立即处理。

(3)作业后。每天作业后,工务段应恢复大型养路机械作业前拆除的线路标志、道口板、护轮轨等线路设施,对大型养路机械无法作业的地段或因大型养路机械出现故障无法施工的地段进行处理,并根据《铁路线路修理规则》中的验收标准共同确认作业质量,及时填写《大型养路机械维修日作业验收单》,大型养路机械维修日作业验收单,如表 5-7 所示,以确保作业后的线路质量。

大型养路机械维修日作业验收单　　　　　　　表 5-7

车号：　　　　　　　　　　　　　　　　　　　　　　　　　　　　　　年　月　日

作业项目		线名	
封锁时间	时　分至时　分	作业时间	min
作业里程	km　m 至 km　m	作业量	km
起道量>50mm 需进行两次捣固作业的线路地段			km
改设超高需进行两次捣固作业的线路地段			km
管辖单位要求进行两次捣固的线路地段			km
未作业线路地段			km
换算作业长度			km
作业后线路质量检查			
	检查项目	检查结果	
1	水平	最大超限　　　　mm 计　　处	
2	三角坑	最大超限　　　　mm 计　　处	
3	高低	最大超限　　　　mm 计　　处	
4	方向	最大超限　　　　mm 计　　处	
5	道床断面	不　良　　　　　　　　计　　处	
6		吊板　　　　　　　　　计　　处	
作业后线路质量评定		验收员	
附注			

2. 电务段配合

电务段按施工计划提前拆除妨碍大型养路机械作业的电务设备,如钢轨接头处的连接线、电容补偿器、计轴磁头等。

施工结束后,重新恢复之前所拆除的电务设备,如电务导线及道岔电务调试等,并会同相关设备管理单位、大型养路机械施工负责人、车站值班员共同确认开通条件,及时确认。

3. 供电段配合

供电段按施工计划提前处理接触网接地线,使其紧靠轨枕一侧,根据工务段提供的起道量和拨道量,调整接触网高度及拉出值。

4. 车务段(直属站)的配合

车务段按施工计划提前安排好作业区段的大型养路机械及附属车辆停留车站及停留线,组织好大型养路机械站内调车编组工作,并确保大型养路机械及时进入封锁区间作业。封锁时间结束后,有关车站应及时与行车调度联系,尽快使大型养路机械返回停留车站进行机械保养。

5. 车辆段配合

车辆段按施工计划提前拆除安装在施工区段、由车辆段管理的车辆运行安全监控设备,无法拆除的应派专人监控,施工作业结束后应及时恢复有关设备。

6. 水电段配合

大型养路机械及附属车辆所需水、电供应时,由工务机械段到水电段办理手续,水电段负责供水供电。

7. 机务段配合

大型养路机械及附属车辆的转移需牵引机车时,由工务机械段到机务段办理用车手续。

第三节 线路设备维修作业

 概述

铁路线路设备常年经受大自然和列车载荷的作用,不断地变形和伤损,技术状态始终处于变化之中。为控制技术状态的变化程度,我国铁路对线路设备的修理,划分为线路大修、线路中修和线路维修三种修程。线路大修、线路中修可通称为线路设备大修。

线路维修是在线路大中修的间隔时期内,对线路设备进行综合维修、经常保养和临时补修活动的总称。

综合维修——根据线路变化规律和特点,以全面改善轨道弹性、调整轨道几何尺寸和更换、整修失效零部件为重点,以大型养路机械为主要作业手段,按周期、有计划地对线路进行的综合性维修,以恢复线路完好技术状态。

综合维修是安排在线路大中修之间的一项修程。线路在一定的运营条件下,在运营过程中,随着通过总重的累积,必然发生残余变形的累积与扩大,如道床的脏污程度(30%)和残余变形增加,线路、大方向的平顺性变差,轨面坑洼处所增多,轨道零部件和线路锁定情况发生变化等。这些变化都有其一定的规律和特点。因此,必须按周期有计划地对线路进行综合性修理,以改善轨道的弹性和平顺性。针对大型养路机械在全路已经全面铺开,为提高综合维修质量,正线综合维修的起道、拨道、捣固、稳定、边坡清筛应由大型养路机械完成。

正线线路综合维修周期应结合线路大中修周期并根据运输条件、线路条件和自然条件等因素由铁路局确定。《铁路线路修理规则》对正线线路综合维修周期的规定如表5-8所示。

线路设备修理周期表($v_{max}\leqslant 200km/h$) 表5-8

轨道条件			周期(通过总重,Mt)		
轨型	轨枕	道床	大修	中修	维修
75kg/m 无缝线路	混凝土枕	碎石	900	400~500	120~180
75kg/m 普通线路	混凝土枕	碎石	700	350~400	60~90
60kg/m 无缝线路	混凝土枕	碎石	700	300~400	100~150
60kg/m 普通线路	混凝土枕或木枕	碎石	600	300~350	50~75
50kg/m 无缝线路	混凝土枕或木枕	碎石	550	300	70~100
50kg/m 普通线路	混凝土枕或木枕	碎石	450	250	40~60
43kg/m 及以下钢轨普通线路	混凝土枕或木枕	碎石	250	160	30

经常保养——根据线路变化情况,以养路机械为主要作业手段,在全年度对全线进行有计划、有重点的经常性养护,以保持线路质量经常处于均衡状态。

经常修养是在综合维修以外,对线路进行的日常养护。经常保养的目的是经常保持线路质量处于均衡状态。它既没有周期的要求,也没有遍数的规定。它以线路变化的现实情况为依据,有计划、有重点地进行。

临时补修——以小型养路机械为主要作业手段,及时对线路几何尺寸超过临时补修容许偏差管理值及其他不良处所进行的临时性整修,以保证行车安全和平稳。

临时补修是以保持轨道具有一定的平顺性和整体性为前提,以保证行车安全为目的而进行的临时性修理。临时补修是以轨道几何偏差尺寸为判定依据的。这一偏差尺寸一经扩大到临时补修的管理限值,轨道不平顺的变化速率就将加快。因此,对这类处所必须及时进行临时补修,以控制轨道几何尺寸在容许限度内,确保行车平稳与安全

线路设备维修应贯彻"预防为主,防治结合,修养并重"的原则,按线路设备技术状态的变化规律和程度,相应地进行综合维修、经常保养和临时补修,有效地预防和整治线路病害,有计划地补偿线路设备损耗,以取得较好的技术经济效益。

线路设备维修应在全年内有计划地进行,其基本任务是保持线路设备完整和质量均衡,使列车能以规定速度安全、平稳和不间断地运行,并尽量延长线路设备使用寿命。

二、线路、道岔综合维修基本内容

综合维修的基本内容是根据线路、道岔在运营中轨道几何尺寸和结构特性变化的特点规定的,目的在于通过综合维修,使轨道的弹性和平顺性得到改善,线路质量有明显提高。综合维修的基本内容如下:

(1) 根据线路、道岔状态,进行起道、拨道、改道和全面捣固。混凝土枕地段,捣固前撤除所有调高垫板;混凝土宽枕地段,垫砟与垫板相结合。

(2) 更换、方正和修理轨枕。

(3) 清筛枕盒不洁道床和边坡,整治道床翻浆冒泥,补充道砟,整理道床。

(4) 调整线路、道岔各部尺寸,拨正曲线。

(5) 调整轨缝,整修、更换和补充轨道加强设备(防爬设备),整治线路爬行,锁定线路、道岔。

(6) 矫直、焊补、打磨钢轨,综合整治接头病害。

(7) 有计划地采用打磨列车对钢轨、道岔进行预防性或修理性打磨。

(8) 整修、更换和补充连接零件,并有计划地涂油。

(9) 整修路肩,疏通排水设备,清除道床和路肩杂草。

(10) 修理、补充和刷新线路标志,整修道口及其排水设备,收集旧料。

三、线路维修作业技术规定

(1) 捣固作业时,应设置不少于10mm的基本起道量。当起道量为 10~50mm 时,捣固一遍,起道量超过 50mm 时捣固两遍,接头处应增加捣固遍数。

(2) 在需变更曲线超高地段,当里股起道量大于20mm时,应分两次起道。

(3) 线路方向的整正可采用四点式近似法,用 GVA 自动拨道或查表输入修正值用手动拨道。当线路每隔 2.5m 有准确的拨道量时,可按精确法进行拨道。在长大直线地段,应采用激光准直系统进行拨道。

(4) 捣固作业结束前,应在作业终点画上标记,并以此开始按不大于 0.25‰ 的坡度递减顺

坡,达到安全放行列车的要求。一般情况下,不在圆曲线上顺坡,严禁在缓和曲线上结束顺坡作业。

(5)在有砟桥上,枕下道砟厚度不足150mm时不能进行捣固作业。

(6)线路道床严重板结地段(一次下插镐头不能进入枕底面以下可视为严重板结道床),禁止使用大型养路机械进行捣固作业。

(7)在桥梁上及线路水平严重不良地段禁止进行稳定作业。如果必须在桥梁上稳定作业时,要有相关的安全措施,如有异常,立即停止稳定作业。

(8)在电气化区段作业,线路起道后的钢轨顶面至接触网距离不得小于5700mm。

(9)大型养路机械维修后的线路几何状态应达到《铁路线路维修规则》和《快速铁路线路维修规则》规定的要求。

四 无缝线路地段维修作业要求

(1)安排无缝线路地段维修封锁"天窗"应避开高温时间。

(2)施工前,由工务段将该段线路实际锁定轨温及安全起、拨道量等技术数据送交机械段(公司),并备足道砟,调直钢轨,拧紧螺栓,使钢轨接头螺栓拧紧力矩达900N·m,扣件螺栓拧紧力矩达到80~120N·m。

(3)作业时,工务段应指派专人在施工地段测量轨温,在实际锁定轨温增减10℃范围内允许作业。木枕无缝线路和半径小于800m的曲线地段,作业轨温应按上述要求轨温上、下限再缩小5℃。

(4)捣固车、动力稳定车、配砟整形车应紧密配合,形成流水作业,确保作业后的线路迅速得到稳定。

(5)为保证作业安全和作业质量,起道量一次不宜超过50mm,拨道量一次不宜超过80mm,曲线地段上挑下压量应尽量接近。作业后,直线地段道床肩宽应不小于400mm,曲线地段应按标准加宽。

(6)作业中,机组人员应随时监测线路变化,发现胀轨迹象,要立即停止作业,由工务段迅速组织抢修队伍进行处理,并使大型养路机械安全退出胀轨现场。

(7)作业后三日内,工务段应派有经验的巡检人员巡回检查线路状况,发现胀轨预兆及时处理。

五 维修作业大型养路机械配备及应用

大型养路机械作业是一种多类型、多台机械的综合作业,其编组是否合理将直接影响到作业效率。线路维修作业通常是将各种类型的大型养路机械成组配套,组合成维修机组。维修机组的配置取决于维修施工的线路等级、作业项目、作业条件、封锁时间、作业量、作业速度和线路开通速度等因素,根据各种大型养路机械的作业性能、效率确定机组中各种机械的配备数量。

线路维修作业时,至少由一个维修机组(捣固车两台、动力稳定车一台、配砟整形车一台)和一定数量的大型养路机械附属车辆组成。维修机组基本组合一般为"二捣一稳一配",即由两台捣固车、一台稳定车和一台配砟整形车组成。根据需要也有"三捣一稳""四捣二稳"等组合。如果以捣固为目的,配砟整形车应安排在捣固车前,先对作业地段的道床进行配砟整形作业,使道床布砟均匀、断面成型,然后进行线路捣固,最后使用稳定车进行稳定作业,巩固捣固效果,增强道床的稳定性;如果以配砟整形为目的,配砟整形车应编挂在后。

道岔捣固车组通常由两台道岔捣固车组成,即可单独作业,也可与维修机组在同一天窗内使用。

对线路上钢轨波浪形磨耗、钢轨肥边、马鞍形磨耗、焊缝凹陷及鱼鳞裂纹等病害,应使用钢轨打磨列车或道岔打磨列车进行打磨。

第四节 线路设备大中修作业

概述

随着铁路的发展,速度、轴重、牵引定数和通过总重不断增大,原有的轨道经过一个大修周期以后,轨道的结构已不能与新的运营条件相匹配,轨道部件老化、失效、伤损率较高,道床板结,弹性降低。仅靠线路维修难以保持行车安全,且不经济,因此要通过对线路进行全面大修,全面更换轨道部件、清筛、补充道床等,恢复轨道结构强度,全面改善轨道弹性。

线路大修是以解决钢轨伤损疲劳为重点,按周期有计划地对线路设备进行更新、改善和全面修理。

线路设备大修的基本任务是根据运输需要及线路设备损耗规律,有计划、按周期地对线路设备进行更新和修理,恢复和提高线路设备强度,增强轨道承载能力。线路大修是以全面更换新钢轨为主要标志,而线路设备中修是不全面更换新钢轨,其他工作内容和要求与大修基本一致。因此,本节主要介绍大修作业。

线路设备大修应贯彻"运营条件匹配,轨道结构等强,修理周期合理,线路质量均衡"的原则,坚持全面规划、适度超前、区段配套的方针。线路设备大修采用的轨道结构应与运营条件相匹配,线路结构和轨道各部件要等强,使线路设备质量均衡,线路设备大修要按大修周期及时兑现,并适度超前,这样才能既保证行车安全,又使线路修理的综合经济效益合理。与普通线路相比,无缝线路大大减少和消除了钢轨接头,其对增强行车平衡性,降低养护维修工作量有巨大的优越性。因此,线路大修要积极采用无缝线路。

线路设备大修是在既有线上实施的,要做到运输、施工兼顾,确保行车和施工安全,它是一项技术性和专业性很强的工作,所以应由大修设计和施工专业队伍承担,采用必要的施工机械和运输车辆,并安排与施工项目相适应的施工天窗。

线路设备大修分为两类,一类是综合性线路大修,它是彻底消灭线路永久变形,使线路完全恢复到原有标准或达到更高标准。另一类是单项大修,如路基大修、成段更换混凝土轨枕扣件、成组更换道岔或岔枕、焊接铺设无缝线路、成段更换新混凝土轨、道口大修及其他设备大修等。

大型养路机械大修作业主要进行线路道床石砟的清筛、捣固、道床的稳定及配砟与整形作业,包括对路基翻浆冒泥地段的整治。

线路、道岔大修基本内容

普通线路换轨大修主要解决轨道部件疲劳、道床弹性以及随着铁路的发展,速度、轴重、牵引定数和通过总重不断增大,原有的轨道结构与新的运营条件不匹配问题。其主要工作容为：

（1）清筛道床，补充道砟，改善道床断面，整治基床翻浆冒泥和超过15mm的冻害，石灰岩道砟应结合大修有计划地更换为一级道砟。

（2）校正、改善线路纵断面和平面。

（3）更换Ⅰ型混凝土枕、失效轨枕和严重伤损混凝土枕，补足轨枕配置根数，有计划地在有条件时将木枕成段更换为混凝土枕。

（4）全面更换新钢轨、桥上钢轨伸缩调节器、连接零件、绝缘接头及钢轨接续线，更换不符合规定的护轨。

（5）成组更换新道岔和新岔枕。

（6）安装轨道加强设备。

（7）整修路肩、路基面排水坡，清理侧沟，清除路堑边坡弃土。

（8）整修道口及其排水设备。

（9）抬高因线路换轨大修需要抬高的道岔、桥梁，加高挡砟墙。

（10）补充、修理并刷新由工务管理的各种线路标志、信号标志、位移观测桩及备用轨架。

（11）回收旧料，清理场地，设置常备材料。

三、线路大修作业技术规定

（1）使用清筛机清筛道床，其清筛深度一般不小于300mm。

（2）清筛机枕下导槽在作业时应按1∶50的坡度向道床排水侧倾斜。

（3）被清筛线路两侧的建筑物（包括埋设在道床中的固定物）至线路中心的距离应不小于2100mm。

（4）在翻浆冒泥地段作业时，若砂垫层尚完好，可应用机械进行抛砟换道床作业；若线路翻浆严重，砂垫层功能丧失，应合并进行换道床和垫砂作业。

（5）清筛机回填道砟要均匀，曲线外股要适当多配道砟。

（6）捣固车、动力稳定车和配砟整形车作业的技术要求参照线路维修作业技术规定中的有关规定执行。配砟整形车配砟不能超出轨面，不能妨碍捣固车作业。

（7）线路大修作业应经过三遍捣固后验交。整细捣固应采用精确法严格按照线路大修设计技术资料进行作业，其他捣固作业可采用近似法。

（8）整细捣固顺坡率不得大于0.25‰。当作业终点有拨道量时均应输入拨道递减量，以便将线路拨顺，达到安全放行列车的要求。

（9）大型养路机械大修作业后的线路质量应达到《铁路线路设备大修规则》所规定的标准。

四、无缝线路地段大修作业要求

（1）无缝线路地段大修作业时的轨温应严格控制在锁定轨温上、下允许偏差范围内，否则需放散应力后再进行清筛作业。

（2）作业中应严格执行对钢轨的测温制度，在实际锁定轨温增减10℃范围内允许作业。木枕无缝线路地段以及半径小于800m的曲线地段，作业轨温应按上述要求上、下限再缩小5℃。

(3) 作业前,应根据清筛深度和道床的不洁率备足道砟。

(4) 作业前,应调直钢轨,不允许在 1m 范围内出现 0.5mm 以上的原始不平顺;检查钢轨接头螺栓和扣件的紧固状态,确保钢轨接头螺栓拧紧力矩达到 900N·m,扣件螺栓拧紧力矩达到 80~120N·m。

(5) 作业中,清筛机、配砟整形车、捣固车、动力稳定车采取紧密流水作业方法,使道床在清筛后能及时得到补砟、捣固,尽快回复稳定。

(6) 为保证大型养路机械大修作业的安全和质量,清筛机起道高度不应超过 30mm,轨向应尽量保持平顺,两侧边坡道砟回填要均匀,在曲线地段外股道砟应略多于内股。作业后,直线地段道床肩宽应不小于 400mm,曲线地段应按标准加宽。

(7) 作业中,大型养路机械机组人员应随时监测线路变化,发现胀轨迹象要立即停止作业,由工务段迅速组织抢修处理,并使大型养路机械安全退出胀轨现场。

五、大修作业大型养路机械配备及应用

线路大修施工通常要求大型养路机械成组配套使用,施工机组的合理配置取决于施工作业项目、封锁条件以及施工进度、线路开通速度等施工要求,根据各种大型养路机械的作业性能、效率,确定机组中各种机械的配备数量。线路大修机组通常由大修列车 1 台、清筛机 2 台、捣固车 3 台、配砟整形车 1 台、动力稳定车 1 台和一定数量的大型养路机械附属车辆组成。大修列车用于成段更换钢轨和轨枕作业。

作业时,每台清筛机后面应有 1 台捣固车配合作业,清筛作业后,由 1 台配砟整形车、1 台捣固车、1 台动力稳定车完成线路整细工作。

思考题与习题

1. 我国铁路线路是如何进行养护维修的? 其原则是什么?
2. 大型机械化养路施工包括哪些作业项目? 可以解决哪些病害?
3. 速度在 200km/h 的线路维修作业质量应达到怎样的标准?
4. 施工组织的基本原则是什么?
5. 大型机械化养路都有哪些作业方法?
6. 捣固质量主要取决于哪些因素?
7. 起拨道作业时,起拨道量都有哪些规定?
8. 大型养路机械作业时都有哪些配合单位?
9. 大型养路机械作业前,工务段应做好哪些配合工作?
10. 线路维修的基本任务是什么? 线路维修应贯彻哪些原则?
11. 简述维修作业大型养路机械配备及应用。
12. 线路大修的目的是什么?
13. 线路大修的基本任务是什么? 线路大修应贯彻哪些原则和方针?
14. 大型养路机械大修作业主要进行哪些作业项目?
15. 简述大修作业大型养路机械配备及应用。

第六章

机械化养路安全管理

第一节　安全生产概述

一、安全生产的基本概念

安全,是指不受威胁,没有危险、危害、损失。人类的整体与生存环境资源的和谐相处,互相不伤害,不存在危险的危害的隐患。安全是免除了不可接受的损害风险的状态。安全是在人类生产过程中,将系统的运行状态对人类的生命、财产、环境可能产生的损害控制在人类能接受水平以下的状态。

无危则安,无损则全。人们经常将安全与"不受威胁"、"不出事故"等联系在一起,这是一种绝对的安全观。这种安全观认为发生伤亡的概率为零,这在现实的生产系统中是不存在的,它是一种极端的理想状态。与绝对安全观相对应的是相对安全观。相对安全观认为,安全是相对的,绝对安全是不存在的。例如,国外学者劳伦斯将安全定义为"安全就是被判断为不超过允许极限的危险性,也就是指没有受到损害的危险或损害概率低的通用术语"。由此可知,安全是在相对的危险性较低的状态,并非绝对无事故。事故与安全是对立的,但事故并不是不安全的全部内容,而只是安全与不安全这一对矛盾斗争中某些瞬间突变结果的外在表现。安全与不安全这一对矛盾依附于生产过程,伴随生产过程而存在,也随生产的终结而消亡。

二、风险

风险有两种定义:一种定义强调了风险表现为不确定性;而另一种定义则强调风险表现为损失的不确定性。

若风险表现为不确定性,说明风险产生的结果可能带来损失、获利或是无损失也无获利,属于广义风险,金融风险属于此类。而风险表现为损失的不确定性,说明风险只能表现出损失,没有从风险中获利的可能性,属于狭义风险。

"风险"一词的由来,最为普遍的一种说法是,在远古时期,以打鱼捕捞为生的渔民们,每次出海前都要祈祷,祈求神灵保佑自己能够平安归来,其中主要的祈祷内容就是让神灵保佑自己在出海时能够风平浪静、满载而归;他们在长期的捕捞实践中,深深体会到"风"给他们带来的无法预测、无法确定的危险,他们认识到,在出海捕捞打鱼的生活中,"风"即意味着"险",因此有了"风险"一词的由来。而另一种据说经过多位学者论证的"风险"一词的"源出说"称,"风险"一词是舶来品,有人认为来自阿拉伯语、有人认为来源于西班牙语或拉丁语,但比较权威的说法是来源于意大利语。在早期的运用中,也是被理解为客观的危险,体现为自然现象或者航海遇到礁石、风暴等事件。大约到了19世纪,在英文的使用中,风险一词常常用法文拼写,主要是用于与保险有关的事情上。

现代意义上的风险一词,已经大大超越了"遇到危险"的狭义含义,而是"遇到破坏或损失的机会或危险",可以说,经过两百多年的演义,风险一词越来越被概念化,并随着人类活动的复杂性和深刻性而逐步深化,并被赋予了从哲学、经济学、社会学、统计学甚至文化艺术领域的更广泛、更深层次的含义,且与人类的决策和行为后果联系越来越紧密,风险一词也成为人们生活中出现频率很高的词汇。

无论如何定义风险一词的由来,但其基本的核心含义是"未来结果的不确定性或损失",

也有人进一步定义为"个人和群体在未来遇到伤害的可能性以及对这种可能性的判断与认知"。如果采取适当的措施使破坏或损失的概率不会出现,或者说智慧的认知、理性的判断,继而采取及时而有效的防范措施,那么风险可能带来机会,由此进一步延伸的意义,不仅仅是规避了风险,可能还会带来比例不等的收益,有时风险越大,回报越高、机会越大。

三、事故

"事故"一词较为通俗,事故现象也屡见不鲜,但对事故的内涵,没有完整的描述。在事故的种种定义中,伯克霍夫的定义比较著名。伯克霍夫认为,事故是人(个人或集体)在为实现某种意图而进行的活动过程中,突然发生的、违反人的意志的、迫使活动暂时或永久停止的事件。事故的含义包括:

(1)事故是一种发生在人类生产、生活活动中的特殊事件,人类的任何生产、生活活动过程中都可能发生事故。

(2)事故是一种突然发生的、出乎人们意料的意外事件。由于导致事故发生的原因非常复杂,往往包括许多偶然因素,因而事故的发生具有随机性质。在一起事故发生之前,人们无法准确地预测什么时候、什么地方、发生什么样的事故。

(3)事故是一种迫使进行着的生产、生活活动暂时或永久停止的事件。事故中断、终止人们正常活动的进行,必然给人们的生产、生活带来某种形式的影响。因此,事故是一种违背人们意志的事件,是人们不希望发生的事件。

因此,"事故"是指一种偶然事件及其后果,是指导致非预期后果(伤害、财产损失、工作中断、拖延)的连续事件或行为的最终结果。事故比较正式的定义是:"一类不希望发生的事件,该事件会导致人身伤害或财产的损失,该事件往往是由于接触超出身体或结构承受限度的能量源引起的。"

四、安全生产

所谓"安全生产"就是指在生产经营活动中,为避免造成人员伤害和财产损失的事故而采取相应的事故预防和控制措施,以保证从业人员的人身安全,保证生产经营活动得以顺利进行的相关活动。

《辞海》中将"安全生产"解释为:为预防生产过程中发生人身、设备事故,形成良好劳动环境和工作秩序而采取的一系列措施和活动。

概括地说,安全生产是为了使生产过程在符合物质条件和工作秩序下进行的,防止发生人身伤亡和财产损失等生产事故,消除或控制危险、有害因素,保障人身安全与健康、设备和设施免受损坏、环境免遭破坏的总称。

"安全生产"这个概念,一般意义上讲,是指在社会生产活动中,通过人、机、物料、环境、方法的和谐运作,使生产过程中潜在的各种事故风险和伤害因素始终处于有效控制状态,切实保护劳动者的生命安全和身体健康。也就是说,为了使劳动过程在符合安全要求的物质条件和工作秩序下进行的,防止人身伤亡财产损失等生产事故,消除或控制危险有害因素,保障劳动者的安全健康和设备设施免受损坏、环境的免受破坏的一切行为。

安全生产是安全与生产的统一,其宗旨是安全促进生产,生产必须安全。搞好安全工作,改善劳动条件,可以调动职工的生产积极性;减少职工伤亡,可以减少劳动力的损失;减少财产损失,可以增加企业效益,无疑会促进生产的发展;而生产必须安全,则是因为安全是生产的前提条件,没有安全就无法生产。

五、安全生产管理

机械化养路安全生产管理是为保证铁路线路养护修理能够安全进行而按一定制度组织和使用人力、物力等各种资源的过程,是通过增强安全风险意识、识别和研判安全风险、有效实施风险控制措施等,达到防范和降低安全风险的目的。安全管理主要是通过管理的机能,控制来自设备、施工组织、人的不安全行为等因素,避免发生意外事故,确保施工人员的人身安全、设备安全、线路状况的安全及铁路其他附属设施的安全。

随着铁路跨越式的发展,大批量的大型养路机械设备陆续投入使用,机械化养路已成为铁路线路维修养护的主导方式。应用大型的养路机械对铁路线路维修养护的施工,其作业过程复杂,施工对线路及运行安全有很大的影响,只有更好地使用和管理好这些设备和人员,在确保安全的前提下,才能更好地发挥大型养路机械设备的作业方法、作业效率和提高作业质量。

第二节　机械化施工安全管理

"安全第一、预防为主"是我国安全生产的工作方针,它高度概括了职业安全管理工作的目的和任务,成为安全生产工作的方向和指导方针。"安全第一"是"预防为主"的目标、要求和动力,"预防为主"是消除潜在危险因素而采取提前预防的手段,把事故消除在萌芽之中,把潜在的危险转化为安全,是实现"安全第一"的关键。

机械化养路施工作业时,其作业环境非常复杂,能造成作业事故的风险因素很多,而且一起事故的发生也是多个因素的组合。每个作业人员的每个环节都与整个施工作业紧密相连、息息相关。一次失职、一个失误、一个不经意的疏忽就会造成事故,打乱施工作业秩序,使一条线、一大片运输中断,无论在政治上、还是在经济上,都会给国家和人民生命财产造成巨大的损失,给职工本人及家庭也带来不幸。因此,提高和加强机械化养路施工作业的管理工作,防止机械化养路施工作业的事故发生,可以从以下几方面着手。

一、人员管理

(1)施工负责人。机械化施工的机械设备在编组挂运或施工作业时,必须指派一名施工负责人统一领导,全面指挥。

(2)机械设备操作人员资格。各机械车驾驶及操作人员,必须经过技术培训、考试合格并持有驾驶证和操作证,按所取得的相应岗位资格持证上岗。学习驾驶及操作的人员应在具有驾驶证和操作证人员的指导下方能驾驶和操作。

二、机械设备

对各种机械设备故障易发、频发的部件应重点关注,定期开展质量分析,进行质量攻关。在操作运用或检修中,一旦出现某种质量问题后,要有针对性地对所有机械设备相应部位的类似质量问题开展普查,发现异常立即检修。进行质量跟踪掌握故障规律、零部件损坏原因和国产化部件的装车实验情况,为产品质量攻关和国产化积累经验,提供科学的依据。再有,根据零部件和油脂等的库存时间、技术状态和季节性规律,安排预检、预修,确保使用时的质量。

三 施工作业常规基本要求

1. 出车前的检查(要求正、副司机确认并填写检查表)

(1) 检查空气制动系统、手制动装置各部件的状态及性能是否良好。

(2) 检查所有工作机构、检测装置的安全锁定机构,保证锁定机构处于可靠状态,所有报警指示灯显示正确。

(3) 检查各油箱或油池的油位及其他液面高度处于正确位置。

(4) 检查各控制开关及手柄等。

①空气制动系统处于规定的工作模式。

②动力换挡变速器末级离合器手柄至垂直 ON 位,并锁定。

③作业液压泵驱动离合器处于脱离位置。

④作业气动塞门处于断开位,塞门手柄在下位。

⑤所有液压作业系统均处于泄压位。

⑥所有电路断路器处于结合位,即下位。

⑦前、后司机室变速器控制主开关处于切断位,变速器的速度挡选择器处于空挡位置。

⑧全部照明系统处于关闭位。

⑨前、后司机室空调器或空气加热器处于切断停机状态。

⑩作业控制主开关处于断开位。

⑪前、后司机室内发动机调速手柄处于低位,即怠速位。

(5) 材料车上备品摆放牢固,不影响司机运行中的瞭望。装载质量小于 2000kg,且无偏载。

(6) 检查铁鞋、停车牌等是否取掉,驻车制动是否缓解。

(7) 检查主辅驱动是否脱开。

(8) 进行试风试闸。要求各车副司机检查活塞的动作情况和闸瓦的动作情况,确认动作可靠,并按照呼唤应答的要求与各车主司机进行联控后向施工负责人汇报。

(9) 动车时,再次确认非驾驶室制动手柄是否取出,驾驶位制动手柄是否处于正确的运行位置。

2. 运行中的安全注意事项

(1) 正、副司机严格按照车机联控标准作业,过岔必须立岗,确认道岔的正确位置。

(2) 前、后动力车及时联控,保证大型养路机械运行处于平稳状态。

(3) 主车司机在桥梁、隧道、曲线、施工作业地段、鸣笛标、邻线汇车的车前和列尾、道心有人处必须鸣笛。

(4) 天气不良影响瞭望,要严格控制车速,在施工作业地段按照规定的速度运行。

(5) 运行中,非驾驶室必须安排专人对仪表和设备进行监控,防止运行中设备脱落。司机运行中随时监控仪表的显示,保证车辆运行安全。

(6)运行中,车上人员严格按照机长的安排,不得随意动车内物品和各开关按钮,不得把身体探出车外,各保险杠必须打上,防止人员伤害。

3. 运行后的安全注意事项

(1)大型养路机械到达车站后,司机必须对轴箱和各取力口进行测温,做好记录。

(2)司机必须对全车进行检查,特别是对走行部位和各悬架装置重点检查,防止部件脱落。

(3)车辆停稳,各车大小闸必须给上制动后处于保压位,每辆大型养路机械车上必须有专人看车防止车辆遛逸。

(4)返回驻站地点,车辆停稳,司机必须上好手制动,打上铁鞋,插好红牌,做好防溜措施后才能离开。

4. 施工前的安全注意事项

(1)司机确认调度命令正确后,按照车站发车信号进入封锁区间。

(2)进入封锁区间,运行速度严格按照施工规定,解挂后续行速度不能超过40km/h,续行距离必须保持300m以上。

5. 施工中和施工后安全注意事项

(1)大型养路机械放车时,各车首先做好邻线防护,确认邻线安全才能进行作业。

(2)所有作业,严禁从邻线上下车,严禁无防护进行任何作业。

(3)各号位确认各装置到位后,通知机长可以进行作业。

(4)2号位现场必须与工务部门核对线路资料,正确输入数据,确保施工中的线路质量。

(5)施工中,各号位加强联控,使大机在作业中处于良好状态。

(6)作业中,3、4号位随时监控大机设备,每30min对捣固装置和液压油箱进行测温,确保大机设备安全。

(7)防护员随时保持与驻站联络员的联系,前、后车防护员及时传送信息,确保人身安全。

(8)施工中,设备出现故障,必须设置好防护后,才能进行抢修。

(9)作业中,车后人员应与配合人员交代清楚,保持车距5m,听到鸣笛时,必须及时退出作业点,保持安全距离。

(10)施工结束后,线路开通前做好确认工作,确保线路达到放行列车的条件后,才能收车。如果大机故障破坏线路后无法恢复时,必须通知工务段进行抢修并保证所恢复线路的行车安全。

(11)收车完毕,各号位确认各装置处于锁定位且安全牢靠。

(12)施工结束后,必须与工务部门确认防护设施撤除,工地作业全部结束,人员全部下道,才能动车返回车站。

(13)联挂完毕,司机确认制动阀的正确位置,试风后方能动车。

6. 防止地下管线、电务设备损坏

(1)根据月度施工方案,电务、施工部门要共同对有地下管线、设施地段进行调查,做好标志,对埋设深度不符规定的地下过轨管线要提前予以处理,并同施工人员进行现场交底。

(2)对车辆部门探测设备进行调查,并做好安全防范措施。

7. 防止准备工作不足

5号位必须加强对线路的检查,发现线路缺砟或护轨未拆等影响施工的因素时,必须及时通知工务配合人员。

8. 防止准备工作过头

加强与工务段的联系,及时通知施工里程与施工方向,避免工务段水平胶垫及护轨过早拆除或拆错里程。

9. 防止盲目开通线路和盲目施工

(1) 使用大型养路机械要按规定标准作业,做好线路起、拨、捣、夯作业。

(2) 封锁结束前,工班长和职工须对分管作业区内的轨道几何状态按放行列车的条件进行全面检查处理,各工序负责人复查,报施工总负责人,确认符合开通条件后,向驻站联络员申请开通线路。

(3) 驻站联络员要在计划封锁终止前,与施工总负责人就各施工地段的线路恢复情况进行联系。若遇特殊情况,需延长封锁或慢行时间时,要提前预报,并按规定办理,同时抓紧开通恢复线路。

10. 防止人员挡道,料具侵限

(1) 施工人员上、下班时应行走在路肩上,严禁在道心和道木头上行走。在站场跨越股道时,严格执行"一站、二看、三通过"的制度,施工人员禁止在两线之间上、下车。

(2) 在职工未到,防护未设置妥的情况下,严格禁止施工人员上道作业。

(3) 加强施工防护和动车之间的联系防护,严格执行驻站联络慢行防护以及施工防护互相传递的联控制度,杜绝误报、漏报。

(4) 随车检查人员须距车5m作业,各车倒车时需鸣短笛二声,提示作业人员下道避车。

在双线和站内线路上作业,当无专人防护邻线来车时,应在距离列车500m以外下道;有专人防护时可不下道,但须停止作业,两线路间不得停留人员,工具不得侵入限界,并要注意本线来车;若瞭望条件不良时,必须下道避车。

下道后要站在限界以外,面向列车尾部,防止车上的车门或附落物及绳索伤人。

(5) 施工人员必须穿防护服,施工防护人员负责职工安全,来车时组织人员下道,并检查处理侵限料具。

11. 路用列车的控制办法

(1) 开行路用列车,由调度提前一天向总调室申报计划。

(2) 进入封锁区间牵引运行不得超过60km/h。

(3) 区间解挂后,续行速度小于40km/h,续行距离不小于300m。后行列车的速度不得超过前行列车的速度。

(4) 路用列车在封锁区间内作业时,相互必须保持10m及其以上的安全距离。

(5) 进入退出同一封锁区间的路用列车实施单一指挥,由驻站联络员和施工总负责人统一掌握。

(6) 机械化施工列车(车列)跨站界作业的方法。

①大机段施工负责人应在施工前一天根据路局月度施工方案,分别报路局总调室和有关车站,内容应包括施工范围和封锁的起止时间,由总调度室在日班计划中安排。

②总调度室根据车站的报告,由列车调度员发布封锁区间和站内正线(或某一条正线)的调度命令。此时,准许施工列车在封锁范围和时间内按调车作业方式往返运行。此时,车站衔接该正线的道岔,均应开通封锁的正线。

③封锁后施工单位应及时联系电务段,在进站(进路)信号机上安设无效标。此时,该信号机视为无效。

④施工完毕,施工单位应通知并确认电务部门拆除信号机无效标志。车站值班员应根据施工负责人的请求,确认区间空闲后,方能向列车调度申请调度命令,恢复该区间和站内正线的正常行车。

12. 夜间作业安全措施

(1)夜间施工,施工队要组织施工人员分两班进行工作,凡夜间施工的人员白天不能参加作业,凡白天施工的人员夜间不能参加作业,以保证职工有充分的休息时间,工作中有充分的精力。

(2)夜间施工人员必须穿有感光材料制作的防护服,戴有感光材料制作的防护帽。每人配备一个手电筒,安装照明设备。

(3)施工人员班前严禁饮酒,上下班严禁走道心、道木头,因作业需要必须在线路上行走时,应面向来车方向,坚持三步一回头。横越线路做到一停、二看、三通过。

(4)施工时,临线来车停止作业,下道避车时,应面向来车方向,与线路外侧钢轨保持2m安全距离。

(5)技术措施。

①加强对灯具设备的日常维修及保养。

②捣固车的车体四周作业时打开全部灯光。

③为方便看道,应使用捣固车携带的夜间照明设备,并做好日常保养。

13. 电气化区段作业安全注意事项

(1)在电气化区段,禁止与接触网的各导线及相关部件接触,所持工具、物品应与接触网保持2m以上距离。

(2)所有作业人员严禁攀登车顶或翻越车顶通过线路,停车检查时应避免与接触网支柱及其附近金属结构物接触。不准在接触网支柱上搭挂衣物、攀登或倚靠支柱休息。

(3)在电气化铁路区段,遇接触网断线或其他接触网附件损坏时,所有人员不得直接或间接与之接触,在接触网检修人员未到来之前,应与其保持10m以上的距离,并设置防护,严禁人员接近。

(4)在电气化区段,机械车及各种车辆严禁用水冲洗,并应悬挂明显"有电危险,禁止攀登"的标志。

(5)电气化区段2m以上距离,大雨中不作业,小雨时作业人员禁止撑雨伞。严禁向上方乱抛杂物。

四 应急处置

风险应对的目的是减少风险发生概率、缓解风险,是安全管理中的预防工作。但在明确机械化养路施工作业时,风险是无法完全消除这一客观事实后,当风险事故发生时,积极有效的应急处置预案是非常必要的。所谓应急处置预案,是指针对可能的重大事故(件)或灾害,为保证迅速、有序、有效地开展应急救援行动、降低事故损失而预先制定的有关计划或方案。

通过应急预案处置,可有效控制事故的发展,避免事故的扩大和恶化,从而尽量减少事故对人员、财产、环境造成的危害,同时通过对事故调查、分析,发现问题,总结经验,改进现行管理中的不足,预防同类事故的再次发生。使施工管理者在事故中由被动变为主动,不是慌乱和消极对待处理事故,而是按照科学规范的响应程序和处置要求,充分运用应急指挥、应急队伍、应急装备等各种应急资源有序积极地对事故进行抢险救灾。

机械化养路施工作业应急处置的实施需要建立应急处置组织与管理措施,以及采用相应的救援设备。

1. 应急处置组织

设立专门、专业的机械化养路施工作业应急处置组织可以使发生事故时得到快速、有效的救援措施,避免由于工作人员慌乱而带来的救援不当或是救援不及时造成的人员伤亡和财产损失。

2. 事故救援设备

简易救援设备(如灭火器、起复器等)要设置合理,且要保证齐全整洁、作用良好。

3. 定期进行事故实地模拟演练

机械化养路施工单位可以适时地进行事故实地模拟演练,以此使施工作业人员能切身实际地面对事故,实际演练事故发生时的快速反应和处理突发事故的应急能力,这也可以使施工作业人员能真切地体会到应急处理能力的重要性。

事故应急处置是施工作业安全的最后一道防线,它关系到施工作业安全最终是否对防灾减损起到积极作用。忽略或是不到位都会导致事故损失的扩大。

思考题与习题

1. 解释下列名词的含义
(1) 安全。
(2) 风险。
(3) 事故。
(4) 安全生产。
(5) 安全生产管理。
2. 绝对安全观和相对安全观的区别是什么?
3. 施工中应注意哪些安全事项?
4. 施工后应注意哪些安全事项?
5. 如何才能保证夜间作业的安全?
6. 何谓应急处置预案?

附录一

机械化线路维修（精确法）施工组织

根据×铁路局2012年度机械化维修任务的计划安排,×段维修为2009.4km。为提高全年线路综合维修质量,在改善轨道弹性的同时保证线路纵断面通过维修得到改善和优化,为了在有限的封锁时间内安全、优质、高效地完成任务,现编制施工组织如下:

一 年度计划

年度计划如附表1-1所示。

年 度 计 划　　　　　　　　　附表1-1

线　别	段　别	行　别	大机维修里程	长度(km)	备注
××线	×工务段	上行	k904.2~k1143.6	239.4	
		下行	k904.2~k1143.6	239.4	
	×工务段	上行	k1143.6~k1385.7	242.1	
		下行	k1143.6~k1385.7	242.1	
	×工务段	上行	k1421.5~k1627.8	206.3	
		下行	k1421.5~k1627.8	206.3	
	×工务段	上行	k1717.8~k1886.0	168.2	
		下行	k1717.8~k1886.0	168.2	
	小计	上行		856	
		下行		856	
	合计		1712km		
××线	×工务段	上行	k502.6~k651.3	148.7	
		下行	k502.6~k651.3	148.7	
	小计	上行		148.7	
		下行		148.7	
	合计		297.4		
共计			2009.4km		

二 组织领导

(1)段成立施工领导小组:组长:王××、林×。

组员:胡×、陈××、刘××、周×、周××、徐××、甘××、方××、吴××。

(2)施工把关组:赵×、阚××、徐××、陈×、吕×、刘××、仇×、管×、余×、伍×、林××。

三 施工条件

(1)施工条件:利用"封锁天窗点"施工,封锁施工时间为180min,封锁前不限速,开通后首趟限速80km/h,每机组每天慢行长度8000m,以后恢复常速。

(2)日进度:6.0~8.0km。

四、施工方法

由我段大修二队(施工部门,下同)采用由大机精确法施工、设备管理单位(工、电,下同)配合方式进行施工作业。

(1) 采用3台捣固车为一机组进行起、拨、捣,夯作业;工务段负责施工作业地段线路机械化维修准备工作。电务段配合机械化施工。

(2) 封锁点邻近结束遇捣固车同时发生故障时,由工务配合单位采用人工作业恢复线路,其放行列车条件由施工负责人与配合单位负责人共同确认。

(3) 施工部门要严格按照线路设备管理单位工务段给定的起道量和拨道量(桥隧线路要同时考虑桥梁偏心和限界影响)进行机械化维修作业,起道量50mm以下地段按维修方式作业;51~60mm地段双捣;61~80mm地段分两次捣固;81mm及以上地段分2~3次捣固且进行稳定作业(无稳定车作业时,起道量50mm以下地段按维修方式作业;51~60mm地段双捣;61~90mm以上地段分两次捣固,前捣固车按维修方式起道量50mm抬道,后捣固车按维修作业方式剩余起道量抬道作业,其中工务段要及时补充石砟,满足捣固车作业要求;91mm及以上地段分2天封锁进行起道捣固作业,第一日按61~90mm以上地段施工作业,经列车碾压后第二日按维修方式作业,其中工务段要及时补充石砟,满足捣固车作业要求)。大机维修采用精确法施工,确保维修达到设计要求。

(4) 配合单位工务段在封锁时,拆水平胶垫、随捣固车补充石砟。

(5) 起道量超过51mm以上的地段,必须进行巡养作业,由配合单位工务段负责。

五、施工机械

08-32型捣固车3台,工务段配备线路人工作业机具(起、拨、捣)3套,无缝线路地段配备抢修工具1套。

六、作业方式

以×上行线××1—××2区间施工为例,由北向南方向进行,如附图1-1所示。

| ××1 | 捣固车1 | 捣固车2 | 捣固车3 | ××2 |

附图1-1 作业方向

七、施工流程

以×上行线××1—××2间施工为例,由北向南施工。宿营车及施工机械存放××2站13道。

(一) 前期准备工作

(1) 施工部门精心检修施工机械,确保其处于良好状态。

(2) 安监科与配合单位(工务)协商配合办法,签订安全责任协议,与配合单位(电务)核定地下管线位置,签订安全配合责任协议。

(3)工务段对待施工线路进行调查,抄平线路。对既有轨面进行水平测量,确保线路抄平资料的准确、完整。在施工前两日,向施工部门提供维修起道量和拨道量表,并按照确定的起道量和拨道量表,在既有线路肩上每25m设定一个固定桩点,用红漆做醒目标记,汪明起道量(双线地段以线路外侧为基准轨,曲线地段以曲线下股为基准轨)。在大机维修地段还要顺作业方向每隔5根轨枕用红漆将起道量和拨道量及拨道方向标注在靠线路左侧,钢轨内侧一边的轨枕面上,以便大机用精确法作业时控制起道量和拨道量。同时向施工部门提供维修起拨道量表,曲线资料,线路综合、设备图;由安监科编制施工组织设计;向施工队进行技术交底,明确施工任务,作业方式,施工难点,安全质量要求和技术作业标准。

(4)施工部门联系好宿营车存放点、水电、施工调度电话安装事宜,安监科与车务段签订好车辆存放、施工安全协议。

(5)安监科(调度)提报月(次日)施工方案。

(二)施工准备工作

(1)工务段根据线路状况,预卸石砟或拉砟,满足线路机械化维修需要。

(2)配合单位(工务及电务)拆除影响施工作业的工、电设施。

(3)在无缝线路区段作业还应对未达到机械化维修施工要求的线路进行应力放散作业(工务段负责)。

(4)施工部门与配合单位协商作业内容、作业方式、作业的地段。

(5)施工部门在施工负责人主持下每日(施工第一日为前一日)召开分工会(工务段派遣施工负责人员1人参加),内容为:分析、汇总本日作业情况及存在问题,提出解决问题的措施,布置次日施工计划(次日施工计划书面给工务段1份),具体明确各车作业地点、作业方式、施工防护、配合要求、安全注意事项、路用列车开行计划、驻站地点等进行全面布置。配合单位工务段及电务配合施工负责人应将次日施工计划布置、传达到其作业人员。

(6)施工队每日全面检修设备,按段规定标准进行保养,确保机械设备良好。

(7)施工部门、配合单位各设驻站联络员1名,施工的防护(5~8人)由工务段负责;机械车收放车时,由本车设置兼职随车防护员。

(三)路用列车开行

(1)路用列车(大机)按以下编组运行:捣固车1—捣固车2—捣固车3。按运行方向,由前部车担任主车,头尾两台车带动力,封锁前30min经运行至施工就近站,待点进入封锁区间作业。

(2)调度每日将路用列车开行计划通过局域网或传真电告施工部门。

(3)大机需在车站调车作业,须向存放(车站)站提出申请。

(四)施工作业

1. 封锁施工

(1)根据施工方案,驻站联络员须在施工封锁前30min到达驻站点,及时在车站上进行登记。各作业车与工务段核对曲线数据、资料。

(2)驻站联络员接封锁命令后,立即向施工负责人传诵命令全部内容,施工负责人复诵并核对,做好记录。

(3)机械车列主车司机接封锁命令后,车组按正常行车进入封锁区间施工地点(根据调度命令和车站值班员的发车信号,全列进入封锁区间的施工地段)待点(不得摘车),待前行列车到达前方车站,联络员报点后,施工负责人方可下令摘车施工作业。路用车列如在封锁命令下达后进入封锁区间按以下办法进入。

①在遇防护员显示停车信号前停车,待防护员撤除移动停车信号后进入,路用车列通过防护地点后,防护员按规定设好移动停车信号防护。

②摘车后,各车分部运行。

(4)工务配合负责人按照命令规定的起始时间,向防护员发布设置移动停车信号(封锁)防护命令,防护员按令后,按规定标准设好移动停车信号防护,并向施工负责人报告。

(5)设好防护后,施工负责人发布封锁施工命令。

(6)各作业车到达指定地点后,按计划开始作业。

①工务配合单位拆水平胶垫、随捣固车补充、清理影响捣固车作业的石砟;电务配合人员拆除影响大机施工的导、连线。

②捣固车对计划任务地段进行起、拨、捣、夯作业,配合单位派1名配合人员随捣固车检查水平,作业质量达到线路验收标准。

③作业完毕后收车,并向施工负责人汇报。

(7)施工车列根据施工负责人的指令进行联挂,整列凭车站信号退出封锁区间,在规定的时间内返回调度命令指定车站。

(8)施工负责人与配合单位工序负责人共同确认线路开通条件、确认工机具下道,通知防护员撤除移动停车信号;车列到站后,联络员消记并通知车站开通线路。开通命令下达后,联络员需将命令传诵至施工负责人,并复诵核对,其后施工负责人确认线路处于开通状态。开通命令下达后,施工负责人通知防护员设置慢行防护。

2.线路交验

(1)当日施工作业完毕后,移交工务段,并由其负责人在大型养路机械维修日作业验收单上签认。

(2)如因施工组织在施工中存在不完善,在施工中协调、补充完善。

八 施工防护

1.按《安规》《段施工防护管理办法》规定设置防护

(1)移动停车信号防护按《安规》2.2.7条设置防护。

(2)移动减速信号防护按《安规》2.2.9.2条设置防护。

2.禁止在防护覆盖范围外作业

九 劳动组织

(一)主体单位

队长:1人、支部书记1人。

副队长:2人,安全工长、技术员各1人,材料工:1人。

电工:1人(外聘),巡守:2人(外聘)。

大机操作人员:捣固车每台7人,共21人。

后勤人员:5人,汽车司机:1人。

联络员:2人,防护员3人(兼)。

(二) 配合单位(工务)

工序负责人:1人。

安全质量监控专职人员:1人。

驻站联络员:1人。

工地防护员:4~5人。

线路检查:3人(配合捣固车)。

线路工:视线路情况待定30~50人(拆水平胶垫、随捣固车补充、清理影响捣固车作业的石砟)。

(三) 配合单位(电务)

驻站联络员:1人。

配合捣固车作业:3人。

十 工作重点

施工队要按照段下发的安全措施,施工组织设计文件精心组织施工,落实逐级负责制,责任分解到每一个作业人,并切实做好如下工作。

(1) 施工部门在前一日,及时向段调度提报次日维修计划及本日作业(单机)进度,并及时通知工务、电务、车辆等有关部门配合施工。

(2) 各机组必须召开出工会,对作业人员进行分工,明确施工要求。

(3) 工务段需要利用"天窗"时间进行其他作业,须在前一日将书面施工计划报施工部门,施工部门纳入次日施工计划,并报段调度审批。

(4) 汇总当日验收单,详细填写调度日志,并及时将生产进度、轨温、封锁及开通命令和时间等通过局域网上报段调度。

(5) 精心组织施工,确保安全正点和施工进度,施工时各车要及时地向施工负责人报告其车况及作业情况,便于施工负责人统一协调、指挥。

(6) 大机用油及站内调车要提前联系,确保施工正常。

(7) 要协调好和驻地车站的各单位的关系,确保水、电、电话正常使用;搬家前,水费、电费、电话费结清。

(8) 根据施工现场情况,制订施工安全预想措施;加强后勤保障工作,确保职工休息,以饱满热情投入工作。

十一 设备的管理

大机的使用管理和检修严格按部发《大机管理》第二章第三、四节执行。

十二 物资管理

执行段《材料管理办法》。按照"节资降耗,修旧利废"的原则,做好物质管理工作,并对急需材料及时配置。

十三 技术标准及注意事项

1. 质量标准

按《维规》《快规》和《管规》的要求,大机作业后,随机检查验收,主要质量标准如附表1-2所示。

主要质量标准　　　　　　　　　附表1-2

验收项目	误差范围(mm)	测量方法
水平	4	道尺测量
高低	4	10m 弦量矢度
轨向	4	10m 弦量矢度
三角坑	4	18m 内不超限
吊板率	0.1%	

2. 配合工作控制

(1) 施工部门要及时通知工、电配合单位人员,并配合到位,凡大机能作业的桥梁、道口、绝缘接头连接线等必须拆除或处理,达到大机作业要求。

(2) 工务段对施工地段进行调查,调查包括对施工段曲线丈量复核、标注曲线起、始桩点、布置观测点,测量既有高程,并绘制线路平面资料,同时调查鼓包夹板位置、歪斜轨枕、石砟量、锁定轨温等,对石砟不足地段提前补充,歪斜轨枕予以方正。

(3) 电务段对埋设在道床内影响施工的电缆或其他隐蔽电务设备予以处理,并标明其位置。

3. 注意事项

(1) 各车的各种参数设置按正常作业进行设置,不得随意变更设置。

(2) 捣固车组在作业过程中要熟练掌握操作技能,时刻注意观察作业区线路设备状况,细心操作,避免损伤轨枕及方枕;做好施工前后的顺坡工作。

十四 安全措施

(一) 车列出车前的检查(要求各车正、副司机确认并填写检查表)

(1) 检查空气制动系统、手制动装置各部件的状态及性能是否良好。

(2) 检查所有工作机构、检测装置的安全锁定机构,保证锁定机构处于可靠状态,所有报警指示灯显示正确。

(3) 检查各油箱或油池的油位及其他液面高度处于正确位置。

(4) 检查各控制开关及手柄等。

①空气制动系统处于规定的工作模式。
②动力换挡变速器末级离合器手柄至垂直 ON 位,并锁定。
③作业液压泵驱动离合器处于脱离位置。
④作业气动塞门处于断开位,塞门手柄在下位。
⑤所有液压作业系统均处于泄压位。
⑥所有电路断路器处于结合位,即下位。
⑦前、后司机室变速器控制主开关处于切断位,变速器的速度挡选择器处于空挡位置。
⑧全部照明系统处于关闭位。
⑨前、后司机室空调器或空气加热器处于切断停机状态。
⑩作业控制主开关处于断开位。
⑪前、后司机室内发动机调速手柄处于低位,即怠速位。

(5)材料车上备品摆放牢固,不影响司机运行中的瞭望。装载质量小于 2000kg,且无偏载。夜间作业照明设备良好。

(6)检查铁鞋、红牌等是否取掉,手制动是否缓解。

(7)检查主辅驱是否脱开。

(8)进行试风试闸。要求各车副司机检查活塞的动作情况和闸瓦的动作情况,确认动作可靠,并按照呼唤应答的要求与各车主司机进行联控后向施工负责人汇报。

(9)动车前,再次确认非驾驶室制动手柄是否取出,驾驶位制动手柄是否处于正确的运行位置。

(二)运行中的安全注意事项

(1)正、副司机严格按照车机联控、正副司机联控标准作业,进站、过岔必须立岗,确认进路和道岔的正确位置。

(2)前后动力车及时联(互)控,保证大机运行处于正常状态。

(3)主车司机在桥梁、隧道、曲线、施工作业地段、鸣笛标、邻线通过列车的车前和列尾、道心有人处必须鸣笛。

(4)天气不良影响瞭望,严格控制车速,在施工作业地段按照规定的速度运行。

(5)运行中,非驾驶室必须安排专人对仪表和设备进行监控,防止运行中部件设备脱落。司机运行中随时监控仪表的显示,保证车辆运行安全。

(6)运行中,车组人员严格按照机长的安排,不得随意动车内物品和各开关按钮,不得把身体探出车外,各保险杠必须打上,防止人员伤害。

(三)运行后的安全注意事项

(1)大机到达车站后,司机必须对轴箱进行点(测)温,做好记录。

(2)司机必须对全车进行检查,特别是走行部位和各悬架装置重点检查,防止部件脱落。

(3)车辆停稳,各车大小闸必须给上制动后处于保压位,每辆大机车上必须有专人看车防止车辆遛逸。

(4)返回驻站地点,车辆停稳,司机必须上好手制动,打上铁鞋,插好红牌,做好防溜措施后才能下班。

(四)施工前的安全注意事项

(1) 司机确认调度命令正确后,按照车站发车信号进入封锁区间。

(2) 进入封锁区间,运行速度严格按照施工规定,独自运行速度不超过30km/h,续行距离不得少于300m。

(五)施工中和施工后安全注意事项

(1) 大机放车时,各车首先应设好邻线防护,确认邻线无列车通过才能进行作业。

(2) 所有作业,严禁从邻线上、下车,严禁无防护进行任何作业。

(3) 各号位确认各装置到位后,通知机长可以进行作业。

(4) 2号位现场必须与工务部门核对线路资料,正确输入数据,确保施工中的线路质量。

(5) 施工中,各号位加强联控,使大机在作业中处于良好状态。

(6) 作业中,3、4号位随时监控大机设备,每30min对捣固装置和液压油箱进行测温,确保大机设备安全。

(7) 防护员随时保持与驻站联络员的联系,前、后车防护员及时传送信息,确保人身安全。

(8) 施工中,设备出现故障,必须设置好防护后,才能进行抢修。

(9) 作业中,车后人员应与配合人员交代清楚,保持车距5m,听到两短声鸣笛时,必须及时退出作业点,保持安全距离。

(10) 施工结束后,线路开通前做好确认工作,确保线路达到放行列车的条件后,才能收车。如果大机故障破坏线路后无法恢复时,必须通知工务段进行抢修并保证所恢复线路的行车安全。

(11) 收车完毕,各号位确认各装置处于锁定位且安全牢靠。

(12) 施工结束后,必须与工务部门确认防护撤除,人员全部下道,才能动车返回车站。

(13) 联挂完毕,司机确认制动阀的正确位置,试风后方能动车。

(六)防止地下管线、电务、车辆红外线探测设备损坏

(1) 根据月度施工方案,施工部门要提早2日通知电务、车辆段配合施工,对有地下管线、车辆红外线探测设施地段共同进行调查,做好标志,对埋没深度不符规定的地下过轨管线、车辆红外线探测设备提前处理和拆除,并同我段施工人员进行现场交底。

(2) 对不能拆移的设备,共同协商解决办法,并做好安全防范措施。

(七)防止准备工作不足

施工作业时,5号位必须加强对线路的检查,发现线路缺砟或护轨未拆等影响施工的情况时,必须及时通知工务配合人员处理。

(八)防止准备工作过头

加强与工务段的联系,及时通知施工里程与施工方向,避免工务段水平胶垫及护轨过早拆除或超里程施工,必要时派人监控。

(九)防止盲目开通线路和盲目施工

(1)捣固车按规定的标准作业,做好线路起、拨、捣、夯作业,达到质量标准。

(2)线路开通前,施工部门和配合单位共同确认放行列车的条件,符合开通条件后,方可向驻站联络员申请开通线路。

(3)驻站联络员要在计划封锁终止前,与施工部门负责人就各施工地段的线路恢复情况进行联系。若遇特殊情况,需延长封锁或慢行时间时,要提前预报,并按规定办理,同时抓紧开通恢复线路。

(十)防止人员挡道,料具侵限

(1)施工人员上、下班时,应行走在路肩上,严禁在道心和道木头上行走,下道避车必须在本线的路肩上,严禁在邻线线路上行走和在邻线避车。在站场跨越股道时,严格执行"一站、二看、三通过"的制度,施工人员禁止在两线之间上、下车。

(2)在防护未设置妥的情况下,严格禁止施工人员上道作业。

(3)加强施工防护工作,杜绝误报、漏报行车信息。

(4)随车检查人员须距车5m作业,各车倒车(两孔)时需鸣短笛两声方可倒车;倒车超过两孔时需鸣短笛两声并确认(由3号位通知1号位)后面无人时,方可倒车。

(5)非封锁作业时,临线、本线来车,距来车方向1100m下道,慢行地段500m下道,下道避车时,应面向来车方向,与线路外侧钢轨保持2m安全距离。

(6)在双线和站内线路上作业,当无专人防护邻线来车时,应在距离列车800m以外下道;有专人防护时可不下道,但须停止作业,两线路间不得停留人员,工具不得侵入限界,并要注意本线来车;若瞭望条件不良时,必须下道避车。

(7)下道后要站在限界以外,面向列车尾部,防止车上的车门或附落物及绳索伤人。

(十一)路用列车的控制办法

(1)开行路用列车,由我段调度提前一天向总调室申报计划。

(2)进入封锁区间牵引运行不得超过60km/h。

(3)区间解挂后,续行速度不但是超过30km/h,续行距离不小于300m。后行列车的速度不得超过前行列车的速度。

(4)路用列车在封锁区间内作业时,相互必须保持10m及其以上的安全距离。

(5)进入退出同一封锁区间的路用列车由施工总负责人单一指挥,并由驻站联络员掌握。

(6)接近站界或跨界施工时,执行《行规》108条第三点。

机械化施工列车(车列)跨站界作业的方法:

①大机段施工负责人应在施工前一天根据路局月度施工方案,分别报路局总调室和有关车站,内容应包括施工范围和封锁的起止时间,由总调度室在日班计划中安排。

②总调度室根据车站的报告,由列车调度员发布封锁区间和站内正线(或某一条正线)的调度命令。此时,准许施工列车在封锁范围和时间内按调车作业方式往返运行。此时,车站衔接该正线的道岔,均应开通封锁的正线。

③封锁后施工单位应及时联系电务段,在进站(进路)信号机上安设无效标。此时,该信号机视为无效。

④施工完毕,施工单位应通知并确认电务部门拆除信号机无效标志。车站值班员应根据施工负责人的请求,确认区间空闲后,方能向列车调度申请调度命令,恢复该区间和站内正线的正常行车。

十五 安全预案

(一)大机故障或线路胀轨影响线路开通时的安全预案

1. 大机施工破坏线路后的线路恢复办法

大机设备在线路上施工,出现故障时,机长必须首先向施工负责人汇报,同时通知工务部门准备抢救工具,做好线路的恢复工作;影响正点开通时,施工负责人需立即向段调度汇报和驻站联络员联系,要求延点开通线路;如影响到邻线列车的运行安全时,必须设好防护,通知车站不得邻线列车运行;由工务配合单位恢复线路。

2. 大机在施工现场发生故障时的处理办法

1) 发动机熄火不能起机时的处理

(1) 作业中发动机熄火不能起机,1号位应立即借用剩余压力,收起捣固、起拨道装置、夯拍器、小车。

(2) 上述装置不能收起时,司机长应立即组织人员,把各装置的回油管拆除,利用手葫芦起复各装置。

(3) 各装置起复到位后,司机长应全面对车辆进行检查,特别是确认主辅驱动马达和末级离合器脱离。

(4) 同时通知另一台车顺坡,到故障地点把故障车牵引出去,要求配合单位把线路恢复到放行列车的条件,时间允许的情况下,可以让救援捣固车把未做好的线路恢复到正常。

2) 电气系统出现问题的处理

(1) 及时排除故障,在时间不允许的情况下,收车及时退出故障地点,要求配合单位恢复线路,确保线路质量,达到放行列车的条件。

(2) 施工负责人根据故障的情况,及时调配大机,尽量用大机把线路做好,确保线路的正点开通。

(3) 电气故障导致线路方向破坏,高低出现大问题,大机不能恢复的情况下,先要求工务部门荒拨、预抬,再利用大机作业。

3. 施工过程中发生胀轨跑道时的应急处理

(1) 线路发生胀轨跑道时,及时与工务段联系,迅速采取浇水降温、拨道等紧急措施。

(2) 作业中发现线路连续出现碎弯并有胀轨迹象时,必须与工务部门一起监控观察,若碎弯继续扩大,发现轨向、高低不良,起道、拨道省力,枕端道砟离缝,大机立即停止作业,及时采取措施。

(3) 当两股钢轨的轨向偏差平均值达到 $12mm$,在轨温不变的情况下,过车后线路弯曲变形突然扩大时,必须立即设置停车信号,及时通知车站,并采取钢轨降温等紧急措施。

(4) 在轨枕头堆放石砟。

(5) 从胀轨地段两端 $50\sim100m$ 处,向中间轻浇慢淋凉水降低轨温;轨温下降后,把鼓出的部分拨回原位,并补充石砟,加大道床断面,并采取夯拍道床、填满枕盒道砟和堆高砟肩等措施。

（6）拨成曲线，自胀轨两端向中心拨成半径不小于200m的曲线。如拨成反向曲线时，两曲线的夹直线不得小于10m，拨好后回填石砟。

（7）放行第一趟列车时，速度不宜大于5km/h，并派人看守。

（8）困难条件下，应立即通知工务部门切断钢轨，松开扣件放散应力，然后用夹板和急救器加固，限速5km/h开通线路。

（9）发生胀轨跑道时，应立即通知车站、驻站联络员和段调度，影响邻线列车运行安全时，必须设置好防护的同时，通知车站禁止邻线列车运行。

（二）非正常情况下行车办法

1. 在区间内发生车钩破损分离时的处理办法

车列在区间内车钩破损分离时，如钩舌损坏，可用车列前端或车列后端的钩舌更换，避免分部运行。如无法更换必须分部运行时，对分割位置规定如下。

（1）后钩破损时，应自分离处分割。

（2）前钩破损时，应设法将破损车随前部车列牵出。无法牵出时，应迅速联系后方站派机车救援。

（3）如能够分部运行时，经列车调度员同意，分部运行至前方站。

2. 车辆（大机）抱闸、燃轴时的处理办法

（1）车列运行中，发现燃轴、抱闸时，应使车列停车。对抱闸车辆（大机）应将截断塞门关闭，拉去存风，并检查轮轴部分无碍后，方可继续运行。

（2）对抱闸或燃轴的车辆（大机），由司机检查处理。此时，对燃轴的车辆（大机），严禁泼水、洒水或使用灭火机。

（3）对途中抱闸或燃轴的车辆（大机），机组人员无法处理时，可联系列检所，由列检人员进行处理。

3. 夜间在运行途中发生照明头灯故障时的处理办法

（1）运行至前方站停车处理。

（2）司机可用列车无线调度电话及时报告列车调度员。列车无线调度电话故障时，应用手持电台向前方站报告。

（3）如前车照明头灯不能修理而车列头部标志仍能显示时，可继续运行。如照明头灯或车列头部标志均不能修复时，司机应将白色信号灯或手电筒绑在捣固车上方右侧合适位置，以代替车列头部标志灯。

（4）防洪、防台期间，遇暴风雨，主车头灯临时发生故障时，在区间可减速运行至前方站停车修理。如不能修复时，可利用夜间照明装置照明，继续运行。

（5）司机在运行中，应加强瞭望，及时鸣笛，警告行人、其他交通车辆、道口看守人员、工务巡守人员和车站接发车人员。

4. 运行中部件脱落时的处理办法

（1）运行中部件脱落，立即紧急停车，组织人员检查，并做好相应的防护措施。

（2）及时处理故障，如不能及时处理时，通知两端车站，告知跟踪列车，如需要救援，请求车站救援，做好救援时的防护。

(3) 对不影响运行的脱落部件应做好紧固,用铁丝捆扎牢靠;如影响行车的部件脱落,采取措施后,以随时停车的速度继续运行,并派人观察。

(4) 制动梁脱落时,可用铁丝把脱落头捆绑固定,把速度控制在 25km/h 以内,运行途中不准制动,直至行到前方车站,要求停车,重新处理。

5. 运行途中突发故障处理

发动机故障,可将故障车熄火,由正常捣固车降低速度牵引或推行至前方车站修复。

6. 车列在区间内被迫停车时的联系办法

(1) 车列在区间被迫停车不能继续运行时,司机除按规定对车列进行防护和防溜外,应迅速使用列车无线调度电话与列车调度员或车站联系,请求救援。

(2) 如捣固车尚能运行时,可按《技规》第二百七十五条规定牵引前部车辆运行至前方站。

7. 列车发现未携带或携带错误的占用区间行车凭证时的处理办法

司机发现占用区间行车凭证有下列情况之一时,应立即停车。

(1) 路票上,车次、上行、下行方向错误或与占用的区间不符,以及漏填车次或电话记录号码时。

(2) 书面行车凭证(调度命令)上,未盖站名印时。

(3) 两线、多线区间行车,路票上未盖线别图章或盖有错误的线别图章时。

(4) 双线区间反方向行车,路票上未盖"反方向"图章时(双线改单线行车除外)。

列车停车后,不论列车是否进入区间,应及时与车站联系,决定列车进退。如停在站内时,应取得正确的占用区间行车凭证后再开车。部分内容填写错误,可不停车继续运行至前方停车站,将错误的情况报告车站值班员转列车调度员。

司机取得占用区间行车凭证并经确认正确而在途中丢失时,可继续运行至前方站停车,将情况报告车站值班员(已使用列车无线调度电话报告时除外)。

8. 车列冒进信号机或越过警冲标时的处理

(1) 车列冒进进站信号机以及出站信号机,但未越过警冲标时,司机应迅速正确地向车站值班员报告。车站值班员应派人就地确认,做好记录,并按调车方式将车列领入站内或布置列车后退。如车列以越过接车线末端警冲标时,司机除迅速向车站值班员报告外,并使车列及时退入警冲标内方。

(2) 车列运行中,进、出站以及线路所通过信号机显示因故跳回,造成车列越过信号机停车时,车站值班员在确认进路锁闭和运行条件具备后,可根据列车调度员的口头指示,准许使用列车无线调度电话通知司机继续运行。

9. 发生挤岔子时的处理办法

尖轨被挤后,如车列停在道岔上时,不得后退,应按顺道岔方向缓缓移动,将车列驶过道岔。如需后退时,应检查尖轨损伤程度,不影响行车时,将尖轨钉固后,方可进行。复式交分道岔挤岔后,禁止车列移动,须经有关部门检查并确定处理办法。

10. 大机脱线起复办法

大机在运行途中因故发生脱线掉道后,应积极组织人力物力进行抢救,力争在最短的时间内起复或撤离线路,最大限度减小事故损失。

(1) 安全防护工作。

①掉道后,用汽笛鸣示一长三短声,向有关人员和列车报警。

②用车载电台或无线话机向两端车站值班员、列车调度员报告,说明脱线地点(里程)、发生故障或事故性质和其他有关情况。

③司机应立即组织有关人员在轨道两端设置防护。在复线地段,要迅速进行限界检查,如影响邻线行车时,应首先使用短路铜线对邻线来车方向短路轨道电路,同时进行防护。如发现邻线列车开来时,应急速鸣示紧急停车信号。具体防护办法:

a. 在故障地点显示停车信号。如瞭望困难,遇到降雾、暴风雷雨或在夜间时,还应点燃火炬,使司机能及时看到线路上的停车信号。

b. 如时间和条件允许,还应在故障地点两端各800m处设置响墩防护。当确知一端先来车时,应先向该端,再向另一端放置响墩,然后返回故障地点,手持停车信号防护。

c. 如不能判明哪个方向来车,负担防护的人员可先倾听或站在高处瞭望。当判明来车方向时,应急速向列车开来方向奔去,并向列车显示紧急停车信号。如在瞭望条件困难地点或遇降雾、暴风雨雪和夜间时,还应在故障地点点燃第二支火炬。有可能时,应迅速把响墩设置在能赶到的地方,使列车在故障地点前停车。

d. 司机在完成防护后,立即组织人员对脱线大机和线路抢修,要千方百计尽快开通线路,避免事态扩大。司机要根据故障和事故情况确定是否需要救援;需要时,应立即向列车调度员发出请求。

e. 已请求救援的大机,应在救援列车开来方向(不明时,从列车前后两方面)距脱线或故障大机不少于300m处放置响墩。

f. 如果在施工地段脱线,在大机需要起复或撤离线路,司机立即向施工负责人联系,请求救援,并向列车调度员汇报具体情况。

(2) 起复或撤离线路作业程序及注意事项。

①随车施工负责人迅速确定抢救方案:是起复还是撤离线路;是就现有人员、工具进行还是请求就近车站、工区支援;同时,还要确定具体起顶位置和移动方向,以及预计起复需要时间和确定抢救临时负责人,并把此向车站值班员报告,并按规定设好防护。

②根据方案,积极准备起复工具材料:如便携式液压起复器、起道机、撬棍、短轨、索具、枕木头、铁丝、活扳手等。

③临时指挥人一旦明确,其他人员均要服从指挥,统一行动。

④用索具把台车(转向架与轮对)和车体捆绑牢固,并在起顶端第一轮对前后装好止轮器。

⑤临时负责人在指挥中要充分考虑脱线周围地形情况及车辆偏离程度、水平倾斜角度,据此确定合理的起复步骤。

⑥起顶和移动时不宜过急过猛,边起边观察车辆有无异动。

⑦横移量一次不足时,可分多次进行。

⑧注意起高量,多次起高时,要加垫枕木头支撑,以防下坠或倾覆。

⑨特殊情况下如要大机移出线路外(未经段长同意,不准将大机移出线路外),一般需要8~12人,并需准备长撬棍4根,中粗钢丝绳(麻绳)2根(长20m)、选择较低地势为撤出方向,采用起、拨、拉等方法,可在较短时间内撤出线路;电气化区段进行此项工作时,联系接触网断电,以防意外。

⑩起复完毕,应检查大机走行部分和脱线处线路情况,如无异常,应撤出防护,开通线路,降速行至车站后再做全面检查修复工作。

(三) 消防应急预案

1. 灭火总体应急方案

(1) 扑救原则。

全体参加灭火干部职工、义务消防队必须服从统一指挥,集中力量,以"先控制、后扑救"为原则。

(2) 扑救措施。

①及时报警(火警电话119)并迅速向上级有关部门报告,组织失火地点的周围人员、义务消防队参加扑救。

②迅速灭火。火灾发生后应因地制宜采用灭火器、消火栓、沙石等各种有效方法进行扑救,防止火势蔓延。快速转移危险品和贵重物资,并进行有效的安全隔离。

③火情发生后,要及时迅速切断火场电源,防止引发电路火灾。

④火场自救。当火灾发生后,被困在火场内人员应沉着、冷静,就地取材,采取应急措施进行自救。

⑤火灾扑灭后,扑救人员应对事故现场进行认真检查,确认无余火后方可撤离,但必须派专人监护,防止复燃。

⑥每个干部、职工要积极配合公安机关做好对火灾现场的保护、勘查工作,并提供有关线索,为事故的确定提供有力的证据。

2. 宿营车列、机械车列消防应急方案

(1) 立即采取敲打门窗、电话通知等办法提醒并帮助着火车辆及周边车辆上的所有人员自救逃生。

(2) 车列着火,火势有蔓延趋势时,必须立即将车列分离(用大机牵引或用撬棍撬),无法分离时要采取隔离措施,以杜绝火势蔓延至其他车辆。

(3) 快速转移或隔离油料等易燃易爆物品,如无法转移或隔离时,应对其容器外表(比如油桶、油箱等)采取持续喷水等降温措施,避免火灾爆炸事故的发生。

(4) 在电化区段停留发生火灾时,必须立即通知列车调度员、电力调度员或接触网工区值班人员,并遵守下列规定。

①用水或一般灭火器浇灭离接触网带电部分不足4m的燃着物体时,接触网必须停电;若使用沙土灭火时,距接触网在2m以上者,可不停电。

②距接触网超过4m的燃着物体,可以不停电用水浇,但必须特别注意使水流不向接触网的方向喷射,并保持水流与带电部分的距离在2m以上。

××机械化养路段

2012年2月

附录二

机械化维修施工程序表

机械化维修施工程序,见附表2-1。

机械化维修施工程序表

附表2-1

时间	封锁180min												限速
驻站	1.监督确认施工负责人向各工序负责人传达施工命令; 2.办理进、出入封锁区段手续; 3.监视车站开闭信号进路,与施工负责人和本务司机不间断联系; 4.按施工负责人命令组织机械车列进出封锁区段施工; 5.向配合单位联络员通报慢行、封锁、开通信息,并签认; 6.及时掌握施工进度、机械车作业状况等问题。与车站联系组织机械车列顺利按时撤出施工区段; 7.确认区间无车辆、线路状况良好,根据施工负责人要求办理相关手续,开通线路													及时与车站联系,让施工车返回驻地,并返回驻地站
防护	1.接受、确认施工负责人的封锁、开通命令; 2.按规定设置移动停车手信号防护; 3.每工序配一名防护员,负责施工人员人身安全; 4.各防护员严守岗位履行职责,及时向施工人员通报邻线行车情况; 5.监督、防护、保障施工作业人员安全; 6.根据施工负责人的命令,撤除停车信号移动手信号													1.采用减速信号防护; 2.按标准立岗接车; 3.首趟限速过后撤除信号防护
人工作业	1.接到施工负责人发布的施工命令后,开始作业; 2.拆除水平胶垫,随捣固车补充石砟; 3.配合人员随捣固车检查水平; 4.确认线路开通条件													1.清理路肩,收拾散砟; 2.负责线路设备的恢复
配合	1.保证捣固车前后道砟均匀充实; 2.配合工、电,做好设备撤除及恢复; 3.二次起拨道量通告捣固车作业人员并标明; 4.清理影响捣固车作业的石砟													1.搬运工、机具; 2.做好巡养工作
机械车列	10 min	5 min	3 min	5 min	4 min	133 min	4 min	2 min	2 min	5 min	2 min	5 min	运行到驻站转站
	办理封锁手续	运行到施工地	摘车定位	向后运行	放车	施工	收车	检查	各车充风	各车联挂	充风试闸	运行返回	

注:如按正常列车进入封锁区间,核减办理封锁、运行时间

附录三

大型养路机械线路维修机组施工程序网络图

大型养路机械线路维修机组施工程序网络，如附图3-1所示。

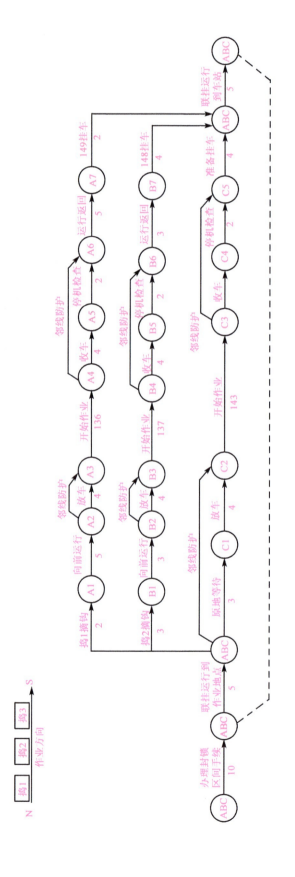

附图3-1 大型养路机械线路维修机组施工程序网络图

说明：
1.封锁时间180min。
2.A：捣固车1；B：捣固车2；C：捣固车3。
3.- - -为封锁时间。

参 考 文 献

[1] 中华人民共和国铁道部.大型养路机械综合管理工作指南[M].北京:中国铁道出版社,2002.
[2] 中华人民共和国铁道部.铁路技术管理规程[M].北京:中国铁道出版社,2007.
[3] 中华人民共和国铁道部.铁路线路修理规则[M].北京:中国铁道出版社,2006.
[4] 中华人民共和国铁道部.铁路工务安全规则[M].北京:中国铁道出版社,2006.
[5] 铁路大型养路机械培训中心.昆明:大型养路机械.
[6] 寇长青,宋慧京.全断面枕底清筛机[M].北京:中国铁道出版社,1998.
[7] 荣佑范.铁路线路维修与大修[M].北京:中国铁道出版社,2011.
[8] 许玉德,李海峰,戴月辉.轨道交通工务管理[M].上海:同济大学出版社,2007.
[9] 杜海若,黄松和,管会生,等.工程机械概论[M].成都:西南交通大学出版社,2009.
[10] 毛必显,蒋红晖.道依茨风冷柴油机的构造与原理[M].成都:西南交通大学出版社,2008.
[11] 汪奕.钢钉打磨列车[M].北京:中国铁道出版社,2008.
[12] 金卫峰.钢轨铣磨车作业性能和效果分析[J].上海铁道科技.2009.
[13] 毛文力.钢轨铣磨车性能及应用探讨[J].上海铁道科技,2009.